COLLECTION

L'IMAGINAIRE

F. Scott Fitzgerald

Tous les jeunes gens tristes

Traduit de l'américain
par Philippe Jaworski

Gallimard

Titre original :

ALL THE SAD YOUNG MEN

F. Scott Fitzgerald est né le 24 septembre 1896 à Saint Paul (Minnesota), dans le Middle West. Il est d'ascendance irlandaise. D'origine modeste, il fréquente pourtant la haute société de Saint Paul, découvre les séductions vénéneuses de l'univers des riches et les cruautés des différences sociales, dont il fera le matériau d'un grand nombre de ses œuvres de fiction. De l'époque de Princeton, où il est admis en 1913 et où il fera des études médiocres, il gardera le regret de n'avoir pu faire partie de l'équipe de football ni du corps expéditionnaire américain, la guerre en Europe ayant pris fin avant qu'il puisse s'embarquer.

La chance lui sourit pourtant avec son premier roman, *Loin du Paradis*. Il paraît en 1920, fait scandale, est un énorme succès. Fitzgerald devient le porte-parole de la génération nouvelle, de l'âge du jazz, des *flappers*, les danseuses de charleston aux cheveux courts et aux genoux nus. Riche et célèbre, il peut épouser la fille qu'il convoite, la plus belle, Zelda Sayre. Mais la gloire de Fitzgerald ne dure que le temps des Années folles. Après la crise économique de 1929, son univers passe de mode. Il travaille à Hollywood, oublié. Depuis le début des années 30, Zelda ne quitte plus guère les institutions psychiatriques. Il meurt d'une crise cardiaque le 21 décembre 1940, laissant un beau roman inachevé : *Le Dernier Nabab*.

À Ring et Ellis Lardner.

LE GARÇON RICHE

I

Commencez avec un individu, et avant d'avoir compris ce qui se passe, vous découvrez que vous avez créé un type ; commencez avec un type, et vous découvrez que vous avez créé… rien du tout ! C'est que nous sommes tous de drôles de zèbres, bien plus bizarres derrière nos visages et nos voix que nous aimerions le laisser croire aux autres ou à nous-mêmes. Quand j'entends quelqu'un déclarer bien fort qu'il est « un gars ordinaire, honnête et franc », je suis à peu près certain qu'il est affligé de quelque tare précise, peut-être horrible, qu'il a décidé de dissimuler ; et s'il insiste de la sorte pour se déclarer ordinaire, honnête et franc, c'est pour se garder d'oublier sa dissimulation.

Il n'existe ni types ni familles de types. Ce qui existe, c'est un garçon riche, et ce qui va suivre est son histoire, non celle de ses frères. J'ai vécu toute ma vie parmi ses frères, mais celui-ci est depuis longtemps mon ami. En outre, si je voulais parler de ses frères, il faudrait que je commence par faire un sort à tous les mensonges que les pauvres colportent sur les riches et que les riches colportent sur eux-mêmes. Ils ont élevé une muraille d'une hauteur si extravagante que lorsque nous ouvrons un livre sur les riches, nous nous préparons instinctivement à pénétrer dans un monde irréel. Même les observateurs intelligents et passionnés de la comédie humaine ont fait du pays des riches un territoire aussi peu réel que le royaume des fées.

Laissez-moi vous parler des riches. Ils sont différents de vous et moi. Ils possèdent et jouissent tôt dans la vie, ce qui n'est pas sans effet sur eux ; cela les rend tendres là où nous nous endurcissons, cyniques là où nous sommes, nous, confiants, d'une manière difficile à comprendre lorsqu'on n'est pas né riche. Ils pensent, au plus profond d'eux-mêmes, qu'ils valent mieux que nous, parce que nous avons dû découvrir par nous-mêmes les compensations et les lieux de refuge qu'offre l'existence. Et même lorsqu'ils s'aventurent très avant dans notre monde, ou qu'ils tombent plus bas que nous, ils continuent à croire qu'ils sont meilleurs que nous. Ils sont différents. Je ne vois pas d'autre moyen de décrire le jeune Anson Hunter que de le regarder comme un étranger et de m'en tenir strictement à mon point de vue. Si j'accepte le sien un seul instant, je suis perdu : je n'aurai rien d'autre à vous montrer qu'un film absurde.

II

Anson était l'aîné de six enfants qui devaient un jour se partager une fortune de quinze millions de dollars, et il atteignit l'âge de raison – est-ce bien sept ans ? – au début du siècle, quand d'audacieuses jeunes femmes roulaient sur la Cinquième Avenue dans des « mobiles » électriques. À cette époque, son frère et lui avaient une gouvernante anglaise qui parlait un anglais parfait avec une grande clarté, en détachant chaque syllabe, si bien que les deux garçons en vinrent à s'exprimer comme elle, clairement, en détachant les mots et les phrases, qui ne s'enchaînaient pas de manière continue comme les nôtres. Ils ne parlaient pas vraiment comme des petits Anglais, mais s'exprimaient avec l'accent particulier des gens chic de la ville de New York.

L'été, les six enfants quittaient la maison de la 71ᵉ Rue pour une grande propriété dans le nord du Connecticut. Ce n'était pas un endroit à la mode : le père d'Anson voulait retarder le plus possible le moment où ses enfants seraient initiés à ce genre de vie. C'était un homme sensiblement supérieur à la classe à laquelle il appartenait – la haute société new-yorkaise – et à son temps, qui était celui de la vulgarité snob et cérémonieuse de l'âge du toc, et il voulait que ses fils acquièrent l'habitude de réfléchir par eux-mêmes, qu'ils aient une saine constitution, qu'ils deviennent des adultes honnêtes et qu'ils réussissent dans leurs entreprises. Sa femme et lui les surveillèrent autant qu'ils le purent jusqu'au départ pour l'école, mais dans les vastes demeures la chose est difficile. Cette surveillance est beaucoup plus facile à exercer dans les maisons petites ou de taille moyenne comme celle où j'ai passé ma propre jeunesse : là, j'étais toujours plus ou moins à portée de voix de ma mère, et j'avais le sentiment de sa présence, de son approbation ou de sa réprobation.

Anson prit pour la première fois conscience de sa supériorité lorsqu'il remarqua la déférence rien moins que spontanée – et si américaine – qu'on lui manifestait dans le village du Connecticut. Les parents des garçons avec lesquels il jouait demandaient toujours des nouvelles de son père et de sa mère, et devenaient vaguement nerveux lorsque leurs propres enfants étaient invités chez les Hunter. Il jugeait cet état de choses naturel, et garda toute sa vie une sorte d'irritation à l'égard des groupes dont il n'était pas le centre, du point de vue de la richesse, de la situation sociale ou de l'autorité. Il dédaignait de se chamailler avec les autres garçons sur la question de la préséance : il considérait qu'elle devait lui être accordée sans discussion et, lorsque ce n'était pas le cas, il se retirait dans sa famille. Sa famille lui suffisait, car dans l'Est, l'argent contribue à la formation de clans, un peu comme dans un régime féodal. Sur la côte Ouest, plus mondaine, l'argent divise les familles en « bandes ».

À dix-huit ans, quand il partit pour New Haven, Anson était grand, solidement bâti, et il avait le teint clair et frais de qui a mené une vie rangée à l'école. Ses cheveux étaient blonds et poussaient un peu n'importe comment, et il avait le nez busqué. Ces deux derniers traits l'empêchaient d'être un bel homme, mais il possédait un charme teinté d'assurance et une certaine brusquerie dans les manières, et les hommes des classes fortunées qui le croisaient dans la rue devinaient, sans qu'on eût besoin de le leur dire, que c'était un garçon riche qui avait fait ses études dans les meilleures écoles. Ce fut pourtant sa supériorité qui lui interdit d'être apprécié de ses camarades à l'université : on prenait son indépendance pour de l'égoïsme, et son refus de se plier aux règles de Yale avec le respect attendu parut être un ravalement de tous ceux qui jouaient le jeu. Aussi, bien avant la fin de ses études, entreprit-il de faire de New York le centre de sa vie.

À New York, il était chez lui : il y avait sa maison et « le genre de domestiques qu'on ne trouve plus », ainsi que sa propre famille, dont, grâce à sa bonne humeur et une certaine aptitude à contribuer à la bonne marche des choses, il devenait rapidement le pilier, les bals des débutantes, le monde viril et policé des clubs masculins, et, de temps à autre, une soirée de bamboche avec les très jolies filles que les étudiants de New Haven ne voyaient jamais que du cinquième rang des cabarets de Broadway. Ses aspirations étaient passablement conventionnelles. Elles faisaient déjà une place à l'ombre irréprochable qui serait un jour sa femme, mais elles différaient de celles de la majorité des jeunes gens en ce qu'elles n'étaient enveloppées d'aucun voile de brume, qu'elles étaient dépourvues de cette qualité connue diversement sous les noms d'« idéalisme » ou d'« illusion ». Anson acceptait sans réserve le monde de la haute finance et des plus folles extravagances, du divorce et de la dissipation, du snobisme et des privilèges. Nos vies, pour la plupart, s'achèvent sous la forme d'un compromis ; c'est sous la forme d'un compromis que la sienne commença.

Nous fîmes connaissance, lui et moi, à la fin de l'été de 1917 ; il venait de sortir de Yale, et il était entraîné, comme nous tous, dans l'hystérie générale causée par la guerre. Il arriva, vêtu de l'uniforme vert-bleu de l'Aéronavale, à Pensacola, où, dans les hôtels, les orchestres jouaient *I'm Sorry, Dear*, et où les jeunes officiers que nous étions dansaient avec les filles du pays. Tout le monde l'appréciait et, bien qu'il fréquentât les gros buveurs et ne comptât pas parmi les bons pilotes, les instructeurs eux-mêmes le traitaient avec un certain respect. Il menait toujours avec eux, d'une voix assurée de la logique de son argumentation, de longues discussions au terme desquelles il parvenait à se tirer ou, plus souvent, à tirer un autre officier de désagréments imminents. Il avait la sociabilité joyeuse ; il était égrillard, effrontément avide de plaisir, et nous fûmes tous très surpris lorsqu'il tomba amoureux d'une fille convenable, et même très conventionnelle.

Elle s'appelait Paula Legendre. C'était une beauté brune à la mine grave, qui venait de Californie. Sa famille possédait une résidence d'hiver juste à l'extérieur de la ville, et Paula, malgré son air compassé, avait un succès considérable. Il existe une catégorie d'hommes, nombreuse, dont l'égoïsme ne supporte pas qu'une femme ait le sens de l'humour. Mais Anson n'était pas de ceux-là, et je ne parvenais pas à comprendre ce que la « sincérité » de la jeune femme – c'était le mot qui convenait – pouvait avoir d'attirant pour un esprit vif et passablement sardonique comme le sien.

Ils tombèrent pourtant amoureux l'un de l'autre, et ce fut elle qui fixa les règles. Il cessa de prendre part aux réunions de fin de journée au bar De Soto et, lorsqu'on les voyait ensemble, ils étaient engagés dans une longue conversation sérieuse qui devait avoir commencé plusieurs semaines auparavant. Bien plus tard, il m'a expliqué que cette interminable conversation ne portait sur aucun sujet en particulier, mais consistait, des deux côtés, en déclarations puériles, voire dénuées de sens ; le contenu émotionnel dont elle se chargea peu à peu avait pour origine non pas les mots, mais son extraordinaire solennité. Il y avait là comme une opération hypnotique. De fréquentes interruptions de ce dialogue faisaient place à cet humour émasculé qu'on appelle la drôlerie ; une fois seuls, la conversation reprenait, solennelle, chuchotante, conduite à un diapason qui permettait à chacun de donner à l'autre l'impression d'une unité de sentiments et de pensée. Ils en vinrent à s'irriter qu'on les dérange, à se montrer indifférents aux remarques facétieuses sur les choses de la vie, et même au cynisme bien tempéré de leurs contemporains. Ils n'étaient heureux que lorsqu'ils étaient absorbés dans leur dialogue et que la gravité de leur échange répandait en eux sa chaleur comme les flammes ambrées d'un grand feu. Vers la fin, une interruption se produisit qui ne les irrita point : elle avait pour cause la passion.

Bizarrement, Anson était tout autant absorbé qu'elle dans ce dialogue, et aussi profondément affecté par lui, mais en même temps il se rendait bien compte que la plupart de ses propos n'étaient pas sincères et ceux de Paula guère plus que naïfs. En outre, au début, il méprisa la simplicité de ses émotions, mais l'amour qu'il vouait à la jeune femme eut pour effet d'approfondir et de faire s'épanouir sa nature, de sorte qu'il lui devint impossible de la mépriser davantage. Il crut que, s'il parvenait à pénétrer dans la vie chaude et protégée de Paula, il serait heureux. La longue préparation qu'avait constituée leur dialogue avait fait disparaître toute espèce de contrainte entre eux. Il lui apprit un peu de ce que lui avaient enseigné des femmes plus audacieuses et elle réagit avec la ferveur d'une sainte en extase. Un soir, après une danse, ils décidèrent de se marier et il écrivit à sa mère une longue lettre où il lui parlait d'elle. Le lendemain, Paula lui apprit qu'elle était riche ; elle avait une fortune personnelle de près d'un million de dollars.

III

C'était exactement comme s'ils avaient pu se dire : « Nous n'avons rien, ni l'un ni l'autre ; nous serons pauvres ensemble. » Être riches ensemble était tout aussi délicieux. Cela leur donnait le même sentiment de communier dans l'aventure. Pourtant, lorsque Anson eut obtenu une permission en avril et que Paula et sa mère l'accompagnèrent à New York, Paula fut impressionnée par le niveau de fortune et le train de vie de sa famille. Seule pour la première fois avec Anson dans les pièces où il avait joué quand il était enfant, elle fut envahie d'une sensation de bien-être, comme si elle était désormais à l'abri de tout, entourée de toutes les prévenances possibles. Les photos d'Anson à l'école portant une calotte, d'Anson à cheval avec sa petite amie d'un été mystérieux et oublié, d'Anson parmi un groupe de garçons et de demoiselles d'honneur à une noce, la rendaient jalouse de ce passé qu'elle n'avait pas connu, et sa personnalité autoritaire paraissait si bien résumer et incarner toutes ces choses qu'il possédait, qu'elle conçut l'idée de l'épouser sur-le-champ et de rentrer à Pensacola l'alliance au doigt.

Mais il ne fut pas question d'un mariage immédiat ; les fiançailles elles-mêmes devaient demeurer secrètes jusqu'après la guerre. Lorsqu'elle se rendit compte qu'il ne restait que deux jours avant la fin de sa permission, son mécontentement se cristallisa dans le désir de lui communiquer sa propre impatience. Ils devaient aller dîner à la campagne et elle décida de le contraindre à prendre position ce soir-là.

Il se trouve qu'une cousine de Paula était descendue avec eux au Ritz. C'était une jeune fille acrimonieuse à la mine sévère, qui aimait Paula mais ne laissait pas d'envier ses fiançailles grandioses, et, comme Paula n'avait pas fini de s'habiller, la cousine, qui n'allait pas dîner, reçut Anson dans le salon de la suite.

Anson avait rencontré des amis à 5 heures et passé une heure avec eux à boire de manière inconsidérée. Il quitta le Yale Club en temps voulu et le chauffeur de sa mère le conduisit au Ritz, mais on avait du mal à lui reconnaître ses moyens habituels, et l'arrivée soudaine dans l'atmosphère surchauffée du salon lui fit tourner la tête. Il en avait conscience, et cela l'amusait et l'ennuyait tout à la fois.

La cousine de Paula avait vingt-cinq ans, mais elle était d'une rare naïveté, et elle ne saisit pas tout de suite ce qui se passait. Elle n'avait jamais vu Anson auparavant, et elle fut surprise de l'entendre marmonner des paroles étranges et de le voir presque tomber de sa chaise. Pourtant, avant l'entrée de Paula, il ne lui vint pas à l'esprit que ce qu'elle avait pris pour l'odeur d'un uniforme qui sort de chez le teinturier était en réalité celle du whisky. Paula, elle, comprit dès qu'elle parut ; et elle n'eut plus qu'une idée en tête : faire partir Anson avant que sa mère à elle ne le vît, et la cousine, qui avait les yeux fixés sur ceux de Paula, comprit elle aussi.

En arrivant à la limousine, Paula et Anson y trouvèrent deux hommes endormis ; c'étaient ses compagnons de beuverie du Yale Club, et ils étaient du dîner. Il avait complètement oublié qu'ils étaient dans la voiture. Sur la route de Hempstead, ils se réveillèrent et se mirent à chanter. Certaines des chansons étaient grivoises, et tout en s'efforçant d'accepter une fois pour toutes qu'Anson eût peu d'inhibitions en matière d'expression, Paula ne put s'empêcher de pincer les lèvres de honte et de dégoût.

À l'hôtel, la cousine, embarrassée et tout en émoi, repassait l'incident dans sa tête ; puis elle entra dans la chambre de Mrs. Legendre en disant :

« Il est drôle, cet homme, non ?

— Qui est drôle ?

— Mais... Mr. Hunter. Je l'ai trouvé drôle. »

Mrs. Legendre lui lança un regard acéré.

« En quoi est-il drôle ?

— Eh bien... Il a dit qu'il était français. J'ignorais qu'il était français.

— C'est absurde. Tu auras mal compris. » Elle sourit. « C'était une plaisanterie. »

La cousine secoua la tête, obstinément.

« Non. Il a dit qu'il avait grandi en France. Il a dit qu'il ne parlait pas l'anglais et qu'il ne pouvait donc pas me parler. Et en effet, il n'a pas pu ! »

Mrs. Legendre, tout impatience, détournait déjà les yeux lorsque la cousine ajouta pensivement : « C'est peut-être parce qu'il avait tellement bu. » Et elle sortit de la pièce.

Cette étrange relation était conforme aux faits. Anson, quand il se rendit compte que sa voix était pâteuse et impossible à contrôler, prit le parti inhabituel d'annoncer qu'il ne parlait pas l'anglais. Des années plus tard, lorsqu'il racontait cette partie de l'histoire, il communiquait invariablement le fou rire que ce souvenir provoquait chez lui.

Dans l'heure qui suivit, Mrs. Legendre tenta à cinq reprises d'obtenir Hempstead au téléphone. Lorsqu'elle y parvint, il lui fallut attendre dix minutes avant d'entendre la voix de Paula au bout du fil.

« La cousine Jo me dit qu'Anson s'est enivré.

— Oh non...

— Oh si. La cousine Jo dit qu'il s'est enivré. Il lui a dit qu'il était français, et il est tombé de sa chaise, et il s'est comporté comme un homme terriblement pris de boisson. Je ne veux pas que tu rentres avec lui.

— Maman, il va très bien ! Je t'en prie, ne t'inquiète pas pour…

— Mais si, je m'inquiète. Je pense que c'est affreux. Je veux que tu me promettes de ne pas rentrer avec lui.

— Je vais m'occuper de tout, maman…

— Je ne veux pas que tu rentres avec lui.

— Très bien, maman, au revoir.

— C'est bien entendu, n'est-ce pas, Paula ? Demande à quelqu'un de te reconduire. »

D'un geste volontaire, Paula détacha le récepteur de son oreille et raccrocha. Son visage était rouge d'embarras et de contrariété. Anson, couché dans une chambre à l'étage, dormait, tandis qu'en bas le dîner avançait poussivement vers sa conclusion.

L'heure de conduite l'avait quelque peu dégrisé. Il était simplement hilare en arrivant, et Paula espérait que la soirée ne serait peut-être pas gâchée, mais deux cocktails sirotés bien imprudemment avant le repas menèrent tout droit au désastre. Anson s'adressa bruyamment, et sur un ton quelque peu insultant, à l'ensemble de ses invités pendant un quart d'heure, puis il glissa silencieusement sous la table, comme ces personnages qu'on voit sur les vieilles gravures, mais, à la différence d'une vieille gravure, la situation était plutôt horrible et dépourvue de tout pittoresque. Aucune des jeunes filles présentes ne fit le moindre commentaire sur l'incident ; selon toute apparence, il ne méritait que le silence. Son oncle et deux autres messieurs le transportèrent à l'étage, et c'est juste après que Paula fut appelée au téléphone.

Une heure plus tard, Anson se réveilla les nerfs à vif, perdu dans un brouillard d'où il vit émerger, après un instant, la silhouette de son oncle Robert, debout près de la porte.

« ... J'ai dit : “Est-ce que tu vas mieux ?”

— Quoi ?

— Est-ce que tu te sens mieux, mon gars ?

— Atrocement mal.

— Je vais essayer de te donner un autre bromure effervescent. Si tu peux le garder, dormir te fera du bien. »

Anson, avec un grand effort, fit glisser ses jambes hors du lit et se mit debout.

« Ça va aller, dit-il d'une voix sourde.

— Doucement.

— J' crois que si tu m' donnais un verre de cognac, j' pourrais descendre.

— Non, sûrement pas.

— Si... Y a pas d'aut' moyen. Ça va aller maintenant... J'imagine que ma réputation est fichue en bas.

— Ils savent que tu as une petite indisposition, dit son oncle d'un air méprisant. Mais ne t'inquiète pas. Schuyler n'est même pas venu. Il est tombé sans connaissance dans le vestiaire du Links. »

Indifférent à toute opinion autre que celle de Paula, Anson était cependant décidé à sauver ce qui restait de la soirée, mais quand il se montra, après avoir pris un bain froid, la plupart des invités étaient déjà partis. Paula se leva aussitôt pour rentrer chez elle.

Dans la limousine, ils reprirent leur grave conversation d'autrefois. Elle savait qu'il buvait, admit-elle, mais elle n'aurait jamais imaginé une scène de ce genre. Il lui semblait qu'ils n'étaient peut-être pas faits l'un pour l'autre, après tout. Leur conception de la vie était par trop différente, et ainsi de suite. Lorsqu'elle eut fini, Anson parla à son tour ; il était tout à fait dégrisé. Puis Paula dit qu'elle devait réfléchir ; elle ne prendrait aucune décision ce soir ; elle n'était pas en colère, mais affreusement peinée. Elle ne voulait pas qu'il franchisse le seuil de l'hôtel avec elle, mais, au moment de sortir de la voiture, elle se pencha vers lui et l'embrassa ; elle avait un air misérable.

L'après-midi suivant, Anson eut une longue conversation avec Mrs. Legendre, en présence de Paula qui écoutait sans rien dire. Il fut convenu que Paula disposerait du temps nécessaire pour méditer sur l'incident, et que si, par la suite, la mère et la fille jugeaient la démarche avisée, elles suivraient Anson à Pensacola. De son côté, il s'excusa avec sincérité et dignité, mais ce fut tout. Bien qu'elle eût tous les atouts en main, Mrs. Legendre fut incapable de prendre un quelconque avantage sur lui. Il ne fit aucune promesse, ne manifesta pas la moindre humilité ; il se contenta de leur adresser quelques propos sentencieux sur la vie, qui lui permirent de se tirer de cette situation avec l'apparence d'une certaine supériorité morale. Lorsqu'ils redescendirent dans le Sud trois semaines plus tard, ni Anson, content de lui-même, ni Paula, soulagée de ce raccommodement, ne se rendit compte que l'instant décisif était passé à jamais.

IV

Il la dominait et la fascinait, et en même temps la rendait folle d'inquiétude. Incapable de mettre de la cohérence dans ce mélange de robustesse et d'inclination au caprice, de sentimentalité et de cynisme, contrastes dont son esprit de jeune fille de bonne famille ne parvenait pas à reconstituer la logique, Paula en vint à le considérer comme un homme à deux visages. Quand elle le voyait seul, ou bien à une soirée mondaine, ou parmi des gens de condition inférieure rencontrés par hasard, elle éprouvait un immense orgueil de sa présence, forte et séduisante, de son esprit puissant, paternel, compréhensif. En d'autres circonstances, elle se sentait mal à l'aise lorsque ce qui était apparu comme un mépris admirable de la fausse distinction montrait son autre face, qui était celle de la grossièreté, de la plaisanterie facile, de la propension effrénée au plaisir. Épouvantée, elle s'éloigna de lui pour un temps, se laissa même entraîner dans une brève et discrète aventure avec un vieux flirt, mais sans effet ; après avoir connu pendant quatre mois la vitalité enveloppante d'Anson, tous les autres hommes lui semblaient d'une pâleur anémique.

En juillet, il reçut son ordre de départ pour l'étranger, et leur tendresse et leur désir l'un de l'autre atteignirent un paroxysme. Paula envisagea un mariage de dernière minute, puis y renonça, parce que l'haleine d'Anson sentait toujours les cocktails, mais la séparation la rendit malade de chagrin. Après qu'il fut parti, elle lui écrivit de longues lettres où elle disait son regret d'avoir perdu tant de jours d'amour à cause de l'attente. En août, l'avion d'Anson piqua du nez dans la mer du Nord. Après une nuit passée dans l'eau, il fut repêché par un destroyer et envoyé à l'hôpital avec une pneumonie ; l'armistice fut signé avant qu'on ne le renvoie chez lui.

À ce moment, alors que toutes les occasions leur étaient de nouveau offertes, qu'ils n'avaient plus d'obstacles matériels à surmonter, les complexités secrètes de leurs tempéraments s'interposèrent entre eux, séchant leurs baisers et leurs larmes, rendant leurs voix moins audibles l'un à l'autre et imperceptible le babillage intime de leurs cœurs, au point que le dialogue d'autrefois ne fut plus possible que par lettre, à distance. Un après-midi, un journaliste mondain attendit deux heures durant dans la maison des Hunter une confirmation de leurs fiançailles. Anson démentit la nouvelle. Pourtant, une édition matinale en faisait état dans un paragraphe de première page : on les voyait « toujours ensemble à Southampton, Hot Springs et Tuxedo Park ». Mais leur dialogue avait pris un mauvais tournant et suivait la voie d'une querelle interminable, et leur liaison était presque entièrement usée. Anson se soûlait éhontément et manqua un rendez-vous avec elle ; sur quoi Paula posa ses exigences en matière de conduite. L'accablement du jeune homme était sans pouvoir face à son orgueil et à la connaissance qu'il avait de lui-même : les fiançailles furent définitivement rompues.

Mon tendre amour, disaient leurs lettres à présent, *mon amour, mon amour, quand je me réveille au milieu de la nuit en pensant que, tout compte fait, nous étions condamnés à l'échec, j'ai envie de mourir. Je ne peux plus continuer à vivre ainsi. Quand nous nous reverrons cet été, peut-être pourrons-nous reparler de tout cela et prendre d'autres dispositions. Nous étions si bouleversés et tristes ce jour-là, et je sens bien que je ne pourrai pas vivre ainsi toute la vie sans toi. Tu me parles de certaines autres personnes. Mais ne sais-tu pas qu'il n'y a pas d'autres personnes pour moi, il n'y a que toi…*

Paula, qui ne cessait de se déplacer dans l'Est, évoquait parfois les joyeux moments qu'elle passait, dans l'intention de le troubler. Mais Anson était trop perspicace pour se laisser prendre à ce piège. Lorsqu'il voyait le nom d'un homme dans une lettre qu'elle lui avait envoyée, il se sentait encore plus sûr d'elle et elle lui inspirait alors un peu de mépris : il était au-dessus de ces choses. Mais il espérait toujours qu'ils finiraient par se marier.

En attendant, il se plongea avec ardeur dans le tourbillon et le clinquant du New York de l'après-guerre. Il entra dans une maison de courtage, devint membre d'une demi-douzaine de clubs, dansait jusqu'à l'aube ; il évoluait dans trois mondes : le sien, celui des jeunes diplômés de Yale, et cette partie du demi-monde dont l'une des attaches a pour nom Broadway. Mais chacune de ses journées comportait huit heures inviolables de travail consciencieux à Wall Street, où l'influence de ses relations familiales, combinée à son intelligence aiguë et à une énergie physique profuse, lui valut presque aussitôt une place de premier plan. Il avait un de ces esprits précieux qui sont rigoureusement cloisonnés ; il se montrait parfois à son bureau régénéré par moins d'une heure de sommeil, mais ce genre de situation était rare. De sorte que, dès 1920, son revenu, soit son salaire et les commissions reçues, s'élevait à plus de douze mille dollars par an.

À mesure que les traditions de Yale devenaient de l'histoire ancienne, il était de plus en plus recherché parmi ses anciens condisciples installés à New York, bien plus qu'il ne l'avait été à l'université. Il vivait dans une belle demeure et avait les moyens d'introduire les jeunes gens dans d'autres grandes et belles demeures. En outre, sa vie paraissait déjà protégée de tout aléa, tandis que la leur, pour la plupart d'entre eux, se trouvait recommencer dans des conditions précaires. Ils se mirent à le fréquenter pour s'amuser et fuir les tracas quotidiens, et Anson, toujours disponible, prenait plaisir à aider les gens et à régler leurs affaires.

Les lettres de Paula ne mentionnaient plus d'autres hommes, mais on y entendait une note de tendresse qui ne s'y trouvait pas auparavant. Il apprit par diverses sources qu'elle avait un « flirt sérieux » avec un dénommé Lowell Thayer, un Bostonien fortuné et influent, et, bien qu'il fût certain qu'elle l'aimait toujours, l'idée qu'il pourrait finir par la perdre le mettait mal à l'aise. À l'exception d'une journée décevante, elle n'était pas venue à New York depuis presque cinq mois et, comme les rumeurs se multipliaient, il brûlait du désir de la voir. En février, il prit des vacances et partit pour la Floride.

Palm Beach, villégiature rebondie et opulente, s'étalait entre les eaux de saphir étincelantes de Lake Worth, gâtées ici et là par la présence de péniches à l'ancre, et le long ruban turquoise de l'océan Atlantique. Les masses imposantes du Breakers et du Royal Poinciana s'élevaient telles des bedaines jumelles de la plage de sable scintillant, et tout autour des deux hôtels s'agrégeaient le Dancing Glade, Bradley's House of Chance, et une douzaine de *modistes** [1] et de boutiques qui vendaient leurs articles de mode trois fois plus cher qu'à New York. À l'abri de la claire-voie qui protégeait la terrasse du Breakers, deux cents femmes faisaient un pas à droite, un pas à gauche, avant de tourner sur elles-mêmes, s'entraînant à cet exercice de gymnastique fameux connu sous le nom de *double-shuffle*, tandis que toutes les deux mesures deux mille bracelets cliquetaient sur deux cents bras.

Au club des Everglades, une fois la nuit tombée, Paula, Lowell Thayer, Anson et un quatrième joueur qui n'a que

1. Les mots et expressions en italiques suivis d'un astérisque sont en français dans le texte.

peu d'importance dans cette histoire, faisaient un bridge acharné. Anson trouvait au visage aimable et grave de Paula une sorte de lassitude et de pâleur... Elle évoluait dans le grand monde depuis quatre ou cinq ans maintenant. Lui-même la connaissait depuis trois ans.

« Deux piques.

— Cigarette ? ... Oh ! je vous demande pardon. Je passe.

— Passe.

— Je contre trois piques. »

Il y avait une douzaine de tables de bridge dans la salle, qui s'emplissait de fumée. Les yeux d'Anson rencontrèrent ceux de Paula, les tinrent captifs même quand Thayer tenta d'interposer son regard.

« Qu'est-ce qui a été annoncé ? » demanda-t-il d'un air distrait.

La Rose de Washington Square

Des jeunes gens chantaient dans un coin :

Je me dessèche là-bas,
Dans ce sous-sol mal aéré...

La fumée s'accumulait comme du brouillard et, chaque fois que la porte s'ouvrait, des tourbillons signalaient l'arrivée d'un ectoplasme. Une paire d'yeux brillants se frayait un chemin entre les tables, cherchant Mr. Conan Doyle parmi les Anglais qui jouaient aux Anglais dans le hall.

« On pourrait la couper au couteau.

— ... la couper au couteau.

— ... au couteau. »

À la fin d'une partie, Paula se leva soudain de table, se tourna vers Anson et lui parla d'une voix étranglée, chuchotante. N'accordant qu'un bref coup d'œil à Lowell Thayer, ils se dirigèrent vers la porte, descendirent un long escalier de pierre ; un instant plus tard, ils marchaient la main dans la main sur la plage, au clair de lune.

« Chéri... chérie... » Ils s'étreignaient éperdument, avec passion, là où l'ombre était profonde... Puis Paula détacha son visage du sien pour laisser les lèvres d'Anson dire ce qu'elle voulait entendre... Elle sentait les mots se former sur les lèvres aimées lorsqu'ils s'embrassèrent encore... Elle se recula une nouvelle fois, prêtant l'oreille, mais quand il l'attira à lui de nouveau, elle se rendit compte qu'il n'avait rien dit d'autre que *Chérie ! Chérie !*, de cette voix sourde, grave et triste qui lui faisait toujours venir les larmes aux yeux. Obéissante, elle lui abandonna en toute humilité le triomphe de l'émotion ; les larmes inondèrent son visage, mais son cœur continuait à crier : « Demande-moi... Anson, oh ! mon chéri, demande-moi ! »

« Paula... *Paula !* »

Les syllabes, telles des mains, lui déchiraient le cœur, et Anson, sentant qu'elle tremblait, jugea que les sentiments avaient reçu leur tribut. Il n'avait pas besoin d'en dire davantage, de vouer leurs jours à un destin qui lui demeurait concrètement énigmatique. Pourquoi l'eût-il fait, alors qu'il pouvait la tenir ainsi et attendre le moment favorable, encore un an, toute une vie ? Il songeait à eux, à elle plus qu'à lui-même. Un instant, quand elle dit soudain qu'elle devait rentrer à l'hôtel, il hésita, pensa d'abord : « Tout bien réfléchi, c'est le moment » ; puis : « Non, cela peut attendre... Elle est à moi... »

Il avait oublié que Paula était elle aussi usée par trois années de grande tension intérieure. L'ardeur de la jeune femme se dissipa pour toujours cette nuit-là.

Il rentra à New York le lendemain matin, vaguement insatisfait, nerveux. Vers la fin du mois d'avril, il reçut de Bar Harbor un télégramme dans lequel Paula lui annonçait, de but en blanc, ses fiançailles avec Lowell Thayer, et que le mariage aurait lieu aussitôt à Boston. Ce qu'il n'avait jamais vraiment cru possible de se produire s'était finalement produit.

Anson but son content de whisky ce matin-là, et se rendit à son bureau, où il travailla sans s'interrompre un instant, comme s'il redoutait ce qui pourrait se passer s'il s'arrêtait. Le soir, il sortit comme d'habitude, sans parler de rien à personne ; il fut cordial, drôle, attentif. Mais il eut pendant trois jours une réaction irrépressible : où qu'il fût, et en quelque compagnie qu'il se trouvât, il enfouissait sa tête dans ses mains et pleurait comme un enfant.

V

En 1922, lorsque Anson partit à l'étranger avec le plus jeune des associés de sa maison de courtage pour faire une étude approfondie de certains emprunts sur la place de Londres, ce voyage signifiait en pratique qu'il allait entrer lui aussi dans la société. Il avait maintenant vingt-sept ans, il était un peu épais, mais pas vraiment corpulent, et ses manières le faisaient paraître plus vieux que son âge. Les jeunes et les moins jeunes l'aimaient et lui faisaient confiance, et les mères étaient rassurées lorsqu'il était auprès de leurs filles, car il savait, dès qu'il entrait dans une pièce, se mettre sur un pied d'égalité avec les plus âgées et les plus traditionnelles des personnes présentes. « Vous et moi, semblait-il dire, nous sommes robustes. Nous comprenons. »

Il avait une connaissance intuitive des faiblesses des hommes et des femmes, et les jugeait avec charité, ce qui l'amenait à se préoccuper d'autant plus, comme un prêtre, du respect des formes extérieures. Trait caractéristique : il enseignait le catéchisme le dimanche matin dans une église épiscopalienne à la mode, alors même qu'une douche froide et une jaquette de la coupe la plus stricte étaient tout ce qui le séparait de la débauche de la veille.

À la mort de son père, il devint en pratique le chef de famille, et s'occupa activement de l'avenir des cadets. Une complication l'empêcha d'administrer les biens de son père, qui furent confiés à son oncle Robert, brave homme, gros buveur et grand amateur de chevaux, membre éminent de l'élite qui vivait à Wheatley Hills.

L'oncle Robert et sa femme, Edna, avaient été très proches du jeune Anson, et l'oncle fut fort désappointé de voir que la supériorité de son neveu ne se manifestait pas dans le domaine hippique. Il parraina son adhésion au club new-yorkais le plus fermé du pays – vous ne pouviez en franchir les portes que si votre famille avait « contribué à construire New York », c'est-à-dire si elle était fortunée avant 1880 –, et quand Anson, une fois élu, lui préféra le Yale Club, l'oncle Robert lui fit un petit sermon sur le sujet. Mais lorsque, par-dessus le marché, Anson déclina l'offre qui lui était faite d'entrer dans la maison de courtage de Robert Hunter, traditionnelle et quelque peu à l'abandon, ce dernier se mit à le traiter avec froideur. Comme un instituteur qui a transmis tout ce qu'il sait, il disparut de la vie d'Anson.

Les amis, en revanche, ne lui manquaient pas. Il n'y en avait pas un qui n'eût bénéficié de sa part d'un geste de bonté exceptionnel, ou qu'il n'eût, un jour ou un autre, plongé dans l'embarras par de soudaines grossièretés de langage ou l'habitude qu'il avait de s'enivrer quand il voulait et de la manière qu'il voulait. Il s'irritait de voir les autres se rendre coupables des mêmes impolitesses, mais il aimait toujours plaisanter de ses propres défaillances. Il lui arrivait des choses bizarres, et il les racontait avec une drôlerie qui faisait rire tout son auditoire.

Je travaillais à New York ce printemps-là, et déjeunais souvent avec lui au Yale Club, auquel notre université avait accès en attendant l'achèvement du nôtre. J'avais lu dans les journaux l'annonce du mariage de Paula, et un après-midi, alors que je l'interrogeais sur elle, quelque chose le poussa à me raconter l'histoire. Après cela, il m'invita fréquemment à des dîners de famille chez lui et se comporta comme s'il existait entre nous des liens particuliers, comme si, m'ayant accordé sa confiance, un peu de ces souvenirs qui le rongeaient était passé dans mes veines.

Je découvris que si les mères avaient une foi totale en lui, son attitude envers leurs filles n'était pas systématiquement protectrice. Cela dépendait de la fille : si elle n'était pas d'une stricte moralité, elle devait rester sur ses gardes, même avec lui.

« La vie a fait de moi un cynique », expliquait-il parfois.

La vie, c'est-à-dire Paula. Quelquefois, en particulier quand il était ivre, les images du passé se déformaient dans son esprit, et il pensait qu'elle l'avait abandonné avec une parfaite indifférence.

Ce « cynisme », ou plutôt la découverte qu'il fit que les filles naturellement faciles ne méritent pas d'être épargnées, est à l'origine de sa liaison avec Dolly Karger.

Ce ne fut pas sa seule aventure pendant ces années, mais celle qui l'affecta le plus profondément, et qui modifia durablement sa manière de prendre la vie.

Dolly était la fille d'un « publiciste » à la réputation douteuse qui avait fait un mariage riche. Elle-même avait tôt connu la Junior League, fait son entrée dans le grand monde au Plaza, et fréquentait l'Assembly. Seules quelques très vieilles familles comme les Hunter pouvaient émettre des réserves sur son « appartenance » à l'élite, car sa photo paraissait souvent dans les journaux, et elle suscitait beaucoup plus d'intérêt et d'envie que bien des jeunes filles dont le statut était, lui, indiscutable. Elle était brune, avec des lèvres d'un rouge vif et un joli teint très prononcé qu'elle cacha sous une poudre de riz gris-rose pendant sa première année de vie sociale, parce que le teint prononcé n'était pas à la mode : ce qu'il fallait, c'était une pâleur victorienne. Elle portait des tailleurs noirs, sévères, et, les mains dans les poches, se tenait légèrement penchée en avant, le visage empreint d'une ironie contenue. Elle dansait divinement ; elle préférait la danse à tout – à tout après l'amour. Depuis l'âge de dix ans, elle n'avait pas cessé de tomber amoureuse, en général d'un garçon qui ne lui rendait pas son amour. Ceux qui partageaient son sentiment – et ils étaient nombreux – l'ennuyaient après une brève rencontre, et c'étaient tous ceux avec lesquels elle avait échoué qu'elle chérissait le plus. Si par hasard elle les retrouvait, elle faisait une nouvelle tentative qui se soldait quelquefois par un succès, mais le plus souvent par un échec.

L'idée ne vint jamais à cette bohémienne de l'inaccessible qu'il y avait un certain air de famille entre ceux qui demeuraient sourds à ses avances : ils étaient tous dotés d'une vive perspicacité qui perçait à jour sa faiblesse, non pas une faiblesse de l'émotion, mais une faiblesse de la ténacité. Anson comprit cela le jour où il fit sa connaissance, moins d'un mois après le mariage de Paula. Il buvait sans retenue, et, pendant une semaine, lui fit croire qu'il était en train de tomber amoureux d'elle. Puis, brusquement, il la planta là et l'oublia ; aussitôt, il occupa la première place dans son cœur.

Comme beaucoup de jeunes filles de cette époque, Dolly était plutôt facile et audacieuse. Le non-conformisme de la génération qui précédait immédiatement celle-ci n'avait été qu'un aspect d'un mouvement plus général de l'Amérique de l'après-guerre qui visait à discréditer des manières d'être surannées. Dolly était moins naïve et moins digne, et elle perçut chez Anson les deux extrêmes que recherche la femme aux émotions mal affirmées, le goût éperdu du plaisir alternant avec une puissante capacité de protection. Elle devina, dans la personnalité d'Anson, le sybarite et l'homme solide comme un roc ; et l'un et l'autre satisfaisaient à tous les besoins de sa nature.

Elle comprit que la partie allait être difficile, mais pas pour la bonne raison ; elle croyait qu'Anson et sa famille espéraient un mariage plus spectaculaire, mais elle sentit tout de suite qu'elle avait un atout en main : l'ivrognerie d'Anson.

Ils se rencontrèrent d'abord aux grands bals des débutantes, et, à mesure qu'elle s'entichait davantage de lui, ils s'arrangèrent pour se voir plus souvent. Comme la plupart des mères, Mrs. Karger tenait Anson pour un homme exceptionnellement digne de confiance, et elle permit à Dolly de sortir avec lui dans des country clubs ou dans des soirées en banlieue sans poser de questions précises sur ce qu'ils faisaient ni mettre en doute ses explications lorsqu'ils rentraient tard. Au début, ces explications n'étaient probablement pas inexactes, mais les calculs mondains de Dolly pour prendre Anson dans ses filets furent bientôt noyés dans le flot montant de ses sentiments. Les baisers échangés sur le siège arrière des taxis et des automobiles ne lui suffisaient plus. Ils firent une chose étrange.

Ils abandonnèrent pour un temps leur milieu et se construisirent un autre monde, juste au-dessous, dans lequel l'ivrognerie d'Anson et les habitudes irrégulières de Dolly attireraient moins les regards et les commentaires. Ce monde était composé d'éléments variés : plusieurs amis de Yale et leurs femmes, deux ou trois jeunes courtiers, une poignée de célibataires frais émoulus de l'université, possédant fortune et une certaine propension à la débauche. Ce que ce monde perdait en extension et en variété était compensé par la liberté qu'il leur offrait, et qu'il ne s'autorisait que rarement. En outre, il les mettait tous deux en son centre exact, et permettait à Dolly de s'accorder le plaisir d'une attitude légèrement condescendante, plaisir qu'Anson, dont toute la vie avait été faite de condescendance depuis l'enfance et ses premières certitudes, ne pouvait partager.

Il n'était pas amoureux d'elle, et pendant le long hiver fiévreux de leur liaison, il le lui dit souvent. Au printemps, la lassitude le prit ; il voulut se régénérer à une autre source. Il voyait aussi qu'il lui fallait maintenant rompre avec elle, ou alors assumer le rôle du parfait séducteur. Les encouragements de la famille de Dolly précipitèrent sa décision. Un soir que Mr. Karger frappait discrètement à la porte de la bibliothèque pour l'avertir qu'il avait laissé une bouteille de vieux cognac dans le salon à son intention, Anson eut le sentiment que sa vie était devenue une prison. Aussitôt, il écrivit à Dolly une courte lettre dans laquelle il lui disait qu'il partait en vacances et qu'en raison des circonstances il valait mieux qu'ils ne se revoient jamais.

On était en juin. Sa famille avait fermé la maison de New York et pris ses quartiers d'été à la campagne ; il vivait donc temporairement au Yale Club. J'avais appris les développements de sa liaison avec Dolly. Il en faisait un récit pimenté d'humour, car il méprisait les femmes instables et ne leur accordait pas la moindre place dans l'édifice social auquel il croyait, et, lorsqu'il me dit ce soir-là qu'il rompait définitivement avec elle, j'en fus heureux. J'avais aperçu Dolly ici et là, et chaque fois j'avais le cœur serré au spectacle des combats inutiles qu'elle menait, et j'éprouvais une certaine gêne de savoir à son sujet tant de choses que rien ne m'autorisait à connaître. Elle était ce qu'on appelle « un joli brin de fille », mais possédait une sorte de témérité qui ne laissait pas de me fasciner. Sa dévotion à la déesse du gaspillage eût été moins évidente si son courage avait été moindre ; il était plus ou moins écrit qu'elle finirait par se sacrifier, mais je fus soulagé d'apprendre que l'immolation ne s'accomplirait pas sous mes yeux.

Anson devait déposer sa lettre d'adieu au domicile de Dolly le lendemain matin. C'était l'une des quelques maisons encore ouvertes dans le quartier de la Cinquième Avenue, et il savait que les Karger, sur la foi d'informations erronées données par leur fille, avaient renoncé à un voyage à l'étranger afin de lui laisser sa chance. Comme il franchissait la porte du Yale Club, dans Vanderbilt Avenue, il croisa le facteur et le suivit à l'intérieur. La première lettre qui attira son regard était de la main de Dolly.

Il savait en quoi elle consistait : un monologue tragique, interminable, plein des reproches qu'il connaissait, d'évocations de souvenirs, d'interrogations habituelles (« Je me demande bien si... ») – toutes ces confidences immémoriales qu'il avait faites à Paula Legendre dans ce qui lui paraissait être un autre âge. Il parcourut distraitement quelques factures, puis ramena la lettre au-dessus de la liasse et l'ouvrit. À sa surprise, c'était un court billet, plutôt sec, dans lequel Dolly l'informait qu'elle ne pourrait pas aller avec lui à la campagne pendant le week-end, parce que Perry Hull venait d'arriver inopinément de Chicago. Elle ajoutait qu'Anson était seul responsable de cette situation : « ... si je sentais que tu m'aimes autant que je t'aime, je partirais avec toi n'importe où, n'importe quand, mais Perry est si gentil, et il meurt d'envie de m'épouser... »

Anson eut un sourire de mépris : il connaissait bien ces leurres épistolaires. En outre, il savait tout le mal que s'était donné Dolly pour confectionner ce plan – elle avait sans doute fait venir le fidèle Perry et calculé l'heure de son arrivée – et le temps qu'elle avait passé sur le message, conçu pour le rendre jaloux sans l'écarter à jamais. Comme la plupart des compromis, il n'exprimait ni force ni vitalité, mais un désespoir hésitant.

Soudain, la rage le prit. Il s'assit dans le hall d'entrée et relut la lettre. Puis il alla au téléphone, appela Dolly et lui dit, de sa voix claire et impérieuse, qu'il avait reçu son billet et qu'il passerait chez elle à 5 heures comme ils l'avaient prévu. Il lui laissa à peine le temps de formuler une feinte hésitation (« Je pourrai peut-être te voir une petite heure ») et raccrocha ; puis il se rendit à son bureau. Chemin faisant, il déchira sa propre lettre et jeta les morceaux dans la rue.

Il n'était pas jaloux – elle ne signifiait rien pour lui –,

mais devant cette ruse pathétique, tout ce qu'il y avait en lui d'entêtement et de disposition au caprice remonta à la surface. Il y avait là de la présomption émanant d'un être qui lui était intellectuellement inférieur, et il était impossible de ne pas réagir. Si elle voulait savoir à qui elle appartenait, elle allait être satisfaite.

Il était sur le pas de sa porte à 5 heures et quart. Dolly était en tenue de ville, et il écouta jusqu'au bout, en silence, le paragraphe commencé au téléphone : « Je ne pourrai t'accorder qu'une petite heure. »

« Mets ton chapeau, Dolly, dit-il. Nous allons nous promener. »

Ils flânèrent dans Madison Avenue et poussèrent jusqu'à la Cinquième Avenue ; comme il faisait très chaud, la chemise du corpulent Anson se trempait de sueur. Il parlait peu, la morigénait, lui refusait toute marque d'affection, mais ils ne s'étaient pas éloignés de plus de six pâtés de maisons qu'elle était de nouveau sienne, s'excusant d'avoir écrit ce billet, s'offrant à ne plus jamais revoir Perry en manière d'expiation, se disant prête à tout ce qu'il voudrait. Elle croyait qu'il était venu parce qu'il commençait à l'aimer.

« J'ai chaud », dit-il lorsqu'ils furent dans la 71e Rue. « Je porte un costume d'hiver. Si je m'arrête chez moi pour me changer, auras-tu la gentillesse de m'attendre en bas ? J'en aurai pour une minute. »

Elle était heureuse ; tout détail physique le concernant – elle savait maintenant son corps en sueur – l'excitait. Quand ils arrivèrent devant la porte en fer forgé et qu'Anson sortit sa clef de sa poche, ce fut pour elle comme un ravissement.

Le rez-de-chaussée était plongé dans l'obscurité, et après qu'il fut monté par l'ascenseur, Dolly écarta un rideau et regarda à travers la dentelle opaque du voilage les maisons de l'autre côté de la rue. Elle entendit le moteur de l'ascenseur s'arrêter et, dans l'intention de le taquiner, appuya sur le bouton d'appel pour le faire redescendre. Puis, cédant à une force plus puissante qu'une simple lubie, elle entra dans la cabine et la fit monter à ce qu'elle pensait être l'étage d'Anson.

« Anson, appela-t-elle, avec un petit rire.

— Un instant », répondit-il de sa chambre. Puis, très peu après : « Maintenant tu peux entrer. »

Il s'était changé et boutonnait son gilet. « C'est ma chambre, dit-il d'un ton léger. Elle te plaît ? »

Son regard s'arrêta sur une photo de Paula accrochée au mur, qu'elle contempla longuement, fascinée, tout comme Paula avait contemplé les photos des flirts de jeunesse d'Anson cinq ans plus tôt. Elle avait entendu parler de Paula ; quelquefois, elle se mettait elle-même à la torture en se racontant des bribes de cette histoire.

Soudain, elle vint tout près d'Anson, les bras levés. Ils s'enlacèrent. Dehors, derrière la fenêtre, un doux crépuscule artificiel se laissait deviner, bien que le soleil brillât encore sur un toit à l'arrière d'une maison, sur le trottoir opposé. Dans une demi-heure, il ferait noir dans la pièce. L'occasion imprévue était proprement stupéfiante, ils en avaient tous deux le souffle coupé et ils se serraient davantage l'un contre l'autre. La chose était imminente, inévitable. Toujours agrippés l'un à l'autre, ils levèrent la tête, et leurs yeux rencontrèrent la photo de Paula, qui les observait de son mur.

Anson laissa brusquement tomber ses bras et, s'installant à son bureau, essaya toutes les clefs de son trousseau sur un tiroir.

« Tu veux un verre ? demanda-t-il d'une voix revêche.

— Non, Anson. »

Il se versa un demi-verre de whisky, l'avala, puis ouvrit la porte qui donnait dans le couloir.

« Viens », dit-il.

Dolly hésita.

« Anson... Je vais à la campagne avec toi ce soir, après tout. Tu comprends bien cela, n'est-ce pas ?

— Bien sûr », répondit-il avec rudesse.

Dans la voiture de Dolly, ils roulèrent vers Long Island ; jamais les émotions qui les agitaient ne les avaient à ce point rapprochés l'un de l'autre. Ils savaient ce qui allait se passer, lorsqu'ils n'auraient plus sous les yeux le visage de Paula pour leur rappeler que quelque chose manquait, et se retrouveraient seuls dans la nuit tranquille et torride de Long Island, indifférente à tout.

La grande propriété de Port Washington où ils devaient passer le week-end appartenait à une cousine d'Anson qui avait épousé un propriétaire de mines de cuivre du Montana. Une fois passée la maison du gardien, un interminable chemin sinuait sous une voûte de jeunes peupliers d'importation et conduisait à une énorme maison rose de style espagnol. Anson y était souvent venu.

Après le dîner, ils allèrent danser au Linx Club. Vers minuit, Anson, s'étant assuré que ses cousins ne partiraient pas avant 2 heures du matin, leur expliqua que Dolly était fatiguée ; il allait la ramener chez elle et reviendrait danser plus tard. Avec une impatience fébrile qui les faisait un peu trembler, ils montèrent dans une voiture d'emprunt et retournèrent à Port Washington. En arrivant à la maison du gardien, Anson s'arrêta pour parler avec Carl, le veilleur de nuit.

« Quand faites-vous une ronde, Carl ?

— Tout de suite.

— Alors, vous serez ici jusqu'à ce que tout le monde soit rentré ?

— Oui, monsieur.

— Très bien. Écoutez. Si une automobile, quelle qu'elle soit, franchit cette grille, je veux que vous téléphoniez immédiatement à la maison. » Il glissa un billet de cinq dollars dans la main de Carl. « Est-ce bien clair ?

— Oui, Mr. Anson. » Étant un homme du Vieux Monde, il ne se permit ni clin d'œil ni sourire. Pourtant, Dolly avait la tête légèrement tournée de côté.

Anson avait une clef. Une fois à l'intérieur, il servit deux verres – Dolly ne toucha pas au sien –, puis s'assura de l'endroit où était le téléphone, et il s'aperçut qu'ils n'auraient aucun mal à l'entendre de leurs chambres, qui étaient toutes deux au rez-de-chaussée.

Cinq minutes plus tard, il frappa à la porte de Dolly.

« Anson ? » Il entra et referma la porte derrière lui. Elle était à demi couchée sur son lit, les coudes appuyés contre l'oreiller, attendant avec inquiétude ; il s'assit à côté d'elle et la prit dans ses bras.

« Anson, mon chéri. »

Il ne répondit pas.

« Anson… Anson ! Je t'aime… Dis-moi que tu m'aimes. Dis-le maintenant. Tu ne peux pas me le dire maintenant ? Même si ce n'est pas vrai ? »

Il n'écoutait pas. Il voyait, au-dessus de la tête de la jeune femme, que la photo de Paula était accrochée à ce mur, dans cette chambre.

Il se leva et s'en approcha. Le cadre avait un terne éclat sous la lueur de la lune trois fois réfléchie ; il enfermait l'ombre brouillée d'un visage qu'il dut admettre ne pas connaître. Il sanglotait presque quand il se retourna et considéra avec horreur la petite silhouette allongée sur le lit.

« Tout cela est absurde, dit-il d'une voix épaisse. Je ne sais pas à quoi je pensais. Je ne t'aime pas, et tu ferais mieux d'attendre un homme qui t'aime pour de bon. Je ne t'aime absolument pas, est-ce que tu peux comprendre ça ? »

Sa voix se brisa et il sortit précipitamment. Dans le salon, il se versait un verre d'alcool d'une main tremblante lorsque la porte s'ouvrit soudain et que sa cousine entra.

« Dis-moi, Anson, j'apprends que Dolly ne se sent pas bien ? commença-t-elle, pleine de sollicitude. On me dit qu'elle ne se sent pas bien...

— Ce n'était rien », la coupa-t-il, élevant la voix afin que Dolly pût l'entendre de sa chambre. « Elle était un peu fatiguée. Elle est allée se coucher. »

Longtemps par la suite, Anson crut qu'un dieu protecteur intervenait parfois dans les affaires des hommes. Mais Dolly Karger, allongée sur son lit, les yeux fixés au plafond, incapable de dormir, ne crut plus jamais en rien.

VI

Quand Dolly se maria à l'automne suivant, Anson était à Londres pour affaires. Ce mariage, comme celui de Paula, eut lieu tout soudainement, mais il l'affecta d'une manière bien différente. Au début, il trouva la chose amusante et il avait envie de rire chaque fois qu'il y pensait.

Plus tard, il en fut accablé : ce mariage lui faisait sentir qu'il vieillissait.

Il y avait là comme un scénario qui se répétait... de la génération de Paula à celle de Dolly. Il avait un avant-goût de ce que ressent un homme de quarante ans qui apprend que la fille d'un ancien béguin vient de se marier. Il envoya un télégramme de félicitations et, contrairement à ce qui s'était passé avec Paula, celles-ci étaient sincères. Il n'avait jamais vraiment espéré que Paula pût un jour être heureuse.

À son retour à New York, on lui offrit un poste d'associé de la firme et, comme ses responsabilités augmentaient, il avait moins de temps de loisir. Le refus que lui opposa une compagnie d'assurances de l'assurer sur la vie l'impressionna si fort qu'il cessa de boire pendant un an. Il disait qu'il se sentait en meilleure condition physique, mais je crois qu'il regrettait de ne plus pouvoir raconter, dans un cadre convivial, ces récits dignes des aventures de Cellini qui avaient joué un rôle si important dans sa vie quand il avait vingt ans. Mais il ne renonça jamais au Yale Club. Là, il était une personnalité, il comptait, et sa présence empêcha que ne s'aggrave, chez ses camarades de promotion sortis de l'université depuis sept ans, la tendance à chercher refuge dans des clubs un peu moins débraillés.

Sa journée n'était jamais trop remplie ni son esprit trop las qu'il ne pût rendre service à qui le lui demandait. Ce qu'il avait d'abord fait par orgueil et sentiment de sa supériorité était devenu une habitude et une passion. Et les occasions ne manquaient pas : un frère cadet avait des ennuis à l'université, une querelle avait éclaté entre l'un de ses amis et sa femme, il fallait trouver une situation à celui-ci, conseiller un investissement à cet autre.

Cependant, il s'était fait une spécialité de la résolution des problèmes des jeunes mariés. Les jeunes mariés le fascinaient et les appartements où ils vivaient étaient des lieux quasi sacrés pour lui ; il connaissait l'histoire de leur amour, les aidait à déterminer l'endroit où ils allaient vivre et leur mode de vie, et n'oubliait jamais les noms des bébés. Son attitude à l'égard des jeunes épouses était toute de circonspection ; jamais il n'abusa de la confiance que leurs maris, étrangement, continuaient à lui accorder, alors que ses frasques étaient notoires.

Il en vint à jouir par procuration des mariages heureux et à tirer un plaisir triste, mais tout aussi vif, de ceux qui partaient à vau-l'eau. Il ne se passait pas une saison sans qu'il fût témoin de la ruine d'une relation dont il avait peut-être été l'initiateur. Lorsque Paula divorça pour épouser aussitôt après un autre Bostonien, il me parla d'elle tout un après-midi. Il n'aimerait jamais personne comme il avait aimé Paula, mais, tenait-il à ajouter, c'était de l'histoire ancienne.

« Je ne me marierai jamais, finit-il par me dire ; j'en sais trop sur le sujet, en particulier qu'un mariage heureux est une chose rarissime. Et puis, je suis trop vieux. »

Il croyait pourtant au mariage. Comme tous les hommes issus d'un mariage heureux et réussi, il y croyait passionnément. Rien de ce qu'il avait vu ne changerait cette foi ; son cynisme, en regard, n'avait aucune consistance. Mais il pensait pour de bon qu'il était trop vieux. À vingt-huit ans, il commença à accepter avec sérénité l'idée de faire un mariage d'où l'amour romantique serait exclu. Très délibérément, il fixa son choix sur une jeune fille de New York qui appartenait à son milieu, jolie, intelligente, aimable, au-dessus de tout reproche, et il entreprit de tomber amoureux d'elle. Les choses qu'il avait dites à

Paula en toute sincérité, aux autres filles avec grâce, il ne pouvait plus les dire sans sourire, ou avec la force de conviction nécessaire.

« Quand j'aurai quarante ans, disait-il à ses amis, je serai mûr. Je m'enticherai d'une danseuse, comme tout le monde. »

Il s'obstina néanmoins dans sa tentative. Sa mère voulait le voir marié, et il pouvait se le permettre : il détenait un siège à la Bourse des valeurs et son seul salaire annuel s'élevait à vingt-cinq mille dollars. La perspective ne laissait pas de lui plaire : lorsque ses amis – il passait le plus clair de son temps parmi le petit cercle que Dolly et lui avaient rassemblé – fermaient leur porte, le soir, sur leur intimité domestique, il ne s'enchantait plus de sa liberté à lui. Il se demandait même s'il n'aurait pas dû épouser Dolly. Paula elle-même ne l'avait pas autant aimé, et il apprenait combien il est rare, dans une vie d'homme, de rencontrer une émotion vraie.

Au moment précis où il entrait dans cette nouvelle phase de ses ruminations, une rumeur inquiétante parvint à ses oreilles. Sa tante Edna, qui venait d'avoir quarante ans, entretenait au vu et au su de tous une liaison avec un jeune débauché fort porté sur la boisson, du nom de Cary Sloane. Tout le monde était au courant à l'exception de l'oncle Robert, qui avait passé quinze ans à cancaner dans les clubs et ne s'était jamais posé la moindre question sur sa femme.

Anson entendit l'histoire encore et encore, avec une irritation croissante. Un peu de son affection d'autrefois pour son oncle se réveilla en lui. Mais le sentiment ne se rapportait pas seulement à la personne de l'oncle ; c'était un retour à cette solidarité familiale sur laquelle s'était construit son orgueil. Il saisit intuitivement le point essentiel de l'affaire : il ne fallait pas que son oncle souffrît. Pour la première fois, il intervint sans avoir été sollicité mais, connaissant le caractère d'Edna, il estima qu'il pouvait prendre les choses en main bien mieux qu'un juge de paix ou que son oncle.

Son oncle était à Hot Springs. Anson remonta aux sources du scandale, de manière à assurer ses arrières, téléphona à Edna et l'invita à déjeuner le lendemain au Plaza. Quelque chose dans sa voix dut l'effrayer, car elle se montra hésitante, mais il insista, repoussant la date jusqu'à ce qu'elle fût à court d'excuse pour se dérober.

Elle le retrouva à l'heure dite dans le grand hall du Plaza. C'était une jolie blonde aux yeux gris, un peu fanée ; elle portait un manteau de zibeline de Sibérie. Cinq grosses bagues rafraîchies de diamants et d'émeraudes étincelaient sur ses mains fines. Anson songea que c'était l'intelligence de son père, et non celle de son oncle, qui avait permis d'acquérir la fourrure et les pierres, leur splendeur éclatante, écrin d'une beauté vite flétrie.

Edna flaira son hostilité, mais elle n'était pas préparée à la brutalité de son attaque.

« Edna, je suis étonné par la manière dont vous vous comportez, dit-il d'une voix forte et sans apprêt. Au début, je n'ai pas pu y croire.

— Croire à quoi ? demanda-t-elle sèchement.

— Il est inutile de feindre avec moi, Edna. Je parle de Cary Sloane. Toute autre considération mise à part, je n'imaginais pas que vous pouviez traiter oncle Robert...

— Écoutez, Anson », commença-t-elle avec colère, mais le ton péremptoire de son neveu l'empêcha d'aller plus loin.

« ... et vos enfants de cette manière. Vous êtes mariée

depuis dix-huit ans, et à votre âge, on agit moins étourdiment.

— Vous n'avez pas le droit de me parler ainsi ! Vous...

— Si, j'en ai le droit. L'oncle Robert a toujours été mon meilleur ami. » Il était terriblement ému. La pensée de son oncle et de ses trois jeunes cousins le plongeait dans un véritable désarroi.

Edna se leva, sans avoir touché à son cocktail aux miettes de crabe.

« C'est la chose la plus absurde que...

— Très bien. Si vous refusez de m'écouter, j'irai lui raconter toute l'histoire. De toute façon, il l'apprendra tôt ou tard. Ensuite, j'irai trouver le vieux Moses Sloane. »

Edna se laissa retomber sur son siège, ébranlée.

« Ne parlez pas si fort », le supplia-t-elle. Les larmes lui montèrent aux yeux. « Vous ne mesurez pas combien votre voix porte. Vous auriez pu trouver un endroit moins fréquenté pour me lancer au visage toutes ces accusations insensées. »

Il ne répondit pas.

« Je sais bien que vous ne m'avez jamais aimée, poursuivit-elle. Vous profitez seulement de ragots absurdes pour essayer de briser la seule amitié intéressante que j'aie jamais eue. Qu'ai-je donc fait pour que vous me haïssiez autant ? »

Anson attendit encore un peu. Elle allait en appeler à sa générosité, puis à sa pitié, et pour finir à sa subtilité supérieure. Lorsqu'il aurait réussi à passer entre tous ces obstacles, elle en viendrait aux premiers aveux, et le corps à corps pourrait commencer. En demeurant silencieux et insensible, en n'usant que de ce qui était pour lui son arme principale, la sincérité de son émotion, il l'acculait, au fil du déjeuner, à un désespoir sans recours. À

2 heures, elle sortit un miroir de poche et un mouchoir, fit disparaître les traces de ses larmes et poudra les fins sillons où elles s'étaient logées. Elle avait accepté de le recevoir chez elle à 5 heures.

Lorsqu'il arriva, elle était étendue sur une *chaise longue** recouverte de cretonne pendant l'été, et les pleurs qu'il lui avait fait répandre au déjeuner paraissaient prêts à inonder de nouveau ses joues. Soudain, il remarqua la forme sombre et nerveuse de Cary Sloane, debout sur la pierre d'âtre froide de la cheminée.

« Qu'est-ce qui vous prend ? s'écria Sloane aussitôt. Si je comprends bien, vous avez invité Edna à déjeuner, puis vous l'avez menacée sur la foi de rumeurs grossières ? »

Anson s'assit.

« J'ai de bonnes raisons de penser qu'il ne s'agit pas de rumeurs.

— J'ai appris que vous avez l'intention de les rapporter à Robert Hunter et à mon père. »

Anson acquiesça de la tête.

« Ou bien vous rompez, ou bien je dis tout.

— De quel droit vous mêlez-vous de cette histoire, Hunter ?

— Garde ton calme, Cary, dit Edna d'une voix inquiète. Il s'agit seulement de lui montrer l'absurdité de… »

Anson lui coupa la parole : « Tout d'abord, c'est mon nom que l'on colporte de la sorte. Le reste ne vous regarde pas, Cary.

— Edna ne fait pas partie de votre famille.

— Mais si, bien sûr. » Sa colère montait. « Voyez-vous, elle doit cette maison et les bagues qu'elle porte aux doigts à l'intelligence de mon père. Quand l'oncle Robert l'a épousée, elle n'avait pas un sou. »

Tous abaissèrent les yeux sur les bagues, comme si

elles avaient une incidence majeure sur la situation. Edna fit mine de vouloir les retirer.

« J'imagine que ce ne sont pas les seules bagues qui soient au monde, dit Sloane.

— Oh, tout cela est ridicule ! s'écria Edna. Anson, voulez-vous m'écouter ? J'ai découvert comment cette histoire stupide a commencé. C'est une domestique que j'avais renvoyée qui est allée directement chez les Chilicheff... Tous ces Russes tirent les vers du nez de leur personnel, puis les interprètent n'importe comment. » Elle frappa avec fureur du poing sur la table. « Et après que Tom leur eut prêté la limousine pendant un mois entier quand nous étions dans le Sud l'hiver dernier...

— Vous voyez bien ! dit Sloane avec empressement. Cette domestique a tout compris de travers. Elle savait qu'Edna et moi étions amis, et elle a apporté la nouvelle aux Chilicheff. En Russie, on considère que lorsqu'un homme et une femme... »

Il développa le thème, et se lança dans un exposé sur les relations sociales dans le Caucase.

« Si c'est le cas, dit sèchement Anson, alors il vaut mieux l'expliquer à l'oncle Robert, afin que le jour où les rumeurs lui parviendront, il sache qu'elles sont mensongères. »

Adoptant la méthode qui avait été la sienne avec Edna au déjeuner, il les laissa mener leurs explications jusqu'au bout. Il savait qu'ils étaient coupables et qu'ils franchiraient bientôt la ligne qui sépare l'explication de la justification, et se condamneraient d'eux-mêmes bien plus sûrement qu'il n'aurait pu le faire. À 7 heures, réduits au désespoir, ils lui disaient la vérité – l'éloignement de Robert, le vide de l'existence d'Edna, le badinage sans conséquence et soudain l'embrasement de la passion –, mais comme tant d'histoires vraies, elle avait la mauvaise fortune de porter les marques de l'âge, et rebondissait désespérément, telle une substance chétive, contre la volonté d'Anson, robuste comme une armure. La menace d'une révélation au père de Sloane scella leur impuissance, car ce dernier, un ancien courtier en coton d'Alabama alors à la retraite, était un fondamentaliste notoire qui exerçait son autorité sur son fils au moyen d'une allocation parcimonieuse et de la promesse de lui couper définitivement les vivres à son prochain écart.

Ils allèrent dîner dans un petit restaurant français et la discussion continua ; à un certain moment, Sloane le menaça de violences physiques ; peu après, tous deux le suppliaient de leur accorder du temps. Mais Anson était inflexible. Il sentit qu'Edna perdait pied et jugea qu'il fallait éviter qu'elle ne fût revigorée par un regain de leur passion.

À 2 heures du matin, dans un petit night-club de la 53e Rue, Edna eut une crise de nerfs et demanda en pleurant à rentrer chez elle. Sloane avait bu sans retenue toute la soirée et il était maintenant quelque peu larmoyant : il s'appuyait des coudes sur la table et pleurnichait, en cachant son visage dans ses mains. Anson fixa aussitôt ses conditions : Sloane devrait quitter New York sous quarante-huit heures et ne plus y revenir avant six mois. À son retour, toute relation leur serait toujours interdite, mais, à la fin de l'année, Edna pourrait, si elle le souhaitait, annoncer à Robert Hunter qu'elle voulait divorcer et mener la procédure de la manière habituelle.

Il s'arrêta, puisant dans leur expression l'assurance dont il avait besoin pour assener son dernier mot.

« Ou bien, il est encore une chose que vous pouvez faire, dit-il lentement. Si Edna veut abandonner ses enfants, je ne puis rien faire pour vous empêcher de vous enfuir ensemble.

— Je veux rentrer ! cria de nouveau Edna. Vous ne trouvez pas que vous nous avez fait assez de mal aujourd'hui ? »

Dehors, il faisait noir, mais on distinguait une vague lueur qui venait de la Sixième Avenue, au bout de la rue. C'est dans cette lumière que chacun des amants contempla pour la dernière fois le visage tragique de l'autre, comprenant qu'ils ne possédaient pas à eux deux assez de jeunesse et de force pour empêcher que leur séparation ne soit éternelle. Sloane s'éloigna tout à coup et Anson tapota le bras d'un chauffeur de taxi assoupi.

Il était près de 4 heures. Tout le long de la chaussée fantomatique de la Cinquième Avenue coulait sans hâte le flot de l'eau de nettoyage, et les ombres de deux femmes noctambules passèrent fugitivement sur la façade sombre de l'église Saint-Thomas. Puis ce furent les mornes arbustes de Central Park où Anson avait souvent joué quand il était enfant, et, en ordre croissant, les numéros des rues qui défilaient, aussi parlants que des noms. C'était sa ville, songeait-il, où son nom avait brillé pendant cinq générations. Nul changement ne pouvait modifier la place qu'il occupait ici durablement, car le changement était ce substrat même qui lui permettait, et permettait à tous ceux qui avaient porté ce nom, de s'identifier à l'esprit de New York. Sa capacité d'invention et la puissance de sa volonté – en d'autres mains, plus faibles, ses menaces eussent été parfaitement inopérantes – avaient secoué la poussière qui s'accumulait sur le nom de son oncle, sur le nom de sa famille, et même sur cette silhouette frissonnante assise à côté de lui dans le taxi.

Le corps de Cary Sloane fut trouvé le lendemain matin

sur le rebord inférieur d'une pile du pont de Queensboro. Dans l'obscurité, et dans l'état d'agitation où il était, il avait cru que c'était l'eau noire qui refluait sous lui, mais en moins d'une seconde plus rien n'eut d'importance, à moins qu'il n'ait songé à avoir une dernière pensée pour Edna et à crier son nom en se débattant mollement dans l'eau.

VII

Anson ne se reprocha jamais le rôle qu'il avait joué dans cette affaire : la situation qui en était à l'origine n'était pas de son fait. Mais les justes souffrent avec les injustes, et il découvrit que sa plus ancienne amitié, et d'une certaine manière la plus précieuse, était morte. Il ne sut jamais quelle sorte de mensonge Edna raconta, mais il cessa d'être reçu dans la maison de son oncle.

Peu avant Noël, Mrs. Hunter se retira dans l'élégant paradis des épiscopaliens, et Anson devint le chef de famille en titre. Une tante célibataire qui vivait avec eux depuis des années s'occupa de la maison et tenta, sans guère de succès, de chaperonner les filles cadettes. Aucun des frères et sœurs d'Anson n'était aussi indépendant qu'Anson, et ils étaient beaucoup plus conventionnels que lui tant dans leurs vertus que dans leurs défauts. La mort de Mrs. Hunter avait contraint de reporter à plus tard l'entrée dans le grand monde d'une de ses filles et le mariage d'une autre. Elle les avait par ailleurs tous dépossédés de quelque chose d'éminemment matériel, car, avec son décès, la supériorité discrète et opulente des Hunter connut son terme.

D'abord, le patrimoine, considérablement entamé par un double impôt sur la succession et voué à être bientôt divisé entre les six enfants, ne constituait plus une si formidable fortune. Anson discerna chez ses jeunes sœurs une tendance à parler avec un certain respect de familles qui n'existaient simplement pas dans leur milieu vingt ans plus tôt. Son sens des préséances leur était inconnu ; elles étaient parfois d'un snobisme très ordinaire, c'était tout. Ensuite, c'était le dernier été qu'ils allaient passer dans la grande propriété du Connecticut ; les protestations étaient trop vives : « Comment peut-on encore vouloir gaspiller les plus beaux mois de l'année en restant enfermé dans cette vieille ville morte ? » Il céda, à contrecœur ; la maison serait mise en vente à l'automne, et l'été suivant ils loueraient une maison plus petite dans le comté de Westchester. On s'éloignait de la simplicité distinguée chère à son père, et, s'il comprenait la révolte de ses frères et sœurs, elle l'attristait aussi. Du vivant de sa mère, il passait dans la maison du Connecticut au moins un week-end sur deux, même pendant les étés les plus joyeux.

Pourtant, lui-même faisait partie intégrante de ces changements, et son puissant instinct de vie l'avait détourné, lorsqu'il avait vingt ans, de suivre le cortège funèbre de cette classe oisive morte sans descendance. Il ne comprenait pas cela très clairement, il croyait encore qu'il existait des normes, un ordre social. Mais il n'y avait pas de normes, il était même douteux qu'il y en eût jamais eu à New York. Les rares personnes qui payaient et luttaient encore pour se faire admettre dans un cercle fermé découvraient, quand elles y étaient parvenues, que ce cercle n'avait presque rien à voir avec un groupe social, ou, ce qui était plus inquiétant, que la bohème qu'elles fuyaient présidait la table.

À vingt-neuf ans, la préoccupation essentielle d'Anson était sa solitude croissante. Il était maintenant convaincu qu'il ne se marierait jamais. Le nombre de mariages auxquels il avait pris part en qualité de garçon d'honneur ou de témoin ne se comptait plus. Il avait chez lui un tiroir qui débordait de cravates de cérémonie portées à telle ou telle noce, symboles d'histoires d'amour qui n'avaient pas duré plus d'une année, de couples totalement disparus de sa vie. Des épingles de foulard, des stylos en or, des boutons de manchettes, cadeaux d'une génération de jeunes mariés, avaient séjourné dans sa boîte à bijoux avant d'être égarés, et, d'une noce à la suivante, il se voyait de moins en moins occuper la place du marié. La bienveillance chaleureuse qu'il manifestait lors de ces célébrations masquait son désespoir de jamais convoler.

À l'approche de la trentaine, il commença à ressentir avec un certain accablement les ravages que faisaient, depuis peu en particulier, tous ces mariages dans ses amitiés. Des groupes de gens avaient une tendance déconcertante à se décomposer et à disparaître. Ses camarades d'université – ceux-là mêmes auxquels il avait prodigué le plus de temps et d'affection – étaient les plus prompts à s'évanouir. La plupart étaient entièrement absorbés par leur vie domestique, deux étaient morts, l'un vivait à l'étranger, un autre était installé à Hollywood, où il écrivait des scripts pour des films qu'Anson ne manquait jamais d'aller voir.

Presque tous, cependant, n'habitaient pas en ville et leur vie de famille compliquée était centrée sur un country club de banlieue ; c'était d'eux qu'Anson se sentait le plus douloureusement coupé.

Au tout début de leur vie de couple, tous avaient eu besoin de lui ; il leur donnait des conseils sur la meilleure manière de gérer leurs maigres finances, les débarrassait de leurs doutes quant à l'opportunité d'avoir un bébé dans un deux-pièces cuisine ; surtout, il représentait le monde, le grand monde autour d'eux. Mais leurs soucis financiers étaient maintenant de l'histoire ancienne, et l'enfant que l'on craignait d'accueillir avait fait place à une famille nombreuse, objet de tous leurs soins. Ils étaient toujours ravis de revoir ce vieil Anson, mais ils se mettaient sur leur trente et un pour le recevoir, s'efforçaient de l'impressionner avec leur nouveau statut social et ne disaient mot de leurs difficultés. Ils n'avaient plus besoin de lui.

Quelques jours avant son trentième anniversaire, le dernier de ses plus anciens intimes se maria. Anson joua son rôle habituel de garçon d'honneur, offrit le traditionnel service à thé en argent, et les accompagna, comme toujours, à bord de l'*Homeric* pour leur faire ses adieux. C'était un vendredi après-midi très chaud de mai et, alors qu'il s'éloignait de l'embarcadère, il s'aperçut que le week-end avait commencé et qu'il était libre jusqu'au lundi matin.

« Où aller ? » se demanda-t-il.

Au Yale Club, bien sûr ; un bridge jusqu'au dîner, puis quatre ou cinq cocktails bien tassés dans l'appartement d'Untel et une agréable soirée un peu agitée. Il regrettait que le marié de l'après-midi ne fût pas de la partie... Ils avaient toujours réussi à si bien remplir ces soirées : ils savaient comment ferrer les femmes et comment s'en débarrasser, leur hédonisme intelligent leur dictait la part de considération à accorder à chaque fille rencontrée. Une soirée se réglait avec soin : on emmenait certaines filles dans certains endroits et l'on dépensait tant pour les distraire ; on buvait un peu, pas beaucoup plus que nécessaire, et le matin, à un certain moment, on se levait en annonçant que l'on rentrait chez soi. On évitait les étudiants, les parasites, les promesses de nouveaux rendez-vous, les bagarres, les sentiments et les imprudences. C'était ainsi que l'on procédait. Le reste, c'était de la dissipation.

Le lendemain matin, nul regret ne vous torturait, on ne prenait aucune sorte de résolution ; mais si l'on était allé trop loin et que l'on se sentait le cœur un peu chiffonné, on se mettait pour quelques jours au régime sec sans en parler à quiconque, et l'on attendait que l'excès d'ennui et de nervosité vous jette dans une autre soirée.

Il n'y avait âme qui vive dans le grand hall du Yale Club. Au bar, trois jeunes anciens étudiants levèrent sur lui, un bref instant, des yeux dépourvus de curiosité.

« Bonsoir, Oscar ! lança-t-il au barman. Vous avez vu Mr. Cahill cet après-midi ?

— Mr. Cahill est parti à New Haven.

— Oh… vraiment ?

— Au match de base-ball. Beaucoup de ces messieurs y sont allés. »

Anson explora de nouveau le hall du regard, réfléchit un moment, puis sortit et se dirigea vers la Cinquième Avenue. De la longue fenêtre de l'un des clubs dont il était membre – et où il n'était presque pas allé en cinq ans –, un homme grisonnant aux yeux chassieux le regardait avec insistance. Anson se détourna rapidement : ce personnage assis, apathique et résigné, dans une solitude hautaine, le démoralisa. Il s'arrêta et, revenant sur ses pas, prit la 47e Rue en direction de l'appartement de Teak Warden. Teak et sa femme avaient été autrefois ses amis les plus intimes. Il allait souvent chez eux, à l'époque de sa liaison avec Dolly Karger. Mais Teak s'était mis à boire et sa femme avait déclaré en public qu'Anson exerçait une mauvaise influence sur lui. Le propos arriva jusqu'aux oreilles d'Anson sous une forme outrancière, et quand on eut finalement tiré les choses au clair, la subtile magie de leur intimité était brisée, et ne fut plus jamais restaurée.

« Mr. Warden est-il chez lui ? s'enquit-il.

— Ils sont partis à la campagne. »

La nouvelle l'affecta vivement. Ils étaient partis à la campagne et il n'en savait rien. Deux ans plus tôt, il aurait su le jour et l'heure, il serait venu juste avant leur départ prendre un dernier verre et fixer la date de la première visite qu'il leur ferait à leur retour. Maintenant, ils étaient partis sans un mot.

Anson regarda sa montre et envisagea un week-end avec sa famille, mais il n'y avait qu'un train, un omnibus qui cahoterait pendant trois heures de chaleur accablante. Et le samedi à la campagne, puis le dimanche... Non, il n'avait vraiment pas envie d'un bridge sur la terrasse avec de jeunes étudiants polis et, après le dîner, de quelques danses dans un night-club au milieu des champs, réplique en miniature des distractions que son père n'appréciait que trop.

« Ah ! non, non... » se dit-il.

C'était un jeune homme à l'air digne et imposant, assez corpulent à présent, mais qui ne présentait aucun des signes de la dissipation. On aurait pu faire de lui un pilier de quelque chose... sûrement pas de la société, se disait-on parfois, et puis on pensait le contraire... un pilier de la loi, de l'Église ? Il resta quelques minutes immobile sur le trottoir devant un immeuble de la 47e Rue ; pour la première fois de sa vie, il n'avait rien, absolument rien à faire.

Puis il reprit sa marche d'un pas vif dans la Cinquième Avenue, comme s'il venait de se rappeler un rendez-vous important. Le besoin de dissimulation est l'une des rares caractéristiques que nous partageons avec l'espèce canine, et je me plais à imaginer Anson, ce jour-là, comme un chien de race devant qui une porte de service familière ne s'est pas ouverte. Il allait voir Nick, un barman autrefois très recherché dans les bals privés des milieux chic, et qui était chargé de rafraîchir un champagne sans alcool dans les caves labyrinthiques de l'hôtel Plaza.

« Nick, dit-il, qu'est-il arrivé à cette ville ?

— Morte, dit Nick.

— Donnez-moi un whisky au citron. » Anson tendit une demi-bouteille par-dessus le comptoir. « Nick, les filles ont changé. J'avais une petite cocotte à Brooklyn et elle s'est mariée la semaine dernière sans me prévenir.

— C'est vrai ? Ha ! ha ! répondit Nick diplomatiquement. Elle vous a bien roulé.

— Exactement, dit Anson. Et j'étais sorti avec elle le soir précédent.

— Ha ! ha ! ha ! s'esclaffa Nick. Ha ! ha ! ha !

— Vous vous souvenez du mariage à Hot Springs, Nick, où j'avais fait chanter le *God Save the King* aux musiciens et aux garçons ?

— Où était-ce donc, Mr. Hunter ? » Nick réfléchit, dubitatif. « Il me semble que c'était...

— La fois suivante, ils ont voulu recommencer, et je me suis demandé combien j'avais pu leur donner, continua Anson.

— ... il me semble que c'était au mariage de Mr. Trentholm.

— Connais pas », dit Anson d'un ton sans réplique. Il était froissé qu'un nom inconnu vînt s'immiscer dans ses souvenirs ; Nick s'en rendit compte.

« N-n-on, non, reconnut-il. J'aurais bien dû me rappeler. C'était quelqu'un de votre bande à vous... Brakins... Baker...

— Bicker Baker, dit Anson, réagissant aussitôt. Quand tout a été fini, ils m'ont mis dans un cercueil et m'ont recouvert de fleurs, et ils m'ont emmené.

— Ha ! ha ! ha ! s'esclaffa Nick. Ha ! ha ! ha ! »

L'imitation du vieux et fidèle domestique de la famille à laquelle se livrait Nick perdit bientôt de son intérêt, et Anson monta à l'étage. Arrivé sur le palier, il regarda autour de lui ; ses yeux rencontrèrent ceux d'un employé qu'il ne connaissait pas à la réception, puis tombèrent sur une fleur du mariage de la matinée, en équilibre incertain sur le couvercle d'un crachoir en cuivre. Il sortit et marcha lentement vers le soleil rouge sang immobile au-dessus de Columbus Circle. Il fit soudain demi-tour, revint au Plaza et s'enferma dans une cabine téléphonique.

Plus tard, il me raconta qu'il avait essayé de me joindre à trois reprises cet après-midi-là, appelé tous ceux qui étaient susceptibles de se trouver à New York, des hommes et des filles qu'il n'avait pas vus depuis des années, une fille qui posait pour des artistes, rencontrée pendant ses études universitaires, et dont le numéro de téléphone à demi effacé figurait encore dans son carnet d'adresses. Le Central téléphonique lui expliqua que l'indicatif n'existait plus. Sa quête, pour finir, le mena dans la campagne, et il eut de brèves et décevantes conversations avec des maîtres d'hôtel et des femmes de chambre catégoriques. Untel était sorti faire du cheval, nager, jouer au golf, ou bien s'était embarqué pour l'Europe la semaine précédente. « Qui appelle, monsieur ? »

L'idée de devoir passer la soirée seul lui était intolérable. Les petites mises au point personnelles que l'on réserve pour ses moments de loisir perdent tout charme lorsque la solitude vous est imposée. Il y avait toujours les femmes d'un certain genre, mais celles qu'il connaissait avaient momentanément disparu, et passer une soirée à New York en compagnie d'une inconnue dont il eût loué les services ne lui vint jamais à l'esprit : il eût considéré la chose comme une aventure honteuse, nécessairement secrète, une distraction de voyageur de commerce dans une ville étrangère.

Anson paya sa note de téléphone – sur le montant de laquelle la réceptionniste tenta, sans succès, de plaisanter avec lui – et, pour la deuxième fois de l'après-midi, s'apprêta à quitter le Plaza pour aller il ne savait où. Près de la porte à tambour se tenait une femme, manifestement enceinte, éclairée de côté. Une cape fine de couleur beige frémissait sur ses épaules à chaque tour de la porte, et elle regardait alors impatiemment dans cette direction comme si l'attente commençait à lui peser. Dès qu'il la vit, le sentiment d'une présence familière secoua son corps d'un puissant frisson nerveux, mais c'est seulement quand il se trouva à quelques pas d'elle qu'il reconnut Paula.

« Ça alors, Anson Hunter ! »

Son cœur chavira.

« Paula, toi...

— Mais c'est merveilleux ! Je ne peux y croire, *Anson* ! »

Elle lui prit les deux mains et il comprit, à la liberté de son geste, que le souvenir qu'elle avait gardé de lui n'éveillait plus en elle aucune émotion. En lui, au contraire... Il sentit monter à son cerveau le trouble qu'elle suscitait autrefois chez lui, la douceur avec laquelle il accueillait son optimisme, comme s'il craignait d'en abîmer la surface.

« Nous sommes à Rye pour l'été. Pete a dû venir ici pour ses affaires. Tu sais, évidemment, que je suis maintenant Mrs. Peter Hagerty. Alors nous avons amené les enfants et loué une maison. Il faut que tu viennes nous voir.

— Puis-je, vraiment ? demanda-t-il sans détour. Quand ?

— Quand tu voudras. Voilà Pete. » La porte à tambour tourna, ouvrant le passage à un bel homme de grande taille, d'une trentaine d'années, dont le visage hâlé portait une moustache bien taillée. Sa parfaite forme physique faisait un contraste violent avec l'embonpoint menaçant d'Anson, qui se devinait sans peine sous sa jaquette un peu serrée.

« Tu ne devrais pas rester debout, dit Hagerty à sa femme. Asseyons-nous ici. » Il montra des fauteuils, mais Paula hésita.

« Il faut que je rentre tout de suite, dit-elle. Anson, pourquoi... pourquoi ne viendrais-tu pas dîner chez nous ce soir ? Nous sommes en train de nous installer, mais si cela ne te dérange pas... »

Hagerty réitéra l'invitation avec chaleur.

« Venez donc passer la nuit. »

Leur voiture attendait devant l'hôtel et Paula, qui semblait fatiguée, se laissa choir contre les coussins de soie, dans le coin.

« Il y a tant de choses dont j'aimerais te parler, dit-elle. Ça paraît impossible.

— Je voudrais que tu me parles de toi.

— Eh bien... (elle fit un sourire à Hagerty)... ça aussi, ça demanderait du temps. J'ai trois enfants, de mon premier mariage. L'aîné a cinq ans, le suivant quatre, puis trois. » Elle sourit à nouveau. « Je n'ai pas perdu beaucoup de temps, non ?

— Des garçons ?

— Un garçon et deux filles. Et puis... Oh ! il s'est passé des quantités de choses et j'ai divorcé à Paris il y a un an et épousé Pete. C'est tout... sauf que je suis très heureuse. »

À Rye, la voiture les conduisit jusqu'à une grande maison près du club de la plage, d'où l'on vit bientôt sortir trois enfants bruns et graciles qui se détachèrent d'une gouvernante anglaise et s'approchèrent d'eux en poussant des cris cabalistiques. Paula, l'air absent, les prit avec effort l'un après l'autre dans ses bras, geste de tendresse qu'ils n'accueillirent pas sans se raidir car on avait dû leur recommander de ne pas bousculer maman. Même à côté de leurs visages frais, la peau de Paula ne montrait guère de signe de fatigue ; en dépit de sa langueur physique, elle paraissait plus jeune que lorsqu'il l'avait vue pour la dernière fois à Palm Beach sept ans plus tôt.

Pendant le dîner, elle parut préoccupée et ensuite, tandis qu'ils rendaient hommage au dieu radio, elle resta allongée sur le canapé, les yeux clos, au point qu'Anson se demanda si sa présence à pareil moment n'était pas importune. Mais à 9 heures, quand Hagerty se leva et annonça d'un ton affable qu'il allait les laisser seuls un moment, elle se mit à parler lentement d'elle-même et du passé.

« Mon premier enfant, dit-elle – celui que nous appelons Chérie, la plus grande des filles –, j'ai voulu mourir quand j'ai appris que j'allais l'avoir, parce que Lowell était un étranger pour moi. J'avais l'impression qu'elle ne pouvait pas être de moi. Je t'ai écrit une lettre et je l'ai déchirée. Oh ! Anson, comme tu as été cruel avec moi. »

C'était leur dialogue qui reprenait, flux et reflux. Anson sentit soudain ses souvenirs se réveiller.

« Tu n'as pas été fiancé autrefois ? demanda-t-elle. Avec une fille nommée Dolly quelque chose ?

— Je n'ai jamais été fiancé. J'ai essayé de me fiancer, mais je n'ai jamais aimé que toi, Paula.

— Ah... » dit-elle. Puis, après un moment : « Ce bébé est le premier que j'aie vraiment désiré. Tu vois, je suis amoureuse maintenant... enfin. »

Il ne répondit pas, indigné par la traîtrise dont la mémoire de Paula se rendait coupable. Elle dut comprendre que son « enfin » l'avait blessé, car elle dit ensuite :

« J'étais folle de toi, Anson. Tu pouvais me faire faire n'importe quoi. Mais nous n'aurions pas été heureux ensemble. Je ne suis pas assez subtile pour toi. Je n'aime pas les complications, comme toi. » Elle s'arrêta un instant. « Tu ne te rangeras jamais », dit-elle.

La phrase le frappa comme un coup de poignard dans le dos ; de toutes les accusations, c'était celle qu'il méritait le moins.

« Je me rangerais si les femmes étaient différentes, dit-il. Si je ne les comprenais pas si bien, si elles ne vous abîmaient pas pour d'autres femmes, si elles avaient seulement un peu de fierté. Si je pouvais m'endormir un moment et me réveiller là où je serais vraiment chez moi... C'est pour ça que je suis fait, Paula, c'est ce que les femmes ont vu en moi et aimé en moi. Seulement, je ne peux plus en passer par les préliminaires. »

Hagerty rentra un peu avant 11 heures. Après un whisky, Paula se leva et annonça qu'elle allait se coucher. Elle se planta à côté de son mari.

« Où es-tu allé, chéri ? demanda-t-elle.

— J'ai pris un verre avec Ed Saunders.

— Je m'inquiétais. Je croyais que tu m'avais quittée. »

Elle appuya la tête contre son manteau.

« Il est adorable, n'est-ce pas, Anson ? demanda-t-elle.

— Tout à fait », dit Anson en riant.

Elle leva les yeux vers son mari.

« Bon, je suis prête », dit-elle. Elle se tourna vers Anson. « Tu veux assister à notre exploit sportif familial ?

— Oui, dit-il, intéressé.

— Eh bien, allons-y ! »

Hagerty la souleva sans effort dans ses bras.

« C'est ce que nous appelons notre exploit acrobatique familial, dit Paula. Il me porte à l'étage. C'est adorable, non ?

— Oui », dit Anson.

Hagerty inclina légèrement la tête jusqu'à ce que son visage touche celui de Paula.

« Et je l'aime, dit-elle. C'est bien ce que je viens de te dire, Anson, n'est-ce pas ?

— Oui, dit-il.

— C'est l'homme le plus charmant qui ait jamais existé, n'est-ce pas, mon chéri ?... Eh bien, bonne nuit. Allons-y. N'est-ce pas qu'il est fort ?

— Oui, dit Anson.

— Tu trouveras un pyjama de Pete pour toi sur le lit. Fais de beaux rêves ! À demain, au petit déjeuner.

— Oui », dit Anson.

VIII

Les plus vieux des dirigeants de la société insistèrent pour qu'Anson aille passer l'été à l'étranger. Il n'avait presque pas pris de vacances en sept ans, disaient-ils. Il s'étiolait et avait besoin de changer d'air. Anson résista.

« Si je pars, dit-il, je ne reviendrai pas.

— C'est absurde, mon garçon. Vous serez de retour dans trois mois, débarrassé de cette dépression. Plus frais que jamais.

— Non. » Il secouait la tête obstinément. « Si je m'arrête, je ne me remettrai pas au travail. Si j'arrête, c'est que j'ai jeté l'éponge… que je suis fini.

— Nous en prenons le risque. Restez au loin six mois, si vous voulez ; nous n'avons pas peur que vous nous quittiez. Vous seriez si malheureux si vous cessiez de travailler. »

Ils s'occupèrent de sa traversée. Ils aimaient Anson – tout le monde aimait Anson –, et le changement qui s'était produit en lui jetait comme un linceul sur le bureau. Son enthousiasme, invariable témoin de la bonne marche des affaires, la considération qu'il montrait à l'égard de ses pairs et de ses inférieurs, l'élan qu'apportait sa présence physique – toutes ces qualités avaient été, au cours des quatre derniers mois, broyées par son extrême nervosité et réduites à un pessimisme pointilleux d'homme de quarante ans. Dans toutes les transactions dont il avait la charge, il se comportait comme un boulet et un frein.

« Si je pars, je ne reviendrai pas », disait-il.

Trois jours avant qu'il n'embarque, Paula Legendre Hagerty mourut en couches. Je passai alors beaucoup de temps avec lui, car nous faisions la traversée ensemble, mais, pour la première fois dans l'histoire de notre amitié, il ne me dit pas un mot de ce qu'il éprouvait, et je ne remarquai chez lui aucun signe d'émotion. Ce qui le préoccupait le plus, c'était d'avoir trente ans. Il orientait la conversation de manière à pouvoir vous le rappeler, puis il se taisait, comme s'il considérait que le rappel de son âge ne pouvait que déclencher des réflexions en chaîne qui se suffisaient à elles-mêmes. Comme ses associés, j'étais stupéfait du changement qui s'était opéré en lui, et je fus soulagé lorsque le *Paris* gagna l'immensité liquide entre les deux mondes, laissant le royaume d'Anson derrière nous.

« Si nous prenions un verre », proposa-t-il.

Nous entrâmes dans le bar avec cet air provocant si caractéristique du premier jour de traversée et commandâmes quatre martinis. Après le premier cocktail, il fut transformé. Il tendit brusquement le bras et me donna une tape sur le genou avec une franche gaieté qui s'exprimait pour la première fois depuis de longs mois.

« Tu as vu la fille au béret rouge ? demanda-t-il. La fille au teint vif… celle qui avait ces deux chiens policiers à ses pieds au moment des adieux ?

— Elle est mignonne, dus-je admettre.

— En cherchant son nom sur la liste des passagers chez le commissaire du bord, j'ai appris qu'elle voyage seule. Je vais aller trouver le steward dans un instant. Nous l'inviterons à dîner ce soir. »

Peu après il me quitta, et une heure plus tard il arpentait le pont avec elle, lui parlait de sa voix forte et claire. Son béret rouge faisait une tache de couleur vive sur le vert acier de l'océan, et, de temps en temps, elle levait les yeux avec une petite secousse de la tête et souriait de plaisir et de curiosité, d'impatience aussi. Au dîner, nous bûmes du champagne ; nous étions très gais. Après quoi, Anson mena la danse avec une verve communicative, et plusieurs passagers qui m'avaient vu avec lui me demandèrent son nom. La jeune femme et lui bavardaient et riaient, installés sur un canapé du bar, quand je suis allé me coucher.

Je le vis moins souvent pendant la traversée que je ne l'avais souhaité. Il voulait constituer un quatuor, mais comme personne n'était disponible, je ne le retrouvais qu'aux repas. Quelquefois, pourtant, nous prenions un cocktail ensemble au bar, et il me parlait de la fille au béret rouge, me racontait ses aventures qu'il rendait étranges et amusantes comme il avait toujours fait, et j'étais ravi de voir qu'il était redevenu lui-même, ou du moins l'homme que j'avais connu et en compagnie duquel je me sentais si bien. Je crois qu'il n'était heureux que lorsqu'il était aimé de quelqu'un et qu'on réagissait à son contact comme la limaille attirée par l'aimant, qu'on l'aidait à s'expliquer, qu'on était pour lui comme une promesse – mais la promesse de quoi ? Je ne sais. Peut-être d'un avenir où il existerait toujours de par le monde des femmes prêtes à passer les heures les plus précieuses de leur vie, les plus joyeuses et les plus fraîches, à choyer et à protéger cette supériorité si chère à son cœur.

RÊVES D'HIVER

I

Certains des caddies étaient pauvres comme Job et vivaient dans des baraques d'une pièce, avec une vache neurasthénique devant leur porte, mais le père de Dexter Green possédait la seconde épicerie de Black Bear pour ce qui était de la qualité – la meilleure, l'« Épicerie du Centre », approvisionnait les gens riches de Sherry Island – et Dexter ne faisait le caddie que pour gagner de l'argent de poche.

À l'automne, quand la fraîcheur tombait sur les jours gris et que le long hiver du Minnesota se refermait sur toutes choses comme le couvercle blanc d'une boîte, les skis de Dexter glissaient sur la neige qui recouvrait les gazons du terrain de golf. À cette période de l'année, le spectacle de la nature suscitait chez lui un sentiment de profonde mélancolie. Il s'indignait que le terrain fût contraint de rester en jachère, fréquenté par des moineaux dépenaillés pendant cette interminable saison. Et quelle désolation de voir que sur les tees, où dansaient en été de joyeuses couleurs, il n'y avait plus que les tristes bacs à sable prisonniers d'une épaisse croûte de glace. Quand il traversait les collines, le vent envoyait des rafales froides comme la misère, et s'il y avait du soleil, il se déplaçait plus difficilement, plissant les yeux à cause de la violente réverbération qui noyait tout le paysage.

En avril, soudain, l'hiver prenait fin. La neige s'écoulait dans le lac de Black Bear, peu pressée d'attendre les premiers joueurs de golf qui bravaient la saison avec leurs balles rouges et noires. Sans allégresse, sans un intermède de gloire humide, le froid était parti.

Dexter savait que ce printemps du Nord avait quelque chose de sinistre, tout comme il savait que l'automne avait quelque chose de somptueux. L'automne lui faisait serrer les poings, il tremblait, se répétait des phrases absurdes, adressait des gestes brusques et vifs à des auditoires et à des armées imaginaires. Octobre l'emplissait d'un espoir que novembre portait à une sorte d'extase triomphante et, avec pareille sensibilité, les éclatantes et éphémères sensations de l'été à Sherry Island ne pouvaient que nourrir sa capacité d'invention. Il devenait un champion de golf et battait Mr. T. A. Hedrick lors d'un match extraordinaire joué cent fois sur le terrain de son imagination, match dont il modifiait inlassablement chaque détail, qu'il remportait parfois avec une aisance ridicule, parfois avec maestria, après avoir comblé son retard. Ou bien, il sortait d'une Pierce-Arrow, comme Mr. Mortimer Jones, pour faire son entrée, d'un pas nonchalant, l'air hautain, dans le salon du club de golf de Sherry Island ; ou encore, entouré d'une cour d'admirateurs, il donnait une démonstration de plongeons acrobatiques depuis le tremplin du plongeoir du club… Parmi les spectateurs qui le regardaient, béats, se trouvait Mr. Mortimer Jones.

Or il advint un jour que Mr. Jones en personne, et non son fantôme, s'approcha de lui et, les larmes aux yeux, lui dit qu'il était, lui, Dexter, le... meilleur caddie du club et... accepterait-il de ne pas quitter le club si Mr. Jones le payait généreusement pour sa peine, parce que tous les autres... caddies lui perdaient une balle par trou... régulièrement.

« Non, monsieur, dit Dexter d'un ton ferme. Je ne veux plus faire le caddie. » Puis, après un temps : « Je suis trop vieux.

— Tu n'as pas plus de quatorze ans. Pourquoi diable as-tu décidé ce matin précisément que tu voulais quitter le club ? Tu avais promis de m'accompagner la semaine prochaine au tournoi régional.

— J'ai décidé que j'étais trop vieux. »

Dexter rendit son insigne de « Classe A », récupéra auprès du maître des caddies l'argent qui lui était dû et rentra à pied chez lui, à Black Bear Village.

« Le meilleur... caddie que j'aie jamais eu ! » cria Mr. Mortimer Jones devant un verre, cet après-midi-là. « Jamais perdu une balle ! Décidé ! Intelligent ! Calme ! Honnête ! Reconnaissant ! »

La petite fille qui était la cause de ce qui se passait avait onze ans, et l'adorable laideur qu'on voit souvent aux petites filles dont il est écrit qu'elles seront, quelques années plus tard, d'une beauté ineffable, pour le plus grand malheur d'un nombre incalculable d'hommes. Mais l'étincelle était perceptible. Il y avait une sorte d'impiété dans la manière dont ses lèvres se plissaient aux commissures lorsqu'elle souriait, ainsi que – Dieu me vienne en aide ! – dans je ne sais quoi d'ardent qu'on lisait dans ses yeux.

La vitalité naît précocement chez ces femmes. Elle était déjà absolument évidente et transparaissait au travers de sa frêle charpente comme une lueur.

Elle avait fait son apparition sur le terrain à 9 heures, tout impatience, accompagnée d'une gouvernante en tablier blanc qui portait dans un sac de toile blanc cinq petites crosses de golf toutes neuves. Lorsque Dexter la vit pour la première fois, elle se tenait debout près de la maison des caddies, plutôt mal à l'aise, s'efforçant de cacher sa gêne en entraînant sa gouvernante dans une conversation manifestement artificielle qu'elle agrémentait de grimaces surprenantes et hors de propos.

« Dis donc, Hilda, c'est vraiment une belle journée. » Tels furent les mots que Dexter entendit. Elle laissa tomber les coins de sa bouche, sourit, jeta un coup d'œil furtif autour d'elle ; son regard, au passage, s'arrêta un instant sur Dexter.

Puis à la gouvernante :

« Dis donc, il n'y a pas grand monde ici, ce matin, tu ne trouves pas ? »

Et le sourire à nouveau, radieux, si évidemment artificiel, convaincant.

« Je ne sais pas ce que nous sommes censées faire maintenant, dit la gouvernante, sans rien regarder en particulier.

— Oh ! pour ça, je vais m'en occuper. »

Dexter se tenait immobile, la bouche légèrement entrouverte. Il savait que, s'il avançait d'un pas, son regard entrerait dans le champ de vision de la petite fille et que, s'il faisait un pas en arrière, il n'aurait plus qu'une vue partielle de son visage. Pendant un instant, il ne s'était pas rendu compte à quel point elle était jeune. Mais à présent, il se souvenait l'avoir aperçue plusieurs fois l'année précédente, en culottes bouffantes.

Soudain, il éclata d'un rire involontaire, bref et brutal ; puis, surpris de sa réaction, il se retourna et commença à s'éloigner d'un pas vif.

« Jeune homme ! »

Dexter s'arrêta.

« Jeune homme... »

C'était bien à lui qu'on s'adressait. Et par-dessus le marché, on le gratifiait de ce sourire absurde, invraisemblable, dont au moins une douzaine d'hommes allaient emporter le souvenir dans leur âge mûr.

« Jeune homme, savez-vous où se trouve le professeur de golf ?

— Il donne une leçon.

— Alors, savez-vous où se trouve le maître des caddies ?

— Il n'est pas encore arrivé.

— Ah... » Elle demeura décontenancée un instant. Elle se tenait tour à tour sur un pied et sur l'autre.

« Nous aimerions avoir un caddie, dit la gouvernante. Mrs. Mortimer Jones nous a envoyées jouer au golf et nous ne savons pas comment faire si nous n'avons pas de caddie. »

Elle fut interrompue à ce point de son discours par un coup d'œil menaçant de Miss Jones, immédiatement suivi du sourire.

« Il n'y a pas d'autre caddie que moi, ici, dit Dexter à la gouvernante, et je dois rester au poste où je suis jusqu'à ce que le maître des caddies arrive.

— Ah... »

Miss Jones et sa suite se retirèrent et, à une distance convenable de Dexter, se lancèrent dans une conversation animée qui se conclut lorsque Miss Jones saisit une des crosses et en frappa le sol avec violence. Pour mieux se faire comprendre, elle la leva de nouveau en l'air et s'apprêtait à en donner un bon coup sur la poitrine de la gouvernante quand celle-ci attrapa la canne et la lui arracha des mains.

« Espèce de sale vieille bique ! » cria Miss Jones avec fureur.

Une nouvelle et vive discussion s'engagea. Décelant dans la scène des éléments de comédie, Dexter dut, à plusieurs reprises, réprimer un rire qui risquait d'être entendu. Il ne pouvait se défendre de croire – l'idée était monstrueuse – que la petite fille avait raison de battre sa gouvernante.

La situation se dénoua grâce à l'arrivée inopinée du maître des caddies, à qui la gouvernante fit aussitôt appel.

« Miss Jones doit avoir un petit caddie et celui-ci dit qu'il n'est pas disponible.

— Mr. McKenna m'a dit de rester ici jusqu'à ce que vous arriviez, s'empressa de dire Dexter.

— Eh bien, il est ici à présent. » Miss Jones adressa un large sourire au maître des caddies. Puis elle laissa tomber son sac et se dirigea à petits pas hautains vers le premier tee.

« Eh bien ? » Le maître des caddies se tourna vers Dexter. « Qu'est-ce que tu as à rester planté là comme un piquet ? Va ramasser les crosses de la demoiselle.

— Je ne crois pas que je vais travailler aujourd'hui, dit Dexter.

— Tu ne crois pas...

— Je crois que je quitte le club. »

L'énormité de sa décision l'effraya. Il était le caddie préféré du club, et il ne retrouverait nulle part ailleurs sur les rives du lac les trente dollars qu'il y gagnait pendant l'été. Mais il venait de subir un puissant choc émotionnel et il lui fallait, pour s'en remettre, un exutoire violent et immédiat.

Les choses, cependant, ne sont pas si simples. Comme cela allait être le cas si souvent à l'avenir, Dexter était, sans qu'il en eût conscience, sous l'emprise de ses rêves d'hiver.

II

Bien évidemment, la qualité de ces rêves d'hiver variait, ainsi que le moment de leur manifestation, mais leur contenu était immuable. Quelques années plus tard, ils persuadèrent Dexter de suivre un cours de commerce à l'université d'État – son père, à présent riche, n'aurait pas manqué de l'établir –, choix qui avait l'avantage éphémère de lui permettre de s'inscrire dans une ancienne et célèbre université de la côte Est, mais où la modestie de ses ressources le gêna beaucoup. Cependant n'allez pas croire, parce que ses rêves d'hiver avaient pour objet, au début, le monde des riches, que le garçon était simplement mû par une sorte de snobisme. Il ne désirait pas être associé à l'éclat du luxe des choses et des personnes : il désirait ces choses luxueuses elles-mêmes. Il lui arriva souvent de rechercher ce qu'il y avait de plus beau sans savoir pourquoi il le voulait, et parfois de se heurter aux mystérieux refus et interdits que la vie s'autorise. C'est l'un de ces refus que la présente histoire se propose d'évoquer, et non l'ensemble de sa carrière.

Il gagna beaucoup d'argent. C'était assez extraordinaire. Après ses études universitaires, il alla s'installer dans la ville qui fournit à Black Bear Lake ses clients fortunés. Il n'avait que vingt-trois ans, et n'était là que depuis deux ans à peine, mais il se trouvait déjà des gens qui aimaient à dire : « Voilà un garçon qui ira loin… » Autour de lui, les fils de riches vendaient des titres à leurs risques et périls, ou investissaient leur patrimoine de façon tout aussi hasardeuse, ou se formaient à leur métier en bûchant les deux douzaines de volumes du *Cours de commerce* de George Washington ; Dexter, lui, emprunta mille dollars gagés sur son diplôme et son air assuré, et acheta une part d'associé dans une blanchisserie.

Ce n'était qu'une petite blanchisserie lorsqu'il y entra, mais Dexter concentra son attention sur la manière dont les Anglais lavaient les chaussettes de golf en fine laine sans les faire rétrécir et, en moins d'un an, il avait acquis toute la clientèle qui portait des knickerbockers. Les messieurs insistaient pour que leurs chaussettes et leurs tricots soient nettoyés chez lui, tout comme ils avaient insisté pour avoir un caddie capable de retrouver les balles de golf. Un peu plus tard, il s'occupait également de la lingerie de leurs épouses, et ouvrait cinq succursales dans divers quartier de la ville. À vingt-sept ans à peine, il possédait la plus importante chaîne de blanchisseries de la région. C'est à ce moment qu'il vendit son affaire et partit pour New York. Mais la période de sa vie qui nous intéresse ici appartient au temps du début de sa réussite.

L'année de ses vingt-trois ans, Mr. Hart – l'un de ces messieurs à cheveux gris qui se plaisaient à dire : « C'est un garçon qui ira loin… » – lui donna un carton d'invitation pour un week-end au club de golf de Sherry Island. Dexter apposa donc sa signature sur le registre et joua, cet après-midi-là, une partie à quatre avec Mr. Hart, Mr. Sandwood et Mr. T. A. Hedrick. Il ne jugea pas nécessaire de faire remarquer qu'il avait autrefois porté le sac de crosses de Mr. Hart sur ce même terrain, dont il connaissait par cœur tous les pièges et les creux. Mais il se surprit à observer les quatre caddies qui les suivaient, essayant de déceler une lueur dans leur regard ou un geste qui lui rappellerait ce qu'il était, qui réduirait le fossé séparant son présent de son passé.

Ce fut une journée singulière, traversée d'impressions fugitives, familières. Un instant, il avait le sentiment d'être entré illégalement dans une propriété privée ; l'instant suivant, il était frappé par sa formidable supériorité sur Mr. T. A. Hedrick, qui était un raseur et ne jouait même plus très bien au golf.

Soudain, à cause d'une balle perdue par Mr. Hart près du quinzième green, une chose prodigieuse se produisit. Tandis qu'ils cherchaient dans les hautes herbes raides, on entendit crier d'une voix claire : « Attention devant ! », d'un point caché dans une colline située derrière eux. Et comme tous se retournaient, abandonnant leur recherche, une balle brillante toute neuve fusa tout à coup de la colline et vint frapper Mr. T. A. Hedrick à l'abdomen.

« Bon sang ! cria Mr. T. A. Hedrick, on devrait interdire le terrain à ces cinglées. Ça devient franchement insupportable. »

Une tête et une voix apparurent au sommet de la colline.

« Vous permettez que nous traversions ?

— Vous m'avez touché à l'estomac ! explosa Mr. Hedrick.

— Vraiment ? » La jeune fille approcha du groupe d'hommes. « Je suis désolée. J'ai crié : "Attention devant !" »

Son regard se posa distraitement sur chacun des joueurs, puis balaya le terrain pour y repérer sa balle.

« Ai-je rebondi dans le rough ? »

Il était impossible de déterminer si la question était candide ou malicieuse. Un instant plus tard, cependant, le doute n'était plus permis car, lorsque sa partenaire apparut sur la colline, elle lança joyeusement :

« Je suis ici ! J'aurais atterri sur le green si je n'avais pas heurté quelque chose. »

Comme elle prenait position pour un coup frappé avec un fer moyen, Dexter l'observa attentivement. Elle portait une robe de vichy bleue, bordée au col et aux épaules d'un parement blanc qui accentuait son hâle. Cet air fanfaron, cette minceur qui faisaient paraître absurdes ses yeux ardents et ses lèvres au commissures tombantes quand elle avait onze ans avaient disparu. Elle était d'une beauté à couper le souffle. La couleur de ses joues était centrée comme celle d'une photographie. Ce n'était pas une couleur « vive », mais une sorte de chaleur changeante et fiévreuse, si peu marquée qu'elle paraissait pouvoir s'effacer à tout moment. Cette coloration et la mobilité de sa bouche donnaient une impression continue de flux, de vie intense et de fougueuse vitalité, que contredisait, mais en partie seulement, la splendeur triste de ses yeux.

Elle frappa la balle d'un swing impatient, sans y prendre d'intérêt, et l'envoya dans un bac à sable de l'autre côté du green. Avec un bref et hypocrite sourire, et un « Merci ! » indifférent, elle s'en fut la chercher.

« Cette Judy Jones ! » lâcha Mr. Hedrick au tee suivant, tandis qu'ils attendaient – un bon moment – qu'elle poursuive son parcours. « Elle aurait vraiment besoin qu'on lui flanque une bonne fessée pendant six mois d'affilée et qu'on la marie ensuite à un capitaine de cavalerie à l'ancienne mode.

— Seigneur, elle est vraiment belle ! » dit Mr. Sandwood qui avait à peine dépassé la trentaine.

« Belle ! s'écria Mr. Hedrick avec mépris. On dirait qu'elle passe son temps à vouloir se faire embrasser ! Elle dévore de ses gros yeux de vache tous les veaux de la ville ! »

On pouvait douter que Mr. Hedrick pensât à faire ainsi allusion à l'instinct maternel.

« Elle jouerait un très bon golf si seulement elle s'en donnait la peine, dit Mr. Sandwood.

— Elle n'a pas de formes, dit Mr. Hedrick d'un ton solennel.

— Elle a une jolie silhouette, dit Mr. Sandwood.

— Remercions plutôt le Ciel que ses balles ne soient pas plus rapides », dit Mr. Hart, en faisant un clin d'œil à Dexter.

Plus tard dans l'après-midi, le soleil se coucha dans une débauche de couleurs, des tourbillons d'or, de bleus et d'écarlates, et déserta la nuit sèche et bruissante de l'été de l'Ouest. Dexter, de la véranda du club de golf, regardait, observait le frémissement continu des vagues sous la brise légère, mélasses d'argent sous la lune des moissons. Puis la lune mit un doigt sur ses lèvres et le lac devint un bassin clair, pâle et tranquille. Dexter enfila son maillot de bain et nagea jusqu'au plongeoir le plus éloigné ; là, il s'allongea, ruisselant, sur la toile humide.

Un poisson sauta hors de l'eau, une étoile scintillait, les lumières autour du lac brillaient. Au loin, sur une sombre langue de terre, un piano jouait les airs de l'été précédent, et des étés antérieurs, des airs de *Chin-Chin*, du *Comte de Luxembourg* et du *Soldat de chocolat* ; et parce que le son d'un piano sur l'eau lui avait toujours paru très beau, Dexter écoutait, complètement immobile.

L'air joué au piano à ce moment était un morceau joyeux, apparu cinq ans plus tôt lorsque Dexter commençait ses études supérieures. On l'avait exécuté à un bal de l'université, à une époque où il n'avait pas les moyens de s'offrir une entrée à ces soirées, et il était resté à l'extérieur de la salle, debout, à écouter. Cette musique provoqua en lui une sorte d'extase, et c'est dans cet état qu'il considérait ce qui lui arrivait maintenant. Il éprouvait une jouissance intense, le sentiment que, pour une fois, il était en parfaite harmonie avec la vie et que tout, autour de lui, irradiait une clarté et une splendeur qu'il ne connaîtrait peut-être plus jamais.

Une forme oblongue, basse et pâle, se détacha soudain de la masse noire de l'île, crachotant l'écho d'un bruit de canot à moteur. Deux serpentins blancs se déroulèrent dans son sillage, en deux lignes distinctes, et presque aussitôt le bateau fut près de lui, noyant les sonorités chaudes du piano dans le fracas de son écume. En se soulevant sur les coudes, Dexter sentit que quelqu'un se tenait au volant, que deux yeux sombres le regardaient sur l'eau depuis un point qui reculait sans cesse, puis le canot fut loin et décrivit un cercle d'écume, immense, sans objet, puis un autre, et d'autres encore, au milieu du lac. Avec une égale excentricité, l'un des cercles s'élargit et prit le chemin du plongeoir.

« Qui est là ? » cria-t-elle en coupant le moteur. Elle était si près de lui à présent que Dexter pouvait voir son maillot de bain qui avait toutes les apparences d'une barboteuse.

Le nez du canot heurta la plate-forme qui, en oscillant d'un mouvement désinvolte, le précipita vers elle. Ils se reconnurent, avec des degrés d'intérêt différents.

« Vous ne seriez pas un de ces joueurs que nous avons dérangés cet après-midi ? » demanda-t-elle d'une voix autoritaire.

Oui, en effet.

« Bon. Savez-vous conduire un canot à moteur ? Parce que, si c'est le cas, j'aimerais que vous preniez le volant de celui-ci, pour que je puisse monter sur l'aquaplane derrière. Je m'appelle Judy Jones… » Elle le gratifia d'un sourire affecté, absurde, ou plutôt de ce qu'elle croyait être un sourire, car, malgré tous ses efforts pour tordre sa bouche, le sourire n'était pas grotesque, mais tout simplement magnifique. « … et j'habite une maison sur l'île, là-bas, et il y a dans cette maison un homme qui m'attend. Quand sa voiture s'est arrêtée devant la porte, je suis partie en canot parce qu'il dit que je suis son idéal. »

Un poisson sautait hors de l'eau, une étoile scintillait, et les lumières brillaient tout autour du lac. Dexter s'assit à côté de Judy Jones, qui lui expliqua comment conduire le bateau. Puis elle fut dans l'eau et nagea, d'un crawl onduleux, jusqu'à la planche qui flottait. La regarder n'exigeait de l'œil aucun effort particulier ; c'était comme regarder une branche se balancer, une mouette planer. Ses bras, d'un brun clair de coquille de noix, se mouvaient sinueusement parmi les rides à l'éclat de platine terni ; le coude apparaissait d'abord, renvoyant l'avant-bras en arrière, avec un bruit régulier de chute d'eau, puis le bras s'allongeait et retombait, creusant un sillon devant elle.

Ils se dirigèrent vers le milieu du lac. Dexter se retourna et la vit s'agenouiller sur l'extrémité basse de la planche dont l'avant était à présent dressé.

« Plus vite, lança-t-elle, aussi vite que vous pourrez. »

Obéissant, il poussa la manette à fond et l'écume blanche monta en gerbe à l'avant. Quand il se retourna à nouveau, la fille se tenait debout sur la planche lancée à toute vitesse, les bras grands ouverts, les yeux levés vers la lune.

« Il fait terriblement froid, cria-t-elle. Comment vous appelez-vous ? »

Il lui dit son nom.

« Pourquoi ne venez-vous pas dîner demain soir ? »

Les battements de son cœur devinrent tout à coup aussi difficiles à contrôler que le volant du bateau et, pour la seconde fois, un caprice insignifiant de la jeune fille changeait le cours de sa vie.

III

Le lendemain soir, tandis qu'il attendait qu'elle descende, Dexter peuplait le vaste et moelleux salon d'été et la galerie qui le prolongeait des hommes qui avaient déjà aimé Judy Jones. Il savait de quel genre d'hommes il s'agissait : des hommes qui, lorsqu'il entra à l'université, sortaient, eux, des grandes écoles privées avec des vêtements élégants et le hâle profond d'étés passés au grand air. Il avait compris que, en un certain sens, il valait mieux que ces hommes. Il y avait en lui plus de jeunesse et de vigueur. Pourtant, en s'avouant qu'il désirait que ses enfants leur ressemblent, il reconnaissait qu'il n'était que la matière première, rude et robuste, dont ces hommes étaient depuis toujours les rejetons.

Quand vint pour lui le temps de porter de beaux costumes, il savait qui étaient les meilleurs tailleurs d'Amérique, et c'étaient eux, les meilleurs tailleurs d'Amérique, qui avaient coupé le complet qu'il portait ce soir. Il avait acquis les manières réservées propres à son université, qui la distinguaient de toutes les autres. Ayant reconnu la valeur qu'avait pour lui cette façon de se tenir en société, il l'avait adoptée ; il savait que le style négligé en matière d'habillement et de comportement requiert plus d'assurance que le style soigné. Le style négligé, ce serait pour ses enfants. Sa mère s'appelait Krimslich. C'était une paysanne venue de Bohême, qui ne sut parler qu'un anglais approximatif jusqu'à la fin de ses jours. Le destin de son fils était tracé d'avance.

Peu après 7 heures, Judy Jones descendit. Elle portait une robe d'après-midi en soie bleue, et il fut d'abord déçu de voir qu'elle n'avait pas mis plus de recherche dans sa tenue. Ce sentiment se renforça lorsque, après quelques mots de bienvenue, elle se dirigea vers la porte de l'office et cria : « Vous pouvez servir le dîner, Martha. » Il s'attendait qu'un maître d'hôtel vînt annoncer le dîner, que l'on commençât par un cocktail. Mais il chassa ces pensées lorsqu'ils s'assirent côte à côte sur un canapé et se regardèrent.

« Mon père et ma mère ne seront pas là », dit-elle pensivement.

Il se souvint du jour où il avait vu son père pour la dernière fois, et il était heureux que les parents ne fussent pas là ce soir ; ils auraient pu avoir envie de savoir qui il était. Il était né à Keeble, un village du Minnesota à près de quatre-vingts kilomètres au nord, et il donnait toujours le nom de Keeble, à la place de Black Bear Village, comme celui de son lieu de naissance. Il n'y avait rien de gênant à se déclarer natif d'une petite ville de campagne si celle-ci restait discrètement hors de vue et si elle n'était pas utilisée comme tabouret pour les pieds de la population chic des lacs.

Ils parlèrent de l'université de Dexter, où elle était souvent allée pendant les deux dernières années, et de la ville voisine qui fournissait la clientèle de Sherry Island, et où il retournerait le lendemain pour s'occuper de ses blanchisseries florissantes.

Pendant le dîner, elle sombra dans un état de profond abattement qui mit Dexter mal à l'aise. Les mots aigres qu'elle prononçait de sa voix rauque l'embarrassaient. Les sourires qu'elle adressait à n'importe quoi – à lui, à un foie de poulet, à rien en particulier – le troublaient parce que son sourire n'avait pas sa source dans la joie, ni même dans le désir de s'amuser. Lorsque les commissures de ses lèvres écarlates s'abaissaient, ce qui se formait était moins un sourire qu'une invitation à se faire embrasser.

Puis, après le dîner, elle le conduisit sur la galerie assombrie et changea délibérément l'ambiance.

« Est-ce que cela vous gêne si je pleure un peu ? dit-elle.

— J'ai l'impression que je vous ennuie, fit-il aussitôt.

— Pas du tout. Je vous aime bien. Mais j'ai eu un après-midi épouvantable. Il y avait un homme qui me plaisait, et cet après-midi il m'a annoncé de but en blanc qu'il était pauvre comme Job. Il ne me l'avait jamais laissé soupçonner. Est-ce que vous trouvez que je me conduis trop en femme du monde ?

— Il avait peut-être peur de vous le dire.

— J'imagine, répondit-elle. Il n'a pas vraiment bien commencé. Vous comprenez, si j'avais su qu'il était pauvre… Vous savez, j'ai été follement amoureuse de quantité d'hommes pauvres, et j'avais vraiment l'intention de les épouser tous. Mais cette fois, je ne pensais pas qu'il était comme ça, et mes sentiments pour lui n'étaient pas assez forts pour surmonter le choc. C'est comme si une fille apprenait tranquillement à son fiancé qu'elle est veuve. Il n'aurait peut-être rien à redire à une veuve, mais… »

« Commençons bien, nous deux, fit-elle, s'interrompant soudain. Qui êtes-vous, d'ailleurs ? »

Dexter hésita un instant, puis :

« Je ne suis personne, déclara-t-il. Ma carrière est largement une question d'avenir.

— Êtes-vous pauvre ?

— Non, dit-il franchement. Je gagne vraisemblablement plus d'argent que tous les hommes de mon âge dans le Nord-Ouest. Je sais que la remarque est déplacée, mais vous m'avez conseillé de bien commencer. »

Il y eut un silence. Puis elle sourit, et les coins de sa bouche s'affaissèrent ; une oscillation presque imperceptible de son corps l'amena tout près de Dexter, et elle le regarda droit dans les yeux. La gorge de Dexter se serra et il attendit, le souffle coupé, ce qui allait se produire, se demandant quel composé imprévisible allait naître, mystérieusement, du contact de leurs lèvres. Puis il vit : elle lui communiquait son excitation, généreusement, profondément, avec des baisers qui n'étaient pas une promesse mais un accomplissement. Ils éveillaient en lui non pas une faim qui exigeait la répétition, mais une satiété qui en exigeait encore plus… des baisers qui étaient comme la charité, créant le besoin parce qu'ils ne retenaient rien en eux.

Il ne lui fallut que peu de temps pour décider qu'il voulait Judy Jones depuis qu'il était un garçon fier et capable de désir.

IV

C'est ainsi que cela commença, et que cela continua, avec des degrés d'intensité variables, sur ce mode jusqu'au dénouement. Dexter abandonna une part de lui-même à l'être le plus direct et le plus dénué de principes qu'il eût jamais rencontré. Tout ce que Judy voulait, elle le recherchait avec la toute-puissance de son charme. Elle ne variait jamais dans la méthode, ne calculait ni ne préméditait jamais sa position ou ses effets ; le cerveau ne jouait d'ailleurs qu'un rôle subalterne dans ses affaires de cœur. Elle rendait simplement les hommes conscients au plus haut point de sa beauté physique. Dexter n'avait nul désir de la changer. Ses faiblesses étaient inextricablement mêlées à une énergie farouche qui les transcendait et les justifiait.

Lorsque, ce premier soir, la tête appuyée sur son épaule, elle murmura : « Je ne sais pas ce qui m'arrive. Hier soir, je croyais être amoureuse d'un homme, et ce soir je crois que je suis amoureuse de vous », il sembla à Dexter que c'était là une belle déclaration romantique ; elle exprimait cette exquise émotivité que, pour l'instant, il contrôlait et possédait. Mais une semaine plus tard, il fut contraint de regarder cette même qualité sous un angle différent. Elle l'emmena dans son roadster à un pique-nique et après le dîner disparut, toujours dans son roadster, avec un autre homme. Dexter en fut profondément bouleversé et eut bien du mal à rester courtois et poli avec les autres personnes présentes. Lorsqu'elle l'assura qu'elle n'avait pas embrassé l'autre homme, il sut qu'elle mentait. Pourtant, il était heureux qu'elle eût pris la peine de lui dire un mensonge.

Il découvrit, avant la fin de l'été, qu'il faisait partie d'un groupe variable d'une douzaine d'hommes qui gravitaient autour d'elle. Chacun d'eux avait, à un moment, bénéficié d'un traitement plus favorable que les autres ; et la moitié d'entre eux trouvait une consolation dans des retours temporaires de son affection. Chaque fois que l'un d'eux montrait, à travers certains signes, son intention de sortir de sa vie pour cause de négligence prolongée, elle lui accordait une heure de tendresse qui l'encourageait à rester dans son orbite une année de plus. Judy se livrait à ces petites manœuvres auprès des désespérés et des vaincus sans penser à mal, et même à peine consciente qu'il pût y avoir de la perversité dans sa conduite.

Quand un nouveau arrivait en ville, tous les autres cessaient d'exister ; les rendez-vous étaient automatiquement annulés.

Ce qui décourageait d'essayer de faire quelque chose, c'est qu'elle faisait tout d'elle-même. Ce n'était pas une fille que l'on pouvait « gagner » au sens cinétique du terme. Elle était imperméable à l'intelligence et au charme des hommes. Si l'un et l'autre s'attaquaient à elle avec trop d'énergie, elle ramenait aussitôt la situation à une affaire charnelle et, sous l'effet magique de sa beauté physique, les forts et les subtils jouaient son jeu et non le leur. Seuls l'amusaient la satisfaction de ses désirs et l'exercice direct de son charme à elle. Elle en était arrivée, par un réflexe défensif, peut-être parce qu'elle avait été, dans sa jeunesse, tant aimée et aimée de tant de jeunes gens, à se nourrir exclusivement de l'intérieur.

Passé le premier moment d'ivresse, vinrent pour Dexter l'agitation inquiète et le mécontentement. L'extase éperdue qu'il éprouvait à se perdre en elle agissait comme un narcotique plutôt que comme un tonique. Heureusement pour son travail cet hiver-là, ces moments d'extase furent peu fréquents. Au tout début de leur relation, il sembla, un temps, que l'attrait qu'ils éprouvaient l'un pour l'autre était profond et spontané. Ce premier mois d'août, par exemple – trois longues soirées passées dans l'obscurité de la galerie, ces baisers étranges, couleur de pastel, tout au long de la fin du jour, dans des recoins ombreux ou à l'abri du treillis des tonnelles du jardin, et le matin, quand elle avait la fraîcheur d'un rêve et se montrait presque gênée de le retrouver dans la clarté du jour qui se levait. Tout cela ressemblait à l'extase qui précède des fiançailles, avivée encore par l'évidence qu'il n'y avait *pas* de fiançailles. C'est pendant ces trois jours qu'il l'avait pour la première fois demandée en mariage. Elle lui dit : « Un jour, peut-être » ; elle lui dit : « Embrassez-moi » ; elle lui dit : « Je voudrais vous épouser » ; elle lui dit : « Je vous aime » ; elle lui dit… rien du tout.

Les trois jours furent interrompus par l'arrivée d'un homme de New York, qui résida chez elle pendant la moitié du mois de septembre. La rumeur qui les disait fiancés mit Dexter à la torture. L'homme était le fils du président d'une grosse société financière. Mais au bout d'un mois, le bruit courut que Judy bâillait d'ennui. Lors d'une soirée dansante, elle passa tout son temps avec un don Juan local dans un canot automobile, tandis que le New-Yorkais la cherchait désespérément partout dans le club. Elle raconta au bellâtre que son visiteur l'ennuyait, et deux jours plus tard celui-ci partait. On la vit avec lui à la gare et, d'après ce qu'on entendit, il paraissait affreusement triste.

C'est sur cette note que l'été se termina. Dexter avait vingt-quatre ans et se trouvait de plus en plus en mesure de faire ce qu'il voulait. Il devint membre de deux clubs de la ville et élut domicile dans l'un d'eux. Bien qu'il ne fût pas vraiment un pilier de la vie sociale de ces clubs, il s'arrangeait pour être présent aux soirées dansantes où Judy avait toutes chances de paraître. Il aurait pu se montrer dans le monde autant qu'il lui plaisait : il était à présent un jeune homme à marier, et apprécié de tous les pères des beaux quartiers. Son attachement à Judy Jones, dont il ne faisait pas mystère, avait plutôt consolidé sa situation. Mais il n'avait pas d'ambition sociale, et considérait avec un certain mépris les cavaliers servants qui ne manquaient pas une fête du jeudi ou du samedi et venaient se mêler aux jeunes mariés. Il caressait déjà le projet d'aller vivre à New York. Il voulait y emmener Judy Jones. Aucune désillusion quant au monde dans lequel elle avait grandi n'eût pu le guérir de l'illusion qu'il entretenait sur ses charmes.

Souvenez-vous de cela, faute de quoi vous ne pourrez pas comprendre ce qu'il fit pour elle.

Dix-huit mois après sa rencontre avec Judy Jones, il se fiança à une autre fille. Elle s'appelait Irene Scheerer, et son père était un de ces hommes qui avaient toujours cru en Dexter. Irene était blonde, douce, respectable, légèrement rebondie, et elle avait deux prétendants auxquels elle renonça sans déplaisir lorsque Dexter lui fit sa demande en mariage en bonne et due forme.

Un été, un automne, un hiver, un printemps, un autre été, un autre automne – voilà ce qu'il avait donné de sa vie active aux lèvres incorrigibles de Judy Jones. Elle l'avait traité avec intérêt, bienveillance, méchanceté, indifférence, mépris. Elle lui avait infligé les innombrables petits affronts et outrages imaginables en pareil cas, comme si elle avait voulu se venger d'avoir eu un sentiment amoureux pour lui. Elle lui avait fait signe avant de bâiller devant lui, fait signe à nouveau, et il était souvent revenu vers elle, amer, les yeux cernés. Elle lui avait procuré le ravissement extatique et la plus atroce souffrance morale. Elle lui avait causé des ennuis jamais révélés et nombre de difficultés. Elle l'avait insulté, elle l'avait foulé aux pieds, elle avait mis en concurrence l'intérêt qu'il lui portait et celui qu'il portait à son travail – simplement pour s'amuser. Elle lui avait tout fait subir, sauf une chose : elle ne l'avait pas critiqué, pour la seule raison, lui semblait-il, que la critique eût été une salissure sur la splendide indifférence qu'elle lui témoignait, et qu'elle ressentait en toute sincérité à son égard.

L'automne vint, passa une nouvelle fois, et il comprit que jamais Judy Jones ne serait à lui. Il eut bien du mal à s'en convaincre, mais il finit par y parvenir. Il restait éveillé la nuit et débattait avec lui-même. Il se racontait l'histoire des tracas et des tourments qu'elle lui avait causés, faisait la liste des défauts flagrants qui seraient ceux de l'épouse. Puis il se disait qu'il l'aimait et, après un moment, s'endormait. Pendant une semaine, craignant d'imaginer sa voix rauque au téléphone ou ses yeux en face de lui à la table du déjeuner, il travailla beaucoup et tard ; et le soir, il retournait à son bureau et dressait des plans pour la suite de sa vie.

À la fin d'une semaine, il se rendit à une soirée et l'enleva à l'un de ses cavaliers. Pour la première fois, ou presque, depuis leur rencontre, il ne lui demanda pas d'aller s'asseoir avec lui ni ne lui dit qu'elle était très jolie. Il fut blessé de voir que ces marques d'attention ne lui manquaient pas, mais ce fut tout. Il n'éprouva pas de jalousie en découvrant qu'elle avait un nouveau soupirant. Il y avait longtemps qu'il s'était cuirassé contre la jalousie.

Il s'attarda au bal. Il resta assis en compagnie d'Irene

Scheerer et parla de livres et de musique. C'étaient des sujets auxquels il ne connaissait pas grand-chose, mais il commençait à devenir maître de son temps, et il se disait, d'une manière quelque peu prétentieuse, qu'il se devait, lui, Dexter Green, si jeune et déjà fabuleusement riche, d'en savoir davantage sur ces chapitres.

Cela se passait en octobre, il avait vingt-cinq ans. En janvier, Dexter et Irene se fiancèrent. Les fiançailles devaient être annoncées en juin, et ils se marieraient trois mois plus tard.

L'hiver du Minnesota fut interminable, et l'on était presque en mai quand les vents s'adoucirent et que les coulées de neige roulèrent dans le lac de Black Bear. Pour la première fois depuis un an, Dexter jouissait d'une certaine tranquillité d'esprit. Judy Jones était allée en Floride, puis à Hot Springs ; elle s'était fiancée quelque part, elle avait rompu ses fiançailles ailleurs. Au début, après qu'il eut renoncé à elle, il ressentait de la tristesse quand il voyait que les gens continuaient à associer leurs deux noms et lui demandaient des nouvelles de Judy. Toutefois, lorsqu'on commença à le placer à table à côté d'Irene Scheerer, les gens cessèrent de lui poser des questions sur la jeune femme, mais, au contraire, lui parlaient d'elle. Il n'était plus la source autorisée sur le sujet.

Mai arriva enfin. Dexter marchait dans les rues, le soir, lorsque l'obscurité était humide comme la pluie, se demandant pourquoi l'ivresse du bonheur l'avait presque entièrement et si tôt déserté, lui qui avait encore accompli si peu de choses. Le mois de mai précédent avait été marqué par l'agitation désordonnée de Judy, si émouvante, impardonnable et pourtant vite pardonnée. Cela avait été l'une des rares époques où il croyait qu'elle pourrait l'aimer. Il avait dépensé un vieux sou qui valait tous les bonheurs du monde pour un simulacre de plaisir. Il savait qu'Irene ne serait rien de plus qu'un rideau tendu derrière lui, une main qui dispose de rutilantes tasses à thé, une voix qui appelle les enfants... Le feu et la beauté s'étaient évanouis ; évanouis aussi la magie des nuits et l'enchantement des heures et des saisons changeantes... les lèvres fines aux coins tombants qui se penchaient sur les siennes et le transportaient dans le ciel de ses yeux... Toutes ces choses demeuraient au plus profond de son être. Il était trop fort et trop plein de vie pour qu'elles meurent facilement en lui.

À la mi-mai, à l'époque où le temps s'attardait sur le pont léger et oscillant qui mène au cœur de l'été, il passa un soir chez Irene. Les fiançailles devaient être annoncées la semaine suivante, et personne n'en serait surpris. Ce soir, ils s'installeraient dans les fauteuils du club de l'université et regarderaient les danseurs. Être en sa compagnie lui donnait un sentiment de robustesse, tout le monde l'appréciait sans réserve, c'était « une fille formidable ».

Il gravit les marches de la belle maison et entra.

Il appela : « Irene ! »

Mrs. Scheerer sortit du séjour pour l'accueillir.

« Dexter, dit-elle, Irene est montée dans sa chambre avec une migraine épouvantable. Elle voulait sortir avec vous, mais je l'ai obligée à aller se coucher.

— Rien de grave, non ?

— Oh non. Elle fera sa partie de golf avec vous demain matin. Vous pouvez bien vous passer d'elle pour une petite soirée, n'est-ce pas, Dexter ? »

Elle lui souriait avec affection. Dexter et elle s'aimaient beaucoup. Il fit un brin de conversation dans le séjour, puis lui souhaita une bonne nuit.

De retour au club de l'université où il logeait, il resta

un moment sur le pas de la porte et regarda les danseurs. Il était appuyé contre le chambranle ; il fit un signe de tête à une connaissance, bâilla.

« Bonsoir, chéri. »

La voix familière dans son dos le fit sursauter. Judy Jones avait quitté un partenaire et traversé la salle pour venir jusqu'à lui – Judy Jones, une frêle poupée en émail vêtue d'or : or du bandeau sur son front, or de la pointe de deux escarpins sous l'ourlet de sa robe. Le pâle éclat de son visage parut s'ouvrir comme une fleur lorsqu'elle lui sourit. Une brise de chaleur douce et de lumière souffla à travers la salle. Ses mains, dans les poches de son smoking, se refermèrent convulsivement. Il fut soudain tout ivresse.

« Quand es-tu revenue ? demanda-t-il d'un ton détaché.

— Viens par ici, je vais te raconter. »

Elle fit demi-tour et il la suivit. Elle avait été longtemps absente ; la merveilleuse surprise de son retour l'aurait fait pleurer. Elle s'était promenée dans des rues enchantées, elle avait fait des choses qui étaient comme une musique excitante. Des événements mystérieux, des espoirs inouïs et vivifiants étaient partis au loin avec elle et revenaient maintenant avec elle.

À la porte, elle se retourna.

« Tu as une voiture ici ? Sinon, j'ai la mienne.

— J'ai un *coupé**. »

Elle y entra, dans un froissement de tissu doré. Il claqua la portière. Elle était montée dans tant de voitures… comme ceci… comme cela… calée de cette manière contre un dossier de cuir… le coude reposant sur la portière… attendant. Elle eût été souillée depuis longtemps si quelque chose avait pu la souiller – en dehors d'elle-même –, mais c'était maintenant son être qui s'épanchait.

Ce ne fut pas sans effort qu'il mit la voiture en marche et rejoignit la rue en marche arrière. Rien de tout cela n'avait d'importance, il ne devait pas l'oublier. Elle s'était déjà conduite ainsi auparavant et il l'avait reléguée loin derrière lui, comme il eût fait une croix sur un calcul erroné dans son livre de comptes.

Il roula lentement jusqu'au centre-ville et, prenant un air distrait, traversa les rues désertes du quartier des affaires, où les seuls humains que l'on voyait ici et là étaient une foule à la sortie d'un cinéma ou bien des jeunes gens à l'aspect souffreteux ou belliqueux qui allaient et venaient devant des salles de billard. Des bruits de verre et de mains qui frappent le comptoir leur parvenaient des bars, cloîtres de verre dépoli baignés d'une lumière jaune sale.

Elle l'observait avec attention ; le silence devenait embarrassant, et pourtant, en cet instant critique, il ne trouvait pas le moindre mot convenu pour le profaner. Il mit à profit un tournant qui se présentait pour commencer à revenir en zigzag vers le club de l'université.

« Je t'ai manqué ? demanda-t-elle abruptement.

— Tu as manqué à tout le monde. »

Il se demanda si elle était au courant de ses fiançailles avec Irene Scheerer. Elle n'était rentrée que depuis la veille, et c'était pendant son absence qu'il s'était fiancé.

« Quelle drôle de réponse ! » Elle eut un rire triste, mais sans vraie tristesse. Elle le regarda d'un œil scrutateur. Il s'absorba dans la contemplation du tableau de bord.

« Tu es plus beau qu'autrefois, dit-elle d'un air pensif. Dexter, tu as des yeux qu'on ne peut pas oublier. »

La remarque aurait pu le faire rire, mais il ne rit pas.

C'était le genre de chose qu'on disait aux étudiants de première année. Mais il en fut meurtri.

« Je suis affreusement fatiguée, chéri, fatiguée de tout. » Elle appelait tout le monde « chéri », mettant dans ce mot affectueux une note de camaraderie sans façon aux variations individuelles. « J'aimerais que tu m'épouses. »

Le caractère abrupt de la demande le décontenança. Il aurait dû lui dire à ce moment-là qu'il allait épouser une autre fille, mais il en fut incapable. Il eût été aussi peu capable de jurer qu'il ne l'avait jamais aimée.

« Je pense qu'on pourrait bien s'entendre, tous les deux, continua-t-elle de la même voix, à moins, bien sûr, que tu ne m'aies oubliée et que tu ne sois tombé amoureux d'une autre fille. »

Sa confiance était manifestement considérable. Elle avait dit, en réalité, qu'elle pensait la chose impossible à croire, que, si c'était le cas, il avait simplement commis une sottise d'enfant, sans doute pour faire de l'épate. Elle lui pardonnerait, parce que ce faux pas était sans conséquence, et qu'on pouvait aisément l'écarter d'un revers de la main.

« Il est évident que tu ne pourrais jamais aimer une autre fille que moi, poursuivit-elle. J'adore la façon dont tu m'aimes. Oh ! Dexter, as-tu oublié l'année dernière ?

— Non, je n'ai pas oublié.

— Moi non plus. »

Était-elle sincèrement émue, ou bien se laissait-elle emporter par la comédie qu'elle jouait ?

« J'aimerais qu'on puisse recommencer comme ça », dit-elle, et il se força à répondre :

« Je ne crois pas que nous le puissions.

— C'est probable... J'ai entendu dire que tu es très entreprenant avec Irene Scheerer. »

Elle avait prononcé le nom sans y mettre aucun accent particulier ; pourtant, Dexter se sentit gêné.

« Oh, ramène-moi à la maison, s'écria soudain Judy. Je ne veux pas retourner à ce bal stupide, avec ces gamins. »

Alors, au moment où il tournait dans une rue qui menait au quartier résidentiel, Judy se mit à pleurer doucement dans son coin. Il ne l'avait jamais vue pleurer.

La rue sombre s'éclaira, les demeures des riches se dressèrent tout autour d'eux ; il arrêta son *coupé** devant l'énorme masse blanche de la maison de Mortimer Jones, somnolente, somptueuse, baignée d'un magnifique clair de lune humide. Sa puissante robustesse lui coupa le souffle. Les murs épais, l'acier des poutres, la taille, la pompe, tout cela n'existait que pour souligner le contraste avec la jeune beauté assise à ses côtés. L'édifice, toute vigueur, accentuait sa fragilité, comme pour montrer quelle rafale peut provoquer une aile de papillon.

Il resta absolument immobile, les nerfs furieusement agités ; il craignait de bouger, elle se retrouverait alors immanquablement dans ses bras. Deux larmes avaient roulé sur ses joues mouillées et tremblaient sur sa lèvre supérieure.

« Je suis plus belle que toutes les autres, dit-elle d'une voix entrecoupée. Pourquoi ne puis-je pas être heureuse ? » Ses yeux noyés de pleurs voulaient mettre l'impassibilité du jeune homme en pièces ; les coins de sa bouche s'abaissèrent avec une tristesse exquise. « Je voudrais t'épouser si tu veux de moi, Dexter. Tu penses sans doute que je n'en vaux pas la peine, mais je serai si belle pour toi, Dexter. »

Un million de phrases de colère, d'orgueil, de haine, de tendresse se bousculèrent sur ses lèvres. Puis une vague d'émotion sans mélange déferla sur lui, emportant avec elle tout un sédiment de sagesse, de conventions, de doute, d'honneur. C'était bien sa femme qui parlait, si belle ; elle était son orgueil, et n'appartenait qu'à lui.

« Tu ne veux pas entrer ? » Il l'entendit prendre une soudaine inspiration.

L'attente.

« Bien, dit-il d'une voix tremblante. Je te suis. »

V

Il est étrange que jamais, ni aussitôt après ni beaucoup plus tard, il n'ait regretté cette nuit. Considéré avec dix ans de recul, le fait que la flambée de passion de Judy n'ait duré qu'un mois semblait n'avoir que peu d'importance. Et il n'importait pas davantage qu'en lui cédant il se soit infligé de terribles souffrances et ait blessé profondément Irene Scheerer et les parents d'Irene, qui avaient montré tant de bienveillance à son égard. La douleur d'Irene ne fut pas assez spectaculaire pour s'imprimer dans son esprit.

Dexter, en son for intérieur, était un être insensible. L'attitude de la ville à l'égard de son geste le laissait impassible, non pas parce qu'il s'apprêtait à quitter la ville, mais parce que toute réaction de l'extérieur à sa situation lui paraissait superficielle. Il était totalement indifférent à l'opinion générale. Et lorsqu'il comprit qu'il n'arriverait jamais à rien, qu'il n'avait pas les moyens d'émouvoir durablement ou de retenir Judy Jones, il ne lui en garda nulle rancune. Il l'aimait et l'aimerait jusqu'au jour où il serait trop vieux pour aimer, mais jamais elle ne serait à lui. Il goûta donc la douleur profonde qui est réservée aux forts, tout comme il avait goûté, un court moment, le bonheur profond.

Même le caractère fallacieux de la raison qu'invoqua Judy pour mettre un terme à leurs relations – elle ne voulait pas « l'enlever » à Irene, elle qui ne désirait que cela – ne provoqua en lui aucune révolte. Il ne pouvait ni en éprouver du dégoût ni même s'en amuser.

En février, il partit pour l'Est avec l'intention de vendre ses blanchisseries et de s'installer à New York, mais la guerre qui toucha l'Amérique en mars changea tous ses plans. Il revint dans l'Ouest, confia la direction de son affaire à son associé, et rejoignit, à la fin d'avril, le premier camp d'entraînement d'officiers créé dans le pays. Il était l'un de ces milliers de jeunes hommes qui accueillirent la guerre avec un certain soulagement, y voyant le moyen de se libérer du monde embrouillé de leurs émotions.

VI

Cette histoire n'est pas une biographie de Dexter, ne l'oubliez pas, bien que s'y soient glissées des choses qui n'ont rien à voir avec les rêves qu'il faisait quand il était jeune. Nous avons presque fini avec eux et avec lui à présent. Il ne reste qu'un incident à relater ici, qui se déroule sept ans plus tard.

Cela se passa à New York où il avait réussi, si bien réussi qu'il n'y avait plus de barrières trop hautes pour lui. Il avait trente-deux ans et, à l'exception d'un voyage en avion effectué juste après la guerre, il n'était pas allé dans l'Ouest depuis sept ans. Un dénommé Devlin, de Detroit, lui rendit visite à son bureau pour affaires, et c'est à ce moment que se produisit l'incident qui mit un point final, pour ainsi dire, à ce chapitre particulier de sa vie.

« Ainsi, vous êtes du Middle West, dit le dénommé Devlin avec une curiosité désinvolte. C'est drôle, j'aurais pensé que des hommes tels que vous naissaient et grandissaient à Wall Street. Justement, la femme d'un de mes meilleurs amis à Detroit vient de la même ville que vous. J'étais garçon d'honneur à son mariage. »

Dexter attendait sans appréhension la suite de ce discours.

« Judy Simms, dit Devlin d'un ton indifférent. Mais elle s'appelait Judy Jones avant.

— Oui, je l'ai connue. » Une impatience sourde le gagnait. Il avait, évidemment, appris qu'elle s'était mariée, mais avait peut-être préféré ne pas en entendre davantage.

« Une fille épatante », poursuivit Devlin, toujours aussi peu concerné par ce qu'il débitait. « Mais elle me fait un peu pitié.

— Pourquoi ? » Dexter fut tout de suite sur le qui-vive, tout ouïe.

« Oh ! Lud Simms a perdu la boussole ! Je ne veux pas dire qu'il la maltraite, mais il boit et il court le jupon…

— Et elle ne le trompe pas ?

— Non. Elle reste chez elle avec les enfants.

— Oh…

— Elle est un peu trop vieille pour lui, dit Devlin.

— Trop vieille ! s'exclama Dexter. Mais enfin, elle n'a que vingt-sept ans ! »

Il fut soudain saisi de l'envie furieuse de se précipiter dehors et de prendre le train pour Detroit. Il se leva avec des mouvements saccadés.

« J'imagine que vous êtes très occupé, se hâta de dire Devlin sur le ton de l'excuse. Je ne me rendais pas compte…

— Non, je ne suis pas très occupé, dit Dexter, raffermissant sa voix. Je ne suis même pas du tout occupé. Pas du tout occupé. Est-ce vous qui avez dit qu'elle avait vingt-sept ans ? Non, c'est moi qui l'ai dit.

— Oui, c'est vous, acquiesça Devlin sèchement.

— Continuez donc. Continuez.

— Que voulez-vous dire ?

— Sur Judy Jones. »

Devlin le regarda, déconcerté.

« Eh bien… mais… je vous ai tout dit. Il la traite horriblement mal. Oh, ils ne sont pas sur le point de divorcer ou de se séparer ! Quand il est particulièrement odieux, elle lui pardonne. En réalité, je suis tenté de penser qu'elle l'aime. Elle était très jolie quand elle est arrivée à Detroit. »

Jolie ! Dexter trouva l'expression parfaitement ridicule.

« Parce qu'elle n'est plus… jolie ?

— Oh non, elle est très bien.

— Écoutez, dit Dexter, se rasseyant soudain. Je ne comprends pas. Vous avez dit que c'était une "jolie fille", et maintenant vous dites qu'elle est "très bien". Je ne saisis pas. Judy Jones n'était pas une jolie fille, sûrement pas. C'était une grande beauté. Je l'ai connue, figurez-vous, je l'ai connue. Elle était… »

Devlin eut un rire simple et franc.

« Je n'essaye pas de me quereller avec vous, dit-il. Je pense que Judy est une gentille fille, et je l'aime bien. Je ne comprends pas comment un homme tel que Lud Simms a pu tomber si follement amoureux d'elle, mais c'est pourtant bien ce qui s'est passé. » Et il ajouta : « La plupart des femmes l'aiment bien. »

Dexter l'observa avec attention, cherchant éperdument une explication à ces remarques ; l'homme devait être insensible ou malintentionné.

« Des tas de femmes se fanent *comme ça*, dit Devlin avec un claquement des doigts. Vous avez dû déjà voir ça. Il se peut que j'aie oublié comme elle était jolie le jour de son mariage. Mais c'est que je l'ai vue si souvent depuis, vous comprenez. Elle a de beaux yeux. »

Une sorte de stupeur envahit Dexter. Pour la première fois de sa vie, il eut envie de se soûler. Il s'aperçut qu'une remarque de Devlin le faisait rire aux éclats, mais il ne savait plus quelle remarque ni pourquoi elle était drôle. Quelques minutes plus tard, quand Devlin fut parti, il s'allongea sur son canapé et regarda par la fenêtre le ciel de New York où le soleil sombrait parmi de jolis tons roses et dorés un peu fades.

Il avait pensé que, n'ayant plus rien à perdre, il était invulnérable enfin, mais il comprenait maintenant qu'il venait de perdre quelque chose de plus, aussi sûrement que s'il avait épousé Judy Jones et l'avait vue se faner sous ses yeux.

Le rêve avait pris fin. Quelque chose lui avait été enlevé. Saisi de panique, il pressa les paumes de ses mains contre ses yeux et s'efforça de ressusciter une image du clapotis de l'eau du lac sur la rive de Sherry Island, de la galerie au clair de lune, de la toile de vichy sur le terrain de golf, et de l'été brûlant, et du tendre duvet couleur d'or sur sa nuque. Et de sa bouche, humide sous ses baisers, de ses yeux à la tristesse plaintive, de sa fraîcheur pareille à celle du linge fin le matin. Quoi ? Ces choses avaient disparu de la surface du monde ! Elles avaient existé, et elles n'existaient plus.

Pour la première fois depuis des années, les larmes inondèrent son visage. Mais c'était sur lui qu'il pleurait à présent. Que lui importaient une bouche, des yeux, des mains et leurs mouvements ? Il aurait aimé y prendre de l'intérêt, mais il ne le pouvait. Car il était parti très loin, et il ne reviendrait plus jamais. Les portes s'étaient refermées, le soleil s'était couché et il n'y avait plus de beauté, hormis la beauté grise de l'acier qui résiste au temps. Même le chagrin qu'il aurait pu éprouver était resté loin derrière lui au pays des illusions, de la jeunesse, des richesses de la vie, là où avaient fleuri ses rêves d'hiver.

« Il y a longtemps, dit-il, bien longtemps de cela, j'avais en moi quelque chose, mais cette chose est partie. Maintenant, cette chose est partie, partie à jamais. Je n'ai plus de larmes. Plus d'intérêt à rien. Cette chose ne reviendra plus. »

LE GOÛTER DES ENFANTS

Lorsqu'il se sentait vieux, John Andros se consolait en songeant que la vie continuait à travers son enfant. Les sinistres trompettes de l'oubli se faisaient plus sourdes quand il voyait son enfant trottiner devant lui ou l'écoutait déverser au téléphone un babil incompréhensible. Ce dernier épisode se produisait tous les après-midi à 3 heures lorsque sa femme appelait son bureau de la campagne, et il en était venu à attendre avec impatience ce moment qu'il tenait pour l'un des plus joyeux de sa journée.

L'âge ne se montrait pas sur sa personne, mais sa vie avait été une succession de pénibles ascensions de pentes accidentées, et à présent, à trente-huit ans, ayant gagné ses batailles contre la maladie et la pauvreté, il entretenait moins d'illusions que la moyenne des gens. Même ses sentiments à l'égard de sa petite fille n'étaient pas sans mélange. Sa naissance avait interrompu une belle histoire d'amour entre ses parents, et expliquait qu'ils vivent dans une ville de banlieue, où leur ration d'air pur s'obtenait au prix d'incessantes difficultés avec le personnel de maison et de fastidieux aller-retour quotidiens en train.

Ce qui l'intéressait le plus chez la petite Ede, c'était la fraîcheur de l'enfance. Il aimait la prendre sur ses genoux et examiner minutieusement son crâne parfumé et duveteux, ainsi que ses yeux aux iris bleus comme le début du jour. Une fois qu'il avait rendu ses hommages, John était heureux que la nurse vienne la reprendre. Au bout de dix minutes, la vitalité de l'enfant l'exaspérait. Il avait tendance à perdre son sang-froid quand des objets étaient brisés, et un dimanche après-midi, comme elle avait interrompu une partie de bridge en cachant pour de bon l'as de pique, il avait fait une scène telle que sa femme avait éclaté en sanglots.

C'était absurde et John avait honte de sa conduite. Il était inévitable que pareils incidents se produisent, et comment imaginer que la petite Ede passe tout son temps dans la nursery à l'étage, elle qui devenait chaque jour un peu plus, selon les termes de sa mère, « une vraie personne » ?

Elle avait deux ans et demi, et cet après-midi, par exemple, elle allait à un goûter d'enfants. Edith, son adulte de mère, avait téléphoné l'information au bureau, et la petite Ede avait confirmé la chose en hurlant dans l'oreille gauche de son père, qui ne se doutait de rien : « Ze vais goûter les zenfants ! »

« Passe chez les Markey en rentrant, veux-tu, chéri ? enchaîna sa mère. Ça sera amusant. Ede portera ce qu'elle a de plus joli, sa nouvelle robe rose… »

La conversation s'acheva de manière abrupte par un cri éraillé qui signifiait que l'appareil avait été projeté violemment à terre. John éclata de rire et décida de prendre un train plus tôt que d'ordinaire ; la perspective d'un goûter d'enfants chez un voisin l'égayait.

« Quelle délicieuse pagaille ! songeait-il avec humour.

Une douzaine de mères, chacune n'ayant d'yeux que pour son bambin. Ce petit monde casse tout ce qu'il touche, et met sa main dans le gâteau, et chaque maman rentre chez elle en pensant que son enfant à elle est supérieur, ô combien subtilement, à tous les autres. »

Il était de bonne humeur aujourd'hui. Tout allait, comme jamais, de mieux en mieux dans sa vie. Lorsqu'il descendit du train à la gare, il secoua la tête en guise de réponse à un chauffeur de taxi importun et entreprit la montée de la longue côte qui menait chez lui dans le crépuscule mordant de décembre. Il n'était que 6 heures du soir, mais la lune était déjà levée et répandait fièrement une lumière rutilante sur la mince couche de neige qui poudrait les pelouses.

Tandis qu'il marchait, emplissant ses poumons de l'air vif, sa joie ne cessait de croître, et l'idée d'un goûter d'enfants l'enchantait de plus en plus. Il commença à se demander quelle figure Ede faisait auprès des autres enfants de son âge et si la robe rose qu'elle allait porter montrait avec assez de netteté qu'elle était une vraie petite fille. Pressant le pas, il arriva en vue de sa propre maison, où les bouquets d'ampoules d'un arbre de Noël défunt se voyaient encore par la fenêtre, mais il continua son chemin. Le goûter avait lieu chez leurs voisins, les Markey.

Comme il gravissait les marches de brique et tirait la sonnette, il perçut des voix à l'intérieur, et constata avec plaisir qu'il n'arrivait pas trop tard. Puis il releva la tête et écouta. Les voix n'étaient pas celles des enfants ; c'étaient des voix fortes, aiguës, chargées de colère. Il y en avait au moins trois, et l'une d'elles se transforma presque aussitôt en une crise de larmes hystérique : il reconnut les sanglots de sa femme.

« Il s'est passé quelque chose », pensa-t-il immédiatement.

Il posa la main sur la poignée ; comme la porte n'était pas verrouillée, il la poussa.

Le goûter des enfants commençait à 4 heures et demie, mais Edith Andros, ayant astucieusement supputé que la robe neuve ferait un effet plus spectaculaire si elle contrastait avec des vêtements déjà fripés, décida de n'arriver avec la petite Ede qu'à 5 heures. Lorsqu'elles firent leur apparition, le goûter battait son plein. Quatre petites filles et neuf petits garçons, chacun bouclé, lavé et habillé avec tout le soin dont est capable un cœur fier et jaloux, dansaient sur la musique d'un phonographe. Il n'y avait jamais plus de deux ou trois danseurs à la fois, mais comme tous les enfants ne cessaient d'aller chercher au pas de course les encouragements de leur mère, l'impression générale de mouvement était immuable.

Lorsque Edith et sa fille entrèrent, la musique fut un moment noyée sous les accords prolongés d'un chœur où dominait largement le mot *mignonne*, adressé à la petite Ede, qui jetait des regards timides autour d'elle et tripotait les bords de sa robe rose. On ne l'embrassa pas – notre siècle est éminemment hygiénique – mais on la fit passer devant une rangée de mamans, dont chacune l'assura qu'elle était « si migno-o-nne », et prit sa petite main, la tenant un instant dans la sienne avant de confier la fillette à sa voisine. Une fois qu'on l'eut encouragée et doucement poussée en avant, elle se laissa entraîner dans la danse et devint un membre actif de la fête.

Edith se tenait près de la porte et parlait à Mrs. Markey sans jamais quitter de l'œil la minuscule figure en robe rose. Elle ne portait guère d'intérêt à Mrs. Markey, qui était à ses yeux une femme revêche et très ordinaire, mais, comme John et Joe Markey s'appréciaient fort l'un l'autre et prenaient le train tous les matins ensemble, les deux femmes s'appliquaient à entretenir la fiction d'une cordiale amitié. Elles se reprochaient mutuellement de « ne pas venir me voir » et ne cessaient de prévoir d'organiser le genre de soirées qu'on annonce en disant : « Il faut que vous veniez dîner chez nous bientôt, et nous irons ensuite au théâtre », mais ces projets n'aboutissaient jamais.

« La petite Ede est absolument adorable », dit Mrs. Markey avec un sourire, en s'humectant les lèvres d'une manière qu'Edith trouva particulièrement répugnante.

« Mais c'est déjà une adulte ! In-cro-ya-ble ! »

Edith se demanda si la formule « la petite Ede » ne s'expliquait pas par le fait que Billy Markey, bien que plus jeune de quelques mois, pesait presque cinq livres de plus qu'elle. Elle accepta une tasse de thé, alla prendre place sur un canapé avec deux autres dames et attaqua le point principal de l'ordre du jour de la réunion : le récit des récentes prouesses et étourderies de son enfant.

Une heure passa. La danse commença à perdre de son charme et les bambins se tournèrent vers des activités plus sérieuses. Ils se précipitèrent dans la salle à manger, contournèrent la grande table et tentèrent leur chance avec la porte de la cuisine, qui fut libérée par l'intervention d'un corps expéditionnaire de mères. Ces dernières regroupèrent les enfants, qui s'échappèrent et revinrent en courant dans la salle à manger pour s'amuser encore un peu avec la porte battante désormais familière. Ils sont un peu échauffés, murmurait-on ici et là, et l'on épongea les petits fronts blancs avec de petits mouchoirs blancs. Tout le monde alors entreprit de faire asseoir les enfants, qui se dégageaient vite des genoux des mères en se tortillant et en criant avec véhémence : « Par terre ! Par terre ! » ; et l'on s'élança à nouveau vers la fascinante salle à manger.

Cette phase de la réunion s'acheva avec l'arrivée des rafraîchissements, un grand gâteau avec deux bougies et des soucoupes pleines de glace à la vanille. Billy Markey, un garçonnet dodu et rieur aux cheveux roux et aux jambes un peu arquées, souffla les bougies et, à titre expérimental, posa un doigt sur la couche de sucre glacé. On distribua le goûter et les enfants mangèrent gloutonnement mais dans le calme. Ils s'étaient parfaitement bien tenus tout l'après-midi. C'étaient des petits enfants modernes qui mangeaient et dormaient à heures régulières ; aussi avaient-ils bon caractère et un visage rose et frais. Une si pacifique réunion n'eût pas été possible trente ans plus tôt.

Après le goûter, un lent exode commença. Edith jetait des regards inquiets à sa montre ; il était presque 6 heures et John n'était toujours pas là. Elle aurait voulu qu'il voie Ede avec les autres enfants, qu'il voie comme elle était digne, polie, intelligente, et que la seule tache de crème glacée sur sa robe avait coulé de son menton lorsqu'on l'avait bousculée par-derrière.

« Tu es un ange », murmura-t-elle à sa fille en l'attirant soudain contre ses genoux. « Sais-tu que tu es un ange ? Le sais-tu bien ? »

Ede se mit à rire. « Ouah-ouah, dit-elle brusquement.

— Ouah-ouah ? » Edith regarda autour d'elle. « Il n'y a pas de ouah-ouah.

— Ouah-ouah, répéta Ede. Ze veux un ouah-ouah. »

Edith suivit la direction que montrait le doigt pointé.

« Ce n'est pas un ouah-ouah, chérie, c'est un nounours.

— Nours ?

— Oui, c'est un nounours, et il appartient à Billy Markey. Tu ne veux pas prendre le nounours de Billy Markey, n'est-ce pas ? »

Si, elle voulait le nounours.

Elle échappa à sa mère et s'approcha de Billy Markey qui tenait son jouet serré dans ses bras. Ede fixa sur lui un regard impénétrable, tandis que Billy riait.

Edith mère consulta de nouveau sa montre, avec impatience cette fois.

Le groupe se réduisait maintenant à Ede et Billy, ainsi que deux autres enfants, dont l'un ne restait que parce qu'il s'était caché sous la table de la salle à manger. C'était pur égoïsme de la part de John de ne pas venir. Sa petite fille ne lui inspirait guère de fierté. Une demi-douzaine de pères étaient venus chercher leur femme, et ils s'étaient attardés un moment pour regarder les enfants.

Tout à coup, il y eut un gémissement. Ede s'était emparée de l'ours en peluche de Billy en le lui arrachant des bras, et quand Billy avait tenté de le récupérer, elle l'avait poussé à terre sans trop se soucier de son geste.

« Mais enfin, Ede ! » s'écria sa mère en réprimant une puissante envie de rire.

Joe Markey, un bel homme de trente-cinq ans aux larges épaules, attrapa son fils et le remit sur ses pieds.

« Tu es un sacré gaillard, dit-il gaiement. Tu laisses une fille te renverser ! Quel sacré gaillard !

— Est-ce qu'il s'est fait une bosse à la tête ? » demanda Mrs. Markey, qui revenait, tout anxiété, après être allée saluer son avant-dernière visiteuse.

« Mais non, mais non, s'exclama Markey. Il s'est fait une bosse ailleurs, pas vrai, Billy ? C'est ailleurs qu'il s'est fait une bosse. »

Billy avait déjà si bien oublié sa bosse qu'il s'évertuait à recouvrer son bien. Il saisit une patte de l'ours, qui dépassait entre les bras enveloppants d'Ede, et tira dessus, mais en vain.

« Non », dit Ede d'un ton solennel.

Soudain, encouragée par le succès à demi accidentel de sa première manœuvre, Ede lâcha l'ours en peluche, posa ses mains sur les épaules de Billy et le fit culbuter en arrière.

Cette fois, la chute fut plus brutale ; sa tête heurta le sol nu, juste au bord du tapis, avec un bruit sourd et creux. L'enfant respira profondément et poussa un cri de douleur.

La pièce fut aussitôt plongée dans le plus grand désordre. Markey lâcha une exclamation et courut vers son fils, mais sa femme fut la première à se trouver auprès du blessé, qu'elle prit dans ses bras.

« Oh ! mon Billy, s'écria-t-elle, quelle bosse affreuse ! Elle mériterait une bonne fessée. »

Edith, qui s'était précipitée vers sa fille, entendit la remarque ; ses lèvres se serrèrent durement.

« Voyons, Ede, murmura-t-elle pour la forme, tu es une vilaine petite fille ! »

Ede rejeta soudain sa petite tête en arrière et éclata de rire. C'était un rire clair, un rire de triomphe, de défi et de mépris. Malheureusement, c'était aussi un rire contagieux. Avant même d'avoir compris ce que la situation avait de délicat, sa mère se mit à rire à son tour, et ce rire, parfaitement distinct et reconnaissable, ressemblait fort à celui de sa fille, il était chargé des mêmes inflexions.

Et tout aussi soudainement, elle s'arrêta.

Le visage de Mrs. Markey était devenu rouge de colère

et Markey, qui tâtait du doigt le crâne de son fils au-dessus de la nuque, la regarda en fronçant les sourcils.

« C'est déjà enflé », dit-il avec une note de reproche dans la voix. « Je vais chercher de l'hamamélis. »

Mais Mrs. Markey s'emportait. « Je ne vois pas ce qu'il y a de drôle dans le spectacle d'un enfant blessé ! » dit-elle d'une voix tremblante de rage.

Pendant ce temps, la petite Ede regardait sa mère avec curiosité. Elle avait remarqué que son rire avait déclenché celui de sa mère, et se demandait si la même cause produirait toujours le même effet. Elle choisit donc cet instant pour rejeter sa tête en arrière et rire à nouveau.

Ce nouvel accès de gaieté ajouta aux émotions de sa mère une ultime touche d'hystérie. Portant son mouchoir à sa bouche, elle se mit à pousser des gloussements irrépressibles. C'était plus qu'un fou rire nerveux ; elle sentait que, d'une certaine façon, elle riait avec sa fille, que toutes deux riaient ensemble.

C'était une sorte de provocation : elles deux contre le reste du monde.

Tandis que Markey courait chercher le baume dans la salle de bains à l'étage, sa femme marchait de long en large, en berçant dans ses bras l'enfant qui hurlait.

« Je vous prie de rentrer chez vous ! s'exclama-t-elle avec véhémence. Le petit a été sérieusement touché, et si vous n'avez pas la décence de rester calme, vous feriez mieux de rentrer chez vous.

— Très bien », dit Edith, qui sentait à son tour la moutarde lui monter au nez. « Je n'ai jamais vu personne faire ainsi une montagne de…

— Sortez ! hurla Mrs. Markey au comble de la fureur. Voici la porte, sortez ! Je ne veux plus vous revoir ici. Ni vous ni votre petite morveuse. »

Edith avait pris sa fille par la main et se hâtait vers la porte, mais quand elle entendit cette remarque, elle s'arrêta et se retourna, le visage révulsé d'indignation.

« Comment osez-vous dire cela ? »

Mrs. Markey ne répondit pas, mais continua d'aller et venir, en marmottant pour elle-même et Billy, d'une voix à peine audible.

Edith éclata en larmes.

« Oui, je pars d'ici, dit-elle avec des sanglots. Je n'ai jamais rencontré quelqu'un d'aussi grossier et de v-vulgaire de toute ma vie. Je suis heureuse que votre garçon ait été renversé. Ce n'est qu'un g-gros imbécile, de toute façon ! »

Joe Markey arriva au pied de l'escalier juste à temps pour entendre cette dernière exclamation.

« Voyons, Mrs. Andros, dit-il sèchement, ne voyez-vous pas que le petit a mal ? Je vous prie d'essayer de garder votre sang-froid.

— G-garder mon sang-froid ? s'écria Edith d'une voix entrecoupée. Vous devriez plutôt lui demander à elle de g-garder son sang-froid. Je n'ai jamais rencontré quelqu'un d'aussi v-vulgaire de toute ma vie.

— Elle m'insulte ! » Mrs. Markey était maintenant livide de rage. « Tu as entendu ce qu'elle a dit, Joe ? J'aimerais que tu la mettes dehors. Si elle ne veut pas partir, attrape-la par les épaules et mets-la dehors !

— Ne me touchez pas ! cria Edith. Le temps de trouver mon m-manteau et je pars ! »

Aveuglée par les larmes, elle fit un pas vers le vestibule. C'est précisément à ce moment que la porte s'ouvrit et que John Andros entra, empli d'inquiétude.

« John ! » s'écria Edith en s'élançant impétueusement vers lui.

« Que se passe-t-il ? Mais enfin, que se passe-t-il ici ?

— Ils... ils veulent me mettre à la porte ! gémit-elle, en s'effondrant contre lui. Il venait de me prendre par les épaules et de me pousser dehors. Je veux mon manteau !

— Ce n'est pas vrai, se hâta de dire Markey. Personne ne va vous mettre dehors. » Il se tourna vers John. « Personne ne va la mettre dehors, répéta-t-il. Elle...

— Que signifie "la mettre dehors" ? demanda John avec brusquerie. De quoi parlez-vous tous, exactement ?

— Oh, partons ! lança Edith. Je veux partir d'ici ! Ils sont si *vulgaires*, John.

— Ça suffit, maintenant ! » Le visage de Markey s'assombrit. « Vous avez assez dit et répété cela. Il me semble que vous commencez à dérailler.

— Ils ont dit qu'Ede était une morveuse ! »

Pour la seconde fois de l'après-midi, la petite Ede manifesta une émotion à contretemps. Troublée et effrayée par ces voix qui criaient, elle fondit en larmes, et ses pleurs eurent pour effet de laisser croire qu'elle ressentait cruellement l'insulte.

« À quoi jouez-vous ? rugit John. Vous insultez vos invités sous votre propre toit à présent ?

— Il me semble que c'est votre femme qui nous a insultés, répondit Markey sur un ton tranchant. À vrai dire, c'est votre enfant qui est à l'origine de toute cette histoire. »

John eut un grognement de mépris. « Vous lancez des injures à une petite fille ? demanda-t-il. Voilà qui est digne d'un homme !

— Ne lui adresse pas la parole, John, supplia Edith. Va me chercher mon manteau !

— Vous devez être en piteux état pour passer vos accès

d'humeur sur une enfant qui n'en peut mais, poursuivit John avec colère.

— Je n'ai jamais rien entendu d'aussi faux de toute ma vie, hurla Markey. Si votre femme voulait bien fermer son clapet un instant…

— Eh ! attention ! Vous ne parlez plus à une femme et à une enfant maintenant… »

Il y eut alors une interruption inopinée. Edith cherchait son manteau parmi d'autres vêtements sur une chaise, et Mrs. Markey l'observait en roulant des yeux furibonds. Soudain, elle posa Billy sur le canapé, où il s'arrêta aussitôt de crier et se redressa, puis elle passa dans le vestibule, trouva rapidement le manteau d'Edith et le lui tendit sans dire un mot. Elle retourna au canapé, reprit Billy dans ses bras et, tout en le berçant, continua à regarder Edith avec des yeux méchants. L'interruption avait duré moins d'une demi-minute.

« Votre femme vient ici et se met à crier à qui veut l'entendre que nous sommes vulgaires ! s'exclama Markey, démonté. Dites-moi, si nous sommes tellement vulgaires, pourquoi venez-vous chez nous ? Et d'abord, pourquoi ne prenez-vous pas la porte tout de suite ? »

John fit entendre un autre grognement de mépris.

« Vous n'êtes pas seulement vulgaire, répliqua-t-il, mais à l'évidence une affreuse petite brute, en particulier quand vous êtes en présence de femmes et d'enfants sans défense. » Il saisit la poignée de la porte, qu'il ouvrit. « Viens, Edith. »

Prenant sa fille dans ses bras, sa femme sortit et John, qui n'avait pas cessé de considérer Markey d'un œil méprisant, s'apprêtait à la suivre.

« Attendez ! » Markey fit un pas en avant ; il tremblait un peu, et deux grosses veines, sur sa tempe, s'étaient soudain gonflées. « Vous ne pensez quand même pas vous en tirer comme ça, non ? Avec moi ? »

Sans dire un mot, John franchit le seuil, laissant la porte ouverte.

Edith, qui pleurait toujours, se dirigeait vers la maison. Après l'avoir suivie des yeux jusqu'à ce qu'elle fût devant chez eux, John fit demi-tour et s'avança vers la porte éclairée, tandis que Markey descendait lentement les marches verglacées. Il ôta son pardessus et son chapeau, qu'il jeta dans la neige, loin de l'allée. Puis, il fit un pas en avant ; il était mal assuré sur la neige glacée.

Au premier coup, ils glissèrent tous deux et tombèrent lourdement sur le trottoir ; puis ils se relevèrent à demi et retombèrent, agrippés l'un à l'autre. Ils trouvèrent un meilleur aplomb sur la mince couche de neige en bordure du trottoir, et ils se précipitèrent l'un sur l'autre, se décochant des coups furieux, transformant, par leur piétinement, la neige sous leurs semelles en une boue pâteuse.

La rue était déserte, et à l'exception de leurs courts halètements de fatigue et du bruit étouffé de leur corps lorsque l'un ou l'autre tombait dans la gadoue, ils se battaient en silence. La silhouette de chacun se dessinait clairement pour l'autre dans la clarté de la pleine lune et la lueur ambrée qui venait de la porte ouverte. Plusieurs fois, ils glissèrent ensemble et, un long moment, le corps à corps violent se déroula sur la pelouse.

Pendant dix, quinze, vingt minutes, ils luttèrent ainsi stupidement au clair de lune. Ils avaient tous deux ôté leur veste et leur gilet lors d'une pause décidée d'un accord tacite, et leur chemise n'était plus que lambeaux détrempés qui pendaient dans leur dos. Tous deux étaient abîmés, couverts de sang, et tellement épuisés qu'ils ne parvenaient plus à se tenir debout que lorsque, par leur posture dans le feu de l'action, ils se soutenaient l'un l'autre ; un coup donné ou simplement préparé par un effort des muscles suffisait à les faire tomber à genoux.

Mais ce ne fut pas la fatigue qui mit un terme à l'affrontement, et l'absurdité même du combat constituait une bonne raison de ne pas l'interrompre. Ils s'arrêtèrent parce qu'à un moment où la bagarre se poursuivait à même le sol ils entendirent un bruit de pas sur le trottoir. Ils avaient roulé sans bien s'en rendre compte dans un coin peu éclairé, et quand ils entendirent ces pas, ils cessèrent de se battre, cessèrent de bouger, cessèrent de respirer, et restèrent serrés l'un contre l'autre comme deux gamins jouant aux Indiens, jusqu'à ce que le bruit de pas se fût éloigné. Alors, ils se relevèrent en titubant et se regardèrent comme deux hommes ivres.

« Je veux bien être pendu si je continue comme ça, lança Markey d'une voix rauque.

— Je ne continue pas non plus, dit John Andros. J'ai mon content. »

Ils se regardèrent à nouveau, mais cette fois d'un œil maussade, comme si chacun soupçonnait l'autre de l'inciter à reprendre le combat. Markey cracha du sang qui coulait de sa lèvre coupée ; puis il jura faiblement et, ramassant sa veste et son gilet, en secoua la neige d'un air étonné, comme si leur relative humidité était la seule chose au monde dont il se souciât.

« Vous voulez entrer pour vous nettoyer un peu ? demanda-t-il soudain.

— Non merci, dit John. Il faut que je rentre, ma femme va s'inquiéter. »

Il ramassa à son tour son veston et son gilet, puis son manteau et son chapeau. Trempé, ruisselant de sueur, il semblait inepte qu'il ait porté ces mêmes vêtements une demi-heure plus tôt.

« Bon... Eh bien, bonne nuit », dit-il d'une voix hésitante.

Tout à coup, ils se dirigèrent l'un vers l'autre et se serrèrent la main. Le geste n'était pas de pure forme : John Andros passa son bras autour de l'épaule de Markey et lui donna quelques petites tapes affectueuses dans le dos.

« Sans rancune, dit-il d'une voix entrecoupée.

— Oui. D'accord ?

— Oui. Je tire un trait.

— Eh bien, fit John Andros au bout d'une minute, je crois que je vais vous souhaiter une bonne nuit.

— Bonne nuit. »

John Andros s'éloigna d'une allure légèrement boitillante, ses vêtements sur le bras. La lune brillait encore quand il quitta le sombre carré d'herbe qu'ils avaient piétiné et traversa la pelouse en direction de la maison. Il entendit, venant de la gare, à un kilomètre de là, le grondement du train de 7 heures.

« Vous avez eu un coup de folie, dit Edith d'une voix brisée par l'émotion. Je croyais que vous alliez arranger ça et vous serrer la main. C'est pour ça que je suis partie.

— Tu voulais vraiment qu'on arrange cette affaire ?

— Non, bien sûr. Je ne veux plus jamais les revoir. Mais je pensais que tu allais t'occuper de régler ça calmement. » Elle appliquait de la teinture d'iode sur les meurtrissures qu'il avait au cou et dans le dos, tandis qu'il était assis placidement dans un bain chaud. « Je vais appeler le docteur, fit-elle, insistante. Tu pourrais avoir une lésion interne. »

Il secoua la tête. « Jamais de la vie, répondit-il. Je ne veux pas que toute la ville soit au courant.

— Je ne comprends toujours pas comment tout ça est arrivé.

— Moi non plus. » Il eut un sourire sardonique. « J'ai l'impression que ces goûters d'enfants ne sont pas de tout repos.

— Au moins... je suis ravie d'avoir commandé du bifteck pour le dîner de demain, dit-elle avec les accents de l'optimisme.

— Pourquoi ?

— Mais pour ton œil, bien sûr. Sais-tu que j'ai été à deux doigts de commander du veau ? C'est un fameux coup de chance, non ? »

Une demi-heure plus tard, vêtu de pied en cap – sauf que son cou ne pouvait supporter de col –, John testait la motilité de ses membres devant la glace.

« Je crois que je vais essayer de me garder en meilleure forme, dit-il pensivement. Je dois me faire vieux.

— Tu veux dire pour pouvoir le battre la prochaine fois ?

— Je l'ai battu, fit-il savoir. Du moins, personne n'a eu le dessus sur l'autre. Et il n'y aura pas de prochaine fois. Cesse donc de traiter les gens de vulgaires. Quand tu as ce genre d'ennuis, enfile ton manteau et rentre à la maison. Tu comprends ?

— Oui, mon chéri, dit-elle humblement. J'ai été très sotte, je m'en rends compte à présent. »

Dans le couloir, il s'arrêta soudain devant la chambre de la fillette.

« Elle dort ?

— Comme une souche. Mais tu peux aller jeter un coup d'œil et lui souhaiter bonne nuit. »

Ils entrèrent sur la pointe des pieds et se penchèrent au-dessus du lit. La petite Ede, les joues rouges de santé, poings roses serrés, dormait d'un sommeil profond dans la pièce sombre et fraîche. John passa le bras par-dessus la barre du lit et caressa d'un geste léger les cheveux soyeux.

« Elle dort, murmura-t-il, comme intrigué.

— Évidemment, après un après-midi pareil. »

« M'ame Andros… »

Le murmure théâtral de la domestique de couleur leur parvint du couloir.

« M'sieu et M'ame Markey sont en bas et veulent vous voir. M'sieu Markey, il est tout en morceaux, m'am. Il a le visage comme un rosbif. Et M'ame Markey, elle a l'air mauvais.

— Ça alors, quel incroyable toupet ! s'écria Edith. Dites-leur que nous ne sommes pas là. Je ne descendrai pas pour tout l'or du monde.

— Bien sûr que si, tu descendras. » La voix de John était dure, implacable.

« Quoi ?

— Tu vas descendre immédiatement et, qui plus est, quoi que fasse cette femme, tu vas t'excuser pour ce que tu as dit cet après-midi. Après ça, tu pourras ne plus jamais la revoir.

— Mais… John… je ne peux pas !

— Tu le dois pourtant. Pense seulement qu'il a dû lui en coûter deux fois plus de venir ici qu'il ne t'en coûte de descendre.

— Tu ne viens pas avec moi ? Il faut que j'y aille seule ?

— Je descends… dans une minute. »

John Andros attendit qu'elle eût refermé la porte derrière elle ; puis il se pencha sur le lit, prit sa petite fille avec ses couvertures et le reste, et s'assit dans le fauteuil à bascule, la tenant serrée dans ses bras. Elle remua un peu ; il retint sa respiration, mais elle dormait à poings fermés, et quelques instants plus tard elle reposait paisiblement dans le creux de son coude. Il inclina lentement la tête, jusqu'à ce que sa joue vienne effleurer les cheveux blonds. « Ma petite fille chérie, murmura-t-il. Petite fille chérie, petite fille chérie. »

John Andros comprit alors la raison pour laquelle il s'était battu si férocement ce soir-là. Il la tenait, cette raison, il la possédait à jamais, dans ses bras ; et il resta encore quelque temps dans l'obscurité à se balancer dans son fauteuil à bascule.

ABSOLUTION

I

Il était une fois un prêtre aux yeux froids et humides qui, dans le calme de la nuit, versait des larmes froides. Il pleurait parce que les après-midi étaient chauds et longs, et qu'il était incapable d'atteindre à une union mystique parfaite avec notre Seigneur. Parfois, vers 4 heures, lui parvenait le bruissement d'étoffes d'un groupe de jeunes Suédoises qui passaient dans l'allée, sous sa fenêtre, et il ressentait leurs petits cris aigus comme une telle dissonance qu'il se mettait à prier à haute voix pour que vienne le crépuscule. Au crépuscule, les rires et les voix étaient plus discrets, mais il lui était arrivé à plusieurs reprises de passer à la nuit tombante devant le drugstore de Romberg : l'intérieur était éclairé de lumières jaunes, les robinets nickelés de la buvette étincelaient, et il trouvait l'odeur du savon de toilette bon marché désespérément suave dans l'air. Il suivait ce chemin quand il rentrait le samedi soir, après les confessions, et il prit l'habitude de veiller à marcher sur le trottoir opposé, afin que le parfum du savon pût se dissiper avant d'atteindre ses narines en s'élevant, un peu comme de l'encens, dans les hauteurs, vers la lune d'été.

Mais il était impossible d'échapper à la folie torride de 4 heures de l'après-midi. De sa fenêtre, aussi loin que le regard portait, le blé du Dakota couvrait la vallée de la Red River de ses champs denses. Le blé constituait un spectacle terrible et les motifs du tapis sur lequel il posait ses yeux à la torture menaient ses ruminations dans des labyrinthes fantastiques, toujours offerts à l'immuable soleil.

Un après-midi, alors qu'il avait atteint le point où l'esprit se trouve en bout de course comme une vieille horloge usée, sa gouvernante introduisit dans son bureau un beau garçon de onze ans à la mine grave, nommé Rudolph Miller. Le jeune garçon s'assit dans un carré de soleil et le prêtre, derrière son bureau en noyer, fit mine d'être très occupé. Il voulait ainsi cacher son soulagement de voir quelqu'un pénétrer dans cette pièce hantée.

Bientôt il se retourna, et se surprit à regarder fixement deux très grands yeux vifs, où brillaient des points lumineux couleur de cobalt. Pendant un moment, leur expression le déconcerta, puis il vit que son visiteur était dans un état de terreur atroce.

« Ta bouche tremble », dit le père Schwartz, d'une voix défaite.

Le petit garçon couvrit d'une main sa bouche agitée de contractions.

« Quelque chose ne va pas ? demanda le père Schwartz sèchement. Ôte la main de ta bouche et dis-moi ce qui se passe. »

Le garçon – en qui le père Schwartz reconnut alors le fils d'un paroissien, Mr. Miller, employé d'une compagnie de transports – abaissa sa main de mauvaise grâce et commença à s'exprimer dans un murmure de désespoir.

« Père Schwartz, j'ai commis un horrible péché.

— Un péché contre la pureté ?

— Non, mon père... Pis encore. »

Le père Schwartz eut un violent soubresaut de tout le corps.

« Tu as tué quelqu'un ?

— Non... mais j'ai peur de... » Sa voix monta, devint une plainte aiguë.

« Veux-tu aller te confesser ? »

Le petit garçon secoua la tête pitoyablement. Le père Schwartz s'éclaircit la gorge de manière à pouvoir donner de la douceur à sa voix et lui dire quelque chose d'apaisant et d'affectueux. En cet instant, il devait oublier sa propre souffrance et s'efforcer d'agir comme Dieu. Il se répéta une expression dévote, espérant que Dieu, en retour, l'aiderait à agir correctement.

« Dis-moi ce que tu as fait », dit sa voix nouvelle, toute suavité.

Le petit garçon le regarda à travers ses larmes et fut rassuré par l'impression de force morale que le prêtre pourtant fou d'angoisse avait su créer autour de lui. Confiant à cet homme tout ce qu'il pouvait lui donner de lui-même, Rudolph Miller entreprit de raconter son histoire.

« Samedi, il y a trois jours, mon père m'a dit que je devais aller à confesse parce que je n'y étais pas allé depuis un mois, et ma famille y va toutes les semaines, mais pas moi. Je pouvais aussi bien y aller, ça m'embêtait pas. Alors j'ai attendu après le dîner parce que je jouais avec une bande de copains, et mon père m'a demandé si j'y étais allé et j'ai dit non, alors il m'a attrapé par la peau du cou et il a dit : “Tu y vas tout de suite”, et j’ai dit : “Très bien”, et j’ai été à l’église. Et il criait après moi : “Ne reviens pas avant d’y avoir été...” »

II

Samedi, trois jours plus tôt.

Le rideau de peluche du confessionnal remit de l’ordre dans ses plis, ne laissant exposée que la partie inférieure du soulier d’un vieil homme. Derrière le rideau, une âme immortelle était seule avec Dieu et le révérend Adolphus Schwartz, prêtre de la paroisse. Des sons se formèrent, un murmure laborieux, un bruit de sifflement discret, interrompu de temps à autre par la voix du prêtre qui posait des questions, parfaitement audibles.

Rudolph Miller était agenouillé sur le prie-Dieu près du confessionnal et attendait anxieusement, s’efforçant d’entendre et de ne pas entendre ce qui se disait à l’intérieur. Savoir que les paroles du prêtre étaient intelligibles le tourmentait. Son tour venait tout de suite après, et les trois ou quatre autres qui attendaient pourraient écouter sans vergogne quand il avouerait ne pas avoir respecté les sixième et neuvième commandements.

Rudolph n’avait jamais commis d’adultère, ni convoité la femme de son voisin, mais c’était la confession des péchés associés à ceux-là qui lui semblait si difficile à envisager. Par comparaison, il goûtait ses écarts moins honteux : ils formaient une toile de fond grisâtre qui atténuait la tache noire sur son âme des péchés de la chair.

Il avait plaqué ses mains sur ses oreilles, dans l'espoir que l'on remarquerait son refus d'écouter ce qui se disait, et qu'on lui rendrait la pareille le moment venu, lorsqu'un mouvement brusque du pénitent agenouillé dans le confessionnal lui fit enfouir son visage dans le creux de son bras. Sa terreur, prenant une forme solide, enfonçait un coin entre son cœur et ses poumons. Il lui fallait maintenant essayer de toutes ses forces de regretter ses fautes, non parce qu'il avait peur, mais parce qu'il avait offensé Dieu. Il devait convaincre Dieu qu'il se repentait mais, pour ce faire, il devait d'abord s'en convaincre lui-même. Il mit un terme au grand tumulte de ses émotions en s'apitoyant timidement sur son sort, et décida qu'il était prêt. S'il pouvait, en interdisant à toute pensée étrangère d'entrer dans sa tête, garder intact cet état d'esprit jusqu'au moment de pénétrer dans l'immense cercueil vertical, il aurait surmonté une nouvelle crise dans sa vie religieuse.

Pendant un moment, pourtant, une idée démoniaque s'était emparée presque entièrement de son esprit. Il pourrait rentrer chez lui en cet instant même, avant que ne vînt son tour, et raconter à sa mère qu'il était arrivé trop tard, que le prêtre était parti. Malheureusement, il risquait d'être pris en flagrant délit de mensonge. L'autre parti consistait à dire qu'il s'était bel et bien confessé, mais alors il devrait éviter la communion le lendemain, car la communion reçue quand l'âme est impure se changerait en poison dans sa bouche, et il quitterait l'autel difforme, boiteux et damné.

La voix du père Schwartz fut de nouveau clairement audible.

« Et pour votre... »

Les mots se fondirent en un marmottement rauque, et

Rudolph se leva, en proie à une grande agitation. Il sentait qu'il lui était impossible d'aller à confesse cet après-midi. Il hésitait, affreusement déchiré. Puis du confessionnal lui parvint un petit coup sec, un craquement, un froissement prolongé. La coulisse avait été baissée et le rideau de peluche tremblait. La tentation lui était venue trop tard…

« Bénissez-moi, mon père, car j'ai péché… Je confesse à Dieu tout-puissant et à vous, mon père, que j'ai péché… Il s'est passé un mois et trois jours depuis ma dernière confession… Je m'accuse de… d'avoir invoqué en vain le nom du Seigneur… »

C'était un péché facile à confesser. Ses jurons n'avaient été lancés que par bravade, et leur aveu pouvait s'apparenter à de la vantardise.

« … d'avoir été méchant avec une vieille dame. »

L'ombre pâle bougea légèrement derrière le guichet à claire-voie.

« Comment cela, mon enfant ?

— La vieille Mrs. Swenson, dit Rudolph dont la voix murmurante prenait des accents joyeux. Elle a attrapé la balle de base-ball que nous avions envoyée dans sa vitre et elle ne voulait pas nous la rendre, alors nous avons crié : “Tire-toi, dégage !” tout l'après-midi devant chez elle. Et vers 5 heures, elle a eu une attaque et il a fallu appeler le docteur.

— Continue, mon enfant.

— D'avoir cru que je n'étais pas le fils de mes parents.

— Quoi ? » Celui qui interrogeait exprima une surprise marquée.

« D'avoir cru que je n'étais pas le fils de mes parents.

— Pourquoi ?

— Oh, seulement par orgueil, répondit le pénitent d'un ton léger.

— Tu pensais que tu étais trop bien pour être le fils de tes parents ?

— Oui, mon père. » La voix avait perdu un peu de sa gaieté.

« Continue.

— D'avoir désobéi et injurié ma mère. D'avoir calomnié des gens dans leur dos. D'avoir fumé… »

Rudolph avait maintenant épuisé la liste des péchés véniels, et il en arrivait à ceux qui lui coûtaient tant à avouer. Les doigts écartés, il pressait ses mains contre son visage, comme s'il eût pu, par cette pression, extraire de son cœur jusqu'à la dernière goutte de la honte qui s'y était accumulée.

« D'avoir dit des mots grossiers, d'avoir eu des pensées et des désirs impurs, murmura-t-il très bas.

— Souvent ?

— Je ne sais pas.

— Une fois par semaine ? Deux fois par semaine ?

— Deux fois par semaine.

— As-tu succombé à ces désirs ?

— Non, mon père.

— Étais-tu seul quand tu les as éprouvés ?

— Non, mon père. J'étais avec deux garçons et une fille.

— Ne sais-tu pas, mon enfant, que tu dois éviter les occasions de pécher autant que les péchés eux-mêmes ? Les mauvaises fréquentations amènent les désirs mauvais et les désirs mauvais, des mauvaises actions. Où étais-tu quand cela s'est produit ?

— Dans une grange, derrière le…

— Je ne veux pas entendre prononcer un seul nom, interrompit sèchement le prêtre.

— C'était dans les combles de cette grange, et cette fille et… ce type… Ils disaient des choses impures, et je suis resté.

— Tu aurais dû partir, tu aurais dû dire à la fille de s'en aller. »

Il aurait dû partir ! Mais il était impossible de dire au père Schwartz combien son pouls avait battu vite à son poignet, ni quelle étrange fièvre, quelle exaltation l'avait saisi quand ces mots singuliers avaient été prononcés. Peut-être trouve-t-on dans les maisons de redressement, parmi les filles indolentes au regard dur, les incorrigibles, des âmes brûlées du feu le plus ardent.

« As-tu autre chose à me dire ?

— Je ne crois pas, mon père. »

Rudolph ressentit un profond soulagement. Des gouttes de sueur commençaient à couler sur son visage toujours enfoui dans ses mains.

« As-tu dit des mensonges ? »

La question le fit sursauter. Comme tous ceux qui mentent d'instinct, et souvent, il avait un respect extrême, une terreur sacrée de la vérité. Une force presque extérieure à lui-même lui dicta une réponse rapide et douloureuse.

« Oh non, mon père, je ne mens jamais ! »

Pendant un instant, tel un roturier assis sur le trône royal, il jouit orgueilleusement de la situation. Puis, tandis que le prêtre commençait à murmurer les remontrances d'usage, il se rendit compte qu'en niant héroïquement avoir menti il avait commis un péché abominable : il avait menti en confession.

Réagissant machinalement à l'injonction du père

Schwartz – « Fais acte de contrition » –, il se mit à répéter à voix haute, d'un ton détaché :

« Mon Dieu, je regrette du fond du cœur de T'avoir offensé… »

Il fallait régler cela, maintenant… Cette erreur terrible… Mais comme ses lèvres se refermaient sur le dernier mot de sa prière, le petit volet du guichet s'abaissa avec un bruit sec.

Une minute plus tard, lorsqu'il se trouva dehors dans le crépuscule, le soulagement qu'il éprouva à passer de l'église sombre et froide à l'immensité du ciel et des champs de blé repoussa à plus tard le moment de prendre la mesure de ce qu'il avait fait. Au lieu de s'alarmer, il aspira profondément l'air vif et se mit à se répéter encore et encore : « Blatchford Sarnemington, Blatchford Sarnemington ! »

Blatchford Sarnemington n'était autre que lui-même, et les deux mots une formule incantatoire. Lorsqu'il devenait Blatchford Sarnemington, il émanait de lui une suave noblesse. Blatchford Sarnemington ne connaissait que des triomphes éclatants. Lorsque Rudolph fermait ses yeux à demi, cela signifiait que Blatchford avait établi son empire sur lui, et sur son passage, partout alentour, s'entendaient des murmures d'envie : « Blatchford Sarnemington ! C'est Blatchford Sarnemington ! »

Il fut Blatchford un moment tandis qu'il rentrait chez lui d'un pas fier sur la route accidentée, mais quand la route se couvrit d'un solide macadam pour devenir la grand-rue de Ludwig, l'ivresse de Rudolph se dissipa, son ardeur se calma et il ressentit toute l'horreur de son mensonge. Dieu, bien sûr, le savait déjà, mais Rudolph réservait dans son esprit un petit coin où il était à l'abri du regard de Dieu, où il mettait au point les subterfuges grâce auxquels il trichait souvent avec Dieu. Il alla maintenant se réfugier dans ce recoin secret pour étudier la meilleure façon d'échapper aux conséquences des choses mensongères qu'il avait dites.

Il lui fallait absolument éviter la communion le lendemain. Le risque de provoquer la colère de Dieu en pareil cas était bien trop grand. Il suffirait qu'il boive de l'eau « par mégarde » le matin ; ainsi, selon une loi de l'Église, il serait inapte à recevoir la communion ce jour-là. En dépit de sa faiblesse intrinsèque, cet artifice était le plus facile à mettre en œuvre de tous ceux auxquels il songea. Il en acceptait tous les dangers et se concentrait sur les meilleurs moyens de sa réalisation, lorsqu'il tourna au coin de la rue, passant devant le drusgstore de Romberg, et arriva en vue de la maison de son père.

III

Le père de Rudolph, employé d'une société de transports, avait été amené dans la région du Minnesota-Dakota par la deuxième vague d'immigrants allemands et irlandais. En théorie, d'immenses possibilités s'offraient à un jeune homme énergique à cette époque dans cette partie du pays, mais Carl Miller avait été incapable de se faire auprès de ses supérieurs et de ses subordonnés la réputation de solidité relative qui est la clef du succès dans une industrie fortement hiérarchisée. C'était un homme plutôt fruste, mais qui manquait d'obstination et ne parvenait pas à comprendre qu'il existe entre les uns et les autres certaines relations fondamentales, et cette incapacité le rendait soupçonneux, inquiet, perpétuellement dérouté.

Ses deux liens avec le monde des couleurs étaient sa foi dans l'Église romaine catholique et son culte mystique de James J. Hill, le bâtisseur d'empire. Hill était le parangon de la qualité qui faisait défaut à Miller : le sentiment des choses, la sensation de ce qui est, l'intuition de la pluie dans le vent qui caresse une joue. L'esprit de Miller travaillait tard le soir sur les décisions anciennes que d'autres hommes avaient prises, et jamais il n'avait eu à soupeser quoi que ce soit en vue d'un choix. Son corps fatigué, alerte, trop petit, accusait les années dans l'ombre immense de Hill. Pendant vingt ans, il avait vécu seul en compagnie du nom de Hill et de Dieu.

Le dimanche matin, Carl Miller se réveilla à 6 heures dans le calme et la pureté du jour naissant. S'agenouillant au pied du lit, il enfouit dans l'oreiller ses cheveux gris-jaune et sa moustache en brosse poivre et sel, et pria pendant plusieurs minutes. Puis il ôta sa chemise de nuit – comme tous les gens de sa génération, il n'avait jamais pu supporter les pyjamas – et habilla son corps mince, blanc, glabre, d'un sous-vêtement de laine.

Il se rasa. Pas un bruit dans l'autre chambre où sa femme dormait d'un sommeil agité. Pas un bruit dans le vestibule où était installé, derrière un paravent, le petit lit de son fils, et son fils dormait au milieu de ses livres à lui, les ouvrages de Horatio Alger, de sa collection de bagues de cigare, de ses fanions mangés aux mites – « Cornell », « Hamline », « Meilleurs souvenirs de Pueblo, Nouveau-Mexique » – et d'autres objets qui appartenaient à sa vie personnelle. De l'extérieur parvenaient à Miller les appels stridents des oiseaux, les bruits d'ailes de la volaille, et, comme en sourdine, le ferraillement discret mais grandissant du rapide de 6 h 15 qui filait vers le Montana et, au-delà, la côte verdoyante. Et soudain, tandis que l'eau froide dégouttait du gant de toilette qu'il avait dans la main, il leva la tête : il avait entendu un bruit furtif dans la cuisine au rez-de-chaussée.

Il sécha son rasoir en toute hâte, fit passer ses bretelles, qui pendaient encore à sa taille, sur ses épaules, et tendit l'oreille. Quelqu'un marchait dans la cuisine et il savait, à la légèreté du pas, que ce n'était pas sa femme. La bouche légèrement entrouverte, il descendit l'escalier en courant et ouvrit la porte de la cuisine.

Debout devant l'évier se tenait son fils, une main posée sur le robinet qui gouttait encore, l'autre serrant un verre d'eau plein à ras bord. Les yeux du garçon étaient encore lourds de sommeil, et quand ils rencontrèrent ceux de son père, leur beauté se voila de terreur et de reproche mêlés. Il était pieds nus et son pyjama était roulé sur ses genoux et ses avant-bras.

Ils restèrent un instant immobiles tous deux, le front de Carl Miller s'inclina, celui de son fils se leva, comme s'ils cherchaient l'équilibre entre les extrêmes de l'émotion qui les avait gagnés. Puis la moustache en brosse du père, tel un signe de mauvais augure, s'abaissa jusqu'à cacher sa bouche, et il jeta un rapide coup d'œil autour de lui pour s'assurer que rien n'avait été dérangé.

La cuisine était tout entière emplie d'un soleil qui tapait sur les casseroles et donnait au bois du plancher et de la table l'éclat jaune et frais du blé. Elle constituait le cœur de la maison où le feu brûlait, où les boîtes de conserve étaient rangées dans d'autres plus grandes comme des jouets, où la vapeur sifflait toute la journée sur une fine note pastel. Rien n'avait été déplacé, rien n'avait été touché, à l'exception du robinet où des gouttes d'eau se formaient encore et tombaient dans l'évier au-dessous avec des scintillements blancs.

« Qu'est-ce que tu fais ?

— J'avais terriblement soif, alors j'ai eu l'idée de descendre et de...

— Je croyais que tu allais communier. »

L'ahurissement se peignit avec vigueur sur le visage de son fils.

« J'avais complètement oublié !

— As-tu bu de l'eau ?

— Non... »

Au moment où le mot passait ses lèvres, Rudolph sut qu'il avait donné la mauvaise réponse, mais le regard éteint et indigné qui lui faisait face avait détecté la vérité avant même que la volonté du garçon eût pu réagir. Il se rendit compte également qu'il n'aurait jamais dû descendre ; un vague souci de vraisemblance lui avait soufflé de laisser un verre humide bien en vue près de l'évier, mais l'honnêteté de son imagination l'avait trahi.

« Vide ce verre, ordonna son père. Jette l'eau ! »

Rudolph, au désespoir, retourna le verre.

« Mais dis-moi, qu'est-ce qui se passe exactement ? demanda Miller avec colère.

— Rien.

— Est-ce que tu t'es confessé hier ?

— Oui.

— Alors, pourquoi allais-tu boire de l'eau ?

— Je ne sais pas. J'avais oublié.

— Il me semble que tu t'intéresses plus à ta petite soif qu'à ta religion.

— J'avais oublié. »

Rudolph sentit les larmes lui monter aux yeux.

« Ce n'est pas une réponse.

— C'est pourtant vrai.

— Je te conseille de faire attention. » Son père poursuivait sur le même ton inquisiteur, d'une voix forte et pressante : « Si tu es étourdi au point d'oublier ta religion, alors il va falloir trouver un remède à la chose. »

Rudolph ne laissa pas durer le silence lourd qui suivit : « Mais je peux tout à fait m'en souvenir.

— Tu commences par négliger ta religion, lança son père, qui attisait le feu de sa propre fureur, puis tu te mettras à mentir et à voler, et l'étape suivante sera la maison de redressement ! »

Mais même cette menace familière ne pouvait creuser davantage l'abîme que Rudolph voyait s'ouvrir sous ses pieds. Il fallait ou bien tout dire sur-le-champ, et offrir son corps à une correction qu'il savait devoir être féroce, ou bien risquer de déclencher la foudre en recevant le Corps et le Sang du Christ avec une âme sacrilège. Des deux issues, c'était la première qu'il redoutait le plus, non pas tant à cause des coups eux-mêmes que de l'extrême brutalité qui présidait à leur administration, exutoire d'un homme impuissant.

« Repose ce verre, monte dans ta chambre et habille-toi ! lui ordonna son père. Et quand nous serons à l'église, avant d'aller à confesse, tu feras bien de te mettre à genoux et de demander à Dieu de te pardonner ta négligence. »

La solennité inopinée du tour que le père avait donné à son ordre agit comme un catalyseur sur l'esprit terrorisé et désorienté de Rudolph. Dans un orgueilleux déchaînement de colère, il projeta violemment le verre dans l'évier.

Son père émit un son rauque et rude, et bondit sur lui. Rudolph se jeta de côté, renversa une chaise et essaya de se mettre à l'abri derrière la table. Il lança un cri aigu quand une main saisit l'épaule de son pyjama, puis il sentit le choc sourd d'un poing sur sa tempe et des coups obliques qu'on lui assenait sur tout le haut du corps. Il glissait de gauche et de droite, prisonnier de l'étreinte de son père, tiré ou soulevé lorsqu'il agrippait instinctivement un bras ; malgré les douleurs cuisantes et les entorses, il ne dit pas un mot, mais partit plusieurs fois d'un rire hystérique. Et moins d'une minute plus tard, les coups, brusquement, cessèrent de pleuvoir. Après une accalmie durant laquelle Rudolph fut solidement maintenu, l'un et l'autre tremblant violemment et prononçant des mots étranges et inachevés, Carl Miller emmena son fils à l'étage, le traînant et le menaçant tout ensemble.

« Habille-toi ! »

Rudolph était maintenant au bord de la crise de nerfs, et en même temps il avait froid. Sa tête le faisait souffrir, et il avait au cou une longue écorchure superficielle faite par l'ongle de son père. Il s'habilla, secoué de frissons et de sanglots. Il sentait la présence de sa mère sur le pas de la porte, enveloppée dans une couverture, et sur son visage ridé, sous l'effet des contractions et de la concentration, d'autres rides se formaient, mouvantes, qui ondoyaient du cou au front. Il n'avait que mépris pour ses gestes nerveux et inefficaces ; s'écartant brutalement lorsqu'elle tenta de répandre de l'hamamélis sur son cou, il alla faire une toilette rapide qui faillit l'étouffer. Puis il emboîta le pas de son père qui sortait de la maison et prenait la direction de l'église.

IV

Ils marchaient sans dire un mot, sauf quand Carl Miller saluait machinalement une connaissance au passage. Seule la respiration inégale de Rudolph troublait le silence brûlant de ce dimanche.

Son père s'arrêta résolument devant la porte de l'église.

« J'ai décidé qu'il vaudrait mieux que tu retournes te confesser. Va dire au père Schwartz ce que tu as fait et demande à Dieu Son pardon.

— Toi aussi, tu t'es mis en colère ! » dit Rudolph très vite.

Carl Miller fit un pas vers son fils, qui recula prudemment.

« Très bien, j'y vais.

— Vas-tu faire ce que j'ai dit ? demanda son père dans un murmure voilé.

— Oui. »

Rudolph entra dans l'église et, pour la seconde fois en deux jours, pénétra dans le confessionnal et s'agenouilla. Le volet fut remonté presque aussitôt.

« Je m'accuse d'avoir oublié mes prières du matin.

— Est-ce tout ?

— C'est tout. »

Il fut envahi d'une exultation larmoyante. Il ne lui serait plus jamais aussi facile de cacher derrière une abstraction les nécessités de son confort et de son orgueil. Il avait franchi une frontière invisible et pris conscience de sa solitude, compris qu'elle ne s'appliquait pas seulement aux moments où il était Blatchford Sarnemington, mais à sa vie intérieure tout entière. Jusqu'alors, des phénomènes tels que des ambitions « folles », des hontes et des peurs insignifiantes relevaient d'un domaine privé, et n'étaient jamais reconnues devant le trône de son âme officielle. Mais à présent, il sentait obscurément que ce domaine privé n'était rien d'autre que lui-même, et tout le reste une façade bien décorée et un drapeau de convention. La pression de son milieu l'avait poussé sur la route secrète et solitaire de l'adolescence.

Il s'agenouilla sur le prie-Dieu à côté de son père. La messe commença. Rudolph se releva un peu – quand il était seul, il appuyait ses fesses contre le siège derrière lui – et savoura un sentiment de vengeance cinglante et subtile. Auprès de lui, son père priait Dieu de pardonner à Rudolph, et il demandait aussi que soit pardonné son propre mouvement d'humeur. Il jeta à son fils un regard de côté et fut soulagé de constater que l'expression d'égarement avait disparu de son visage, ainsi que toute trace de tension, et qu'il avait cessé de sangloter. La grâce de Dieu inhérente au sacrement ferait le reste, et peut-être tout irait-il mieux après la messe. Au fond de son cœur, il était fier de Rudolph et il commençait à regretter sincèrement, et ouvertement, sa conduite.

D'ordinaire, la quête constituait pour Rudolph un moment important de l'office. Quand il n'avait pas de monnaie à donner, ce qui était souvent le cas, il éprouvait une honte cuisante et baissait la tête, faisant semblant de ne pas voir le plateau, de peur que Jeanne Brady, qui était assise derrière lui, découvrant son manège, ne s'imagine que sa famille vivait dans une pauvreté extrême. Mais aujourd'hui, il regarda le plateau d'un œil froid quand il passa devant lui, et nota négligemment qu'on y avait déposé un grand nombre de pièces.

Pourtant, quand sonna la clochette qui appelait à la communion, il eut un tremblement. Il y avait toutes les raisons du monde pour que Dieu interrompît les battements de son cœur. Durant les douze dernières heures, il avait commis une série de péchés mortels tous plus graves les uns que les autres, et il allait la couronner avec un sacrilège blasphématoire.

« *Domini, non sum dignus, ut intres sub tectum meum ; sed tantum dic verbo, et sanabitur anima mea...* »

On entendit des frôlements d'étoffe parmi les rangées de prie-Dieu et les communiants s'avancèrent par les bas-côtés, les yeux baissés et les mains jointes. Les mains des plus dévots, réunies à l'extrémité des doigts, dessinaient un clocher. Car Miller était de ceux-là. Rudolph le suivit jusqu'à la table de communion et s'agenouilla, attrapant machinalement la nappe sous son menton. La clochette tinta avec vigueur et le prêtre, devant l'autel, se tourna vers les fidèles, tenant l'hostie blanche au-dessus du calice :

« *Corpus Domini nostri Jesu Christi custodiat animam meam in vitam aeternam.* »

Une sueur froide trempa le front de Rudolph dès que la communion commença. Le père Schwartz progressait tout au long de la file des communiants, et, gagné par la nausée, Rudolph sentit les pulsations de son cœur faiblir sous la volonté de Dieu. Il lui semblait que l'église était assombrie et qu'un grand calme s'était fait, rompu seulement par le marmottement confus qui annonçait l'approche du Créateur du Ciel et de la Terre. Il rentra la tête dans les épaules et attendit le coup.

Il sentit alors un coude s'enfoncer brutalement dans son côté : son père lui rappelait de se redresser et de ne pas s'appuyer à la balustre de la table de l'autel. Deux personnes seulement le séparaient du prêtre.

« *Corpus Domini nostri Jesu Christi custodiat animam tuam in vitam aeternam.* »

Rudolph ouvrit la bouche. Il éprouva sur sa langue la sensation poisseuse et le goût de cire de l'hostie. Il demeura immobile pendant une période qui lui parut interminable, la tête toujours tendue en avant, l'hostie toujours intacte dans sa bouche. Puis, une nouvelle fois, la pression du coude de son père le fit sursauter, et il vit que les communiants se détachaient de la table de communion comme des feuilles mortes et repartaient vers leur place, les yeux baissés, sans rien voir, seuls avec Dieu.

Rudolph était seul avec lui-même, trempé de sueur, enlisé dans son péché mortel. Quand il regagna son siège, ses pieds fourchus frappaient le sol à grand bruit, et il savait qu'il emportait dans son cœur un noir poison.

V

Sagitta volante in Die.

Le si beau petit garçon aux yeux pareils à des gemmes bleues, aux cils arqués comme des pétales de fleur, avait fini de faire le récit de ses péchés au père Schwartz, et le carré de lumière dans lequel il était assis depuis une demi-heure s'était déplacé plus loin dans la pièce. Rudolph avait moins peur à présent ; une fois libéré de son histoire, une réaction s'était produite. Il savait que tant qu'il resterait dans la pièce avec ce prêtre, Dieu n'arrêterait pas son cœur de battre et il attendait, calmement assis, que le prêtre s'exprime.

Les yeux froids et humides du père Schwartz étaient

fixés sur les motifs du tapis dont le soleil faisait ressortir les svastikas, les plantes grimpantes sans fleurs ni relief et de fades évocations florales. L'horloge de l'entrée allait mécaniquement son chemin vers le crépuscule ; il se dégageait de la pièce sans charme et de la fin du jour derrière la fenêtre une impression de monotonie compassée, brisée de temps à autre par des coups de marteau qui leur parvenaient dans l'air sec comme des claquements. Les nerfs du prêtre étaient tendus à craquer et les grains de son chapelet se tortillaient comme des serpents sur le feutre vert de sa table de travail. Il était incapable de se souvenir des paroles à prononcer dans pareil cas.

De toutes les choses qui composaient cette ville perdue, peuplée d'immigrés suédois, aucune n'avait pour lui plus de réalité que les yeux du petit garçon, ces beaux yeux dont les cils abandonnaient les pupilles à regret et se recourbaient comme pour les retrouver une fois encore.

Le silence se prolongea un instant et Rudolph attendait ; le prêtre s'évertuait à se rappeler une formule qui lui échappait et s'éloignait toujours plus, et l'horloge continuait sa course mécanique dans la maison délabrée. Le père Schwartz posa alors longuement les yeux sur le petit garçon et fit observer, d'une voix étrange :

« Quand une foule de gens se rassemble dans les plus beaux endroits, tout se met à briller. »

Rudolph sursauta et tourna aussitôt son regard vers le visage du père Schwartz.

« Je disais... », commença le prêtre ; puis il s'arrêta, l'oreille aux aguets. « Est-ce que tu entends le marteau, le tic-tac de l'horloge, les abeilles ? Eh bien, tout cela n'a aucun sens. Ce qu'il faut, c'est rassembler beaucoup de gens au centre du monde, où que se trouve ce centre.

Alors... (ses yeux humides s'agrandirent comme ceux d'un sage)... alors, tout se met à briller.

— Oui, mon père, acquiesça Rudolph, quelque peu effrayé.

— Que feras-tu quand tu seras grand ?

— Eh bien, à une époque, je voulais être joueur de base-ball, répondit Rudolph, mal à l'aise, mais ça ne me semble pas être une véritable ambition, et je crois que je serai plutôt comédien ou officier de marine. »

Le prêtre le regarda de nouveau droit dans les yeux.

« Je crois que je vois très précisément ce que tu veux dire », dit-il d'un air farouche.

Rudolph ne voulait rien dire de particulier, et l'idée qu'il eût une arrière-pensée accrut son malaise.

« Cet homme est fou, songea-t-il, et j'ai terriblement peur de lui. Il voudrait que je l'aide à se tirer d'affaire, mais je n'en ai pas la moindre intention. »

« À te voir, on dirait que tout va se mettre à briller, s'écria le père Schwartz plus bizarrement que jamais. Es-tu jamais allé à une fête ?

— Oui, mon père.

— As-tu remarqué que tout le monde est joliment habillé ? C'est exactement ce que je veux dire. Quand tu es entré dans la salle, il y a eu un moment où tout le monde était joliment habillé. Il y avait peut-être deux petites filles près de la porte, et des garçons penchés à la rampe de l'escalier, et il y avait partout de grands vases de fleurs.

— J'ai été à des quantités de fêtes de ce genre », dit Rudolph, quelque peu soulagé que la conversation eût pris ce tour.

« Bien sûr, continua le père Schwartz d'une voix triomphale. Je savais que tu serais de mon avis. Mais ma théorie est que, lorsque beaucoup de gens se rassemblent dans les plus beaux endroits, les choses se mettent à briller tout le temps. »

Rudolph s'aperçut qu'il pensait à Blatchford Sarnemington.

« Écoute-moi, s'il te plaît ! ordonna le prêtre avec impatience. Cesse de t'inquiéter de ce qui s'est passé samedi dernier. L'apostasie n'entraîne une damnation absolue que dans le seul cas d'une foi antérieure parfaite. Est-ce que cela règle le problème ? »

Rudolph n'avait pas la moindre idée de ce dont le prêtre parlait, mais il acquiesça de la tête ; le prêtre lui rendit son signe de tête et revint au mystérieux objet de sa préoccupation.

« Tiens, lança-t-il, on fait aujourd'hui des lumières aussi grosses que des étoiles, tu te rends compte ? J'ai entendu parler d'une lumière à Paris, ou ailleurs, je ne sais plus, qui est aussi grosse qu'une étoile. Et des quantités de gens en ont une, des gens qui vivent joyeusement. Ils possèdent toutes sortes de choses que tu n'as sûrement jamais imaginées.

« Écoute... » Il fit un pas vers Rudolph, mais le garçon recula, de sorte que le père Schwartz retourna s'asseoir sur le siège de son bureau, les yeux secs et brûlants.

« As-tu jamais vu un parc d'attractions ?

— Non, mon père.

— Eh bien, va donc en voir un. » Le prêtre eut un geste vague de la main. « C'est quelque chose comme une fête foraine, mais ça brille davantage. Vas-y un soir et tiens-toi un peu à distance, dans un endroit sombre, sous des arbres. Tu verras une grande roue faite de lumières qui tourne en l'air et un long toboggan qui envoie des bateaux dans l'eau. Un orchestre qui joue quelque part sur une estrade et une odeur de cacahuètes, et tout scintillera. Mais ça ne te rappellera rien de connu, vois-tu. Tout ça restera suspendu dans la nuit, comme un ballon de couleur, comme une grosse lanterne jaune au bout d'une perche. »

Le père Schwartz fronça les sourcils, comme s'il venait soudain de penser à quelque chose. Il conclut sur une mise en garde.

« Mais ne t'approche pas trop près, dit-il. Parce que, alors, tu ne sentiras que la chaleur, la sueur et la vie. »

Ce discours paraissait très étrange et inquiétant à Rudolph parce que l'homme était un prêtre. Il restait assis sans bouger, à demi terrifié ; ses beaux grands yeux ouverts ne quittaient pas le père Schwartz. Mais sous sa peur, il sentait que ses convictions intimes à lui se trouvaient confirmées. Il y avait quelque part une splendeur indicible qui n'avait rien à voir avec Dieu. Il ne pensait plus que Dieu était en colère contre lui à cause du premier mensonge, parce qu'Il devait avoir compris que Rudolph n'avait commis ce péché que pour rendre les choses plus belles dans le confessionnal, illuminer la laideur de ses aveux par des paroles radieuses et fières. Au moment où il avait proclamé que son honneur était sans tache, un étendard d'argent avait claqué au vent, quelque part, et il y avait eu un craquement de bottes de cuir, l'éclat d'éperons d'argent et une troupe de cavaliers qui attendaient le lever du jour sur une éminence verte. Le soleil avait semé leurs cuirasses d'étoiles de lumière, comme, chez lui, sur la gravure qui montrait les cuirassiers allemands à Sedan.

Mais le prêtre à présent bredouillait des mots tristes comme des sanglots, et le garçon en fut épouvanté. L'horreur pénétra brusquement par la fenêtre ouverte, et l'atmosphère de la pièce changea. Le père Schwartz s'écroula tout à coup sur ses genoux et laissa son corps se caler contre une chaise.

« Oh mon Dieu ! » s'exclama-t-il d'une voix étrange, et son corps ratatiné glissa sur le sol.

Il se dégageait des vêtements élimés du prêtre le sentiment d'un accablement de l'âme, qui se mêlait à une légère odeur de vieille nourriture dans les coins de la pièce. Rudolph poussa un cri aigu et, pris de panique, s'enfuit de la maison, tandis que le prêtre étendu sur le sol, immobile, emplissait l'espace, l'emplissait de voix et de visages, et ce ne furent plus bientôt que répétitions automatiques de mots en écho, dominées par le timbre fixe d'un rire suraigu.

Dehors, le sirocco bleu tremblait sur les blés, et des filles aux cheveux blonds marchaient d'une allure sensuelle sur les routes qui bordaient les champs, et criaient des choses innocentes et provocantes aux jeunes gens qui travaillaient entre les rangées d'épis. Le galbe des jambes se devinait sous la souple toile de vichy et le col des robes était chaud et humide. Durant cinq heures de cet après-midi-là, la vie fertile et palpitante n'avait cessé de brûler. Dans trois heures, il ferait nuit, et partout sur cette terre de prairies, on verrait ces filles du Nord aux cheveux blonds et ces jeunes gens de haute taille, tous venus des fermes alentour, allongés dans les champs de blé sous la lune.

RAGS MARTIN-JONES ET LE PR-NCE DE G-LLES

I

Un matin d'avril, le *Majestic* entra avec grâce dans le port de New York. Il renifla les remorqueurs et les bacs à l'allure de tortue, adressa un clin d'œil à un jeune yacht au luxe tapageur et, d'un coup de sirène hargneux, commanda à un transport de bétail de s'écarter de son chemin. Puis il gagna son mouillage au quai qui lui était réservé, avec tout le chichi d'une grosse dame qui s'installe dans son siège, et fit complaisamment savoir qu'il venait de Cherbourg et de Southampton avec, en guise de cargaison, les plus prestigieuses personnalités du moment.

Les plus prestigieuses personnalités du moment se tenaient sur le pont et faisaient de grands signes absurdes de la main aux parents pauvres qui attendaient sur le quai leurs paires de gants de Paris. Peu après, un imposant toboggan reliait le *Majestic* au continent nord-américain, et le paquebot commença à dégorger ces prestigieuses personnalités du moment, qui se révélèrent être Gloria Swanson, deux acheteurs de Lord & Taylor, le ministre des Finances de Graustark, qui arrivait avec un projet pour consolider la dette, et un roi africain qui avait passé l'hiver à essayer de débarquer quelque part et souffrait d'un épouvantable mal de mer.

Les photographes travaillaient d'arrache-pied tandis que le flot des passagers s'écoulait sur le quai. Il y eut un tonnerre d'applaudissements quand apparurent, allongés sur des civières, deux hommes originaires du Middle West qui s'étaient soûlés à mort pendant la dernière nuit de la traversée.

Le pont se vida peu à peu, mais lorsque la dernière bouteille de bénédictine fut parvenue à terre, les photographes restèrent à leur poste. Quant à l'officier responsable du débarquement, il demeura planté au pied de la passerelle et regardait alternativement sa montre et le pont, comme si une partie précieuse de la cargaison se trouvait encore à bord. Un long *Ah-h-h !* de plaisir monta enfin de la foule qui guettait, groupée sur le débarcadère, quand un dernier cortège commença à se déverser du pont B.

Venaient d'abord deux femmes de chambre françaises, les bras chargés de petits chiens de couleur violette, que suivait une escouade de porteurs, aveugles et invisibles derrière d'innombrables gerbes et bouquets de fleurs fraîches. Une autre domestique, derrière eux, conduisait un petit orphelin aux yeux tristes qui avait tout l'air d'être français. Lui-même était talonné par l'officier en second qui traînait, contre son gré et le leur, trois chiens-loups neurasthéniques.

Un temps mort. Puis le capitaine, Sir Howard George Witchcraft, parut au bastingage avec, à ses côtés, quelque chose qui ressemblait à un amoncellement de peaux de renard argenté.

Après cinq années passées dans les capitales européennes, Rags Martin-Jones revenait sur sa terre natale !

Rags Martin-Jones n'était pas un chien. Elle tenait pour une moitié de la jeune fille et pour l'autre de la fleur, et quand elle serra la main du capitaine Sir Howard George Witchcraft, elle sourit comme si l'on venait de lui raconter la toute dernière et la plus délicieuse plaisanterie du monde. Tous ceux qui n'avaient pas encore quitté le débarcadère sentirent, au moment où elle sourit, un frémissement dans l'air d'avril, et ils se retournèrent pour regarder.

Elle descendit la passerelle avec lenteur. Son chapeau, une construction expérimentale coûteuse et parfaitement incompréhensible, était écrasé sous son bras, de sorte que ses cheveux de garçon ou de bagnard coupés ras tentaient sans aucun succès d'ondoyer sous la brise du port. Son visage évoquait un jour de noces à 7 heures du matin, hormis là où elle avait glissé un invraisemblable monocle sur un œil d'enfant clair et bleu. À chaque pas, ses longs cils délogeaient le monocle, ce qui la faisait rire d'un rire las et heureux ; puis elle replaçait le lorgnon arrogant sur l'autre œil.

Tap ! Ses cinquante kilos touchèrent le bord du quai, et celui-ci parut osciller et ployer sous le choc d'une telle beauté. Quelques porteurs s'évanouirent. Un gros requin sentimental, qui avait suivi le paquebot pendant la traversée, fit un bond désespéré pour l'apercevoir une dernière fois, puis replongea, le cœur brisé, dans les profondeurs de l'onde. Rags Martin-Jones rentrait chez elle.

Aucun membre de sa famille n'était venu l'accueillir, pour la simple raison qu'elle était le seul membre de sa famille encore en vie. En 1912, ses parents étaient morts dans le naufrage du *Titanic*, préférant périr ensemble plutôt que d'être séparés en ce bas monde, de sorte que le jour de son dixième anniversaire, une toute petite fille avait hérité de la fortune des Martin-Jones, soit soixante-cinq millions de dollars. C'était ce que le consommateur appelle toujours « un vrai scandale ».

À présent, on photographiait Rags Martin-Jones (tout le monde avait oublié son vrai nom depuis longtemps) sous tous les angles. Comme le monocle n'arrêtait pas de tomber et qu'elle-même ne cessait de rire, de bâiller et de remettre la rondelle de verre en place, il ne fut pas possible d'obtenir d'elle une image parfaitement nette, excepté à la caméra. Cependant, sur tous les clichés figurait un beau jeune homme en émoi, dans les pupilles duquel brûlait la flamme d'un amour quasi fanatique, qui l'attendait sur le quai. Il s'appelait John M. Chestnut ; il avait déjà publié l'histoire de sa réussite dans l'*American Magazine*, et il était désespérément amoureux de Rags depuis l'époque où celle-ci, à l'instar des marées, subissait l'influence de la lune d'été.

Lorsque Rags prit vraiment conscience qu'il était là, tous deux marchaient sur la jetée et elle le regardait d'un œil vide d'expression, comme si elle ne l'avait jamais vu de sa vie.

« Rags, commença-t-il, Rags…

— John M. Chestnut ? demanda-t-elle, l'examinant avec un vif intérêt.

— Bien sûr, lança-t-il avec colère. Allez-vous prétendre que vous ne me connaissez pas ? Que vous ne m'avez pas écrit pour me demander de venir vous attendre ici ? »

Elle éclata de rire. Un chauffeur surgit derrière elle. D'un mouvement souple, elle se glissa hors de son manteau, révélant une robe faite de grands carrés de tissu tape-àl'œil bleu marine et gris. Elle se secoua comme un oiseau mouillé.

« J'ai des quantités de machins à déclarer, annonça-t-elle d'un air distrait.

— Moi aussi, fit Chestnut, inquiet, et la première, Rags, c'est que je n'ai pas cessé de vous aimer un seul instant depuis que vous êtes partie. »

Elle l'arrêta avec un gémissement.

« Je vous en prie ! Il y avait quelques jeunes Américains à bord. Le sujet m'est devenu assommant.

— Seigneur ! s'écria Chestnut. Voulez-vous dire que vous ne faites pas de différence entre l'amour que je vous porte, moi, et tout ce qu'on a pu vous raconter sur un bateau ? »

Il avait élevé la voix, et plusieurs personnes à proximité se retournèrent pour écouter.

« Chut ! menaça-t-elle. Nous ne sommes pas au cirque. Si vous tenez absolument à ce que je vous voie pendant mon séjour ici, il faudra faire preuve de plus de calme. »

Mais John M. Chestnut ne semblait plus maître de son élocution.

« Voulez-vous dire – sa voix atteignit, en tremblant, un degré d'extrême exaltation – que vous avez oublié ce que vous m'avez dit sur ce même quai il y a eu cinq ans jeudi dernier ? »

La moitié des passagers qui avaient débarqué observaient maintenant la scène, et un autre groupe, peu nombreux, se répandit hors du bureau de la douane pour regarder.

« John… (le déplaisir de Rags allait croissant)… si vous élevez le ton encore une fois, je ferai ce qu'il faut pour que vous ayez toutes les raisons de vous calmer. Je descends au Ritz ; passez me voir cet après-midi.

— Mais… Rags ! protesta-t-il d'une voix rauque. Écoutez-moi. Il y a cinq ans… »

Les badauds rassemblés sur la jetée eurent alors droit à un singulier spectacle. Une très belle femme en robe à carreaux bleu marine et gris s'avança vivement vers le jeune homme excité qui était avec elle, ce qui amena ses mains au contact dudit jeune homme, lequel, reculant instinctivement, lança un pied en arrière, mais, ne rencontrant que du vide, tomba très doucement du haut des neuf mètres de la jetée, et, après une révolution qui n'était pas dépourvue de grâce, s'enfonça avec un *plouf !* dans les eaux de l'Hudson.

Une clameur d'inquiétude s'éleva et l'on se précipita au bord du quai au moment précis où la tête du jeune homme réapparaissait à la surface. Il nageait avec aisance ; ce que voyant, la jeune femme qui semblait avoir provoqué l'accident se pencha sur l'eau et mit ses mains en porte-voix.

« J'y serai à 4 heures et demie », cria-t-elle.

Et elle lui adressa un joyeux signe d'au revoir que le monsieur immergé ne fut pas en mesure de rendre, puis elle ajusta son monocle, posa un regard hautain sur la foule et quitta la scène d'un pas nonchalant.

II

Les cinq chiens, les trois femmes de chambre et l'orphelin français s'installèrent dans la plus vaste suite du Ritz, et Rags se plongea paresseusement dans un bain fumant parfumé aux herbes, où elle somnola pendant près d'une heure. Après quoi elle reçut quelques visites professionnelles : une masseuse, une manucure, et enfin un coiffeur parisien qui rafraîchit sa coupe de bagnard. Quand John M. Chestnut arriva à 4 heures, il trouva une demi-douzaine d'avocats et de banquiers, les administrateurs de la fortune des Martin-Jones, qui attendaient dans le couloir. Ils étaient là depuis 1 heure et demie de l'après-midi, en proie à une agitation à présent considérable.

Après que l'une des femmes de chambre l'eut soumis à une inspection minutieuse, peut-être pour s'assurer qu'il n'était pas ivre, John fut conduit sans délai auprès de *Mademoiselle**. *Mademoiselle** était dans sa chambre, allongée sur la *chaise longue**, au milieu de deux douzaines de coussins en soie, qui lui tenaient compagnie depuis qu'elle avait quitté l'Europe. John entra dans la pièce d'un pas assez raide et s'inclina cérémonieusement.

« Vous avez meilleure mine », dit-elle en se soulevant de ses coussins et en le regardant d'un œil appréciateur. « L'eau vous a donné des couleurs. »

Il la remercia sèchement du compliment.

« Vous devriez piquer une tête tous les matins. » Puis elle ajouta, passant brusquement d'un sujet à l'autre. « Je repars à Paris demain. »

John Chestnut demeura interdit.

« De toute façon, je vous avais écrit que je ne comptais pas rester ici plus d'une semaine.

— Mais Rags...

— Pourquoi rester ? Il n'y a pas un seul homme amusant à New York.

— Écoutez-moi, Rags. Pourquoi ne voulez-vous pas me donner une chance ? Pourquoi ne pas rester... disons, dix jours, pour essayer de me connaître un peu ?

— Vous connaître ! » Le ton laissait entendre qu'elle

lisait en lui comme dans un livre ouvert, trop bien ouvert. « J'ai besoin d'un homme qui sache ce qu'est un geste galant.

— Dois-je entendre que vous souhaitez que je m'exprime exclusivement comme dans une pantomime ? »

Rags eut un soupir d'écœurement.

« Je veux dire que vous n'avez aucune imagination, expliqua-t-elle patiemment. D'ailleurs, aucun Américain n'a d'imagination. Paris est la seule grande ville au monde où une femme civilisée peut respirer.

— Vous suis-je donc devenu totalement indifférent ?

— Si c'était le cas, je n'aurais pas traversé l'Atlantique pour vous voir. Mais dès que j'ai commencé à frayer avec les Américains à bord, j'ai su que je ne pourrais jamais en épouser un. Je vous détesterais vite, John, et mon unique plaisir serait de vous briser le cœur. »

Elle se mit à se tortiller parmi ses coussins, au point de disparaître presque complètement dans leur masse.

« J'ai perdu mon monocle », expliqua-t-elle.

Après avoir vainement cherché dans les profondeurs de cet océan de soie, elle s'aperçut que l'objet éternellement fuyant pendait dans son dos.

« J'aimerais tant aimer », poursuivit-elle en replaçant son monocle sur son œil d'enfant. « Le printemps dernier à Sorrente, j'ai failli me laisser enlever par un rajah, mais il avait la peau un tout petit peu trop foncée, et l'une de ses autres femmes m'inspirait la plus cordiale antipathie.

— Ne me débitez pas ces sornettes ! s'écria John en enfouissant sa tête dans ses mains.

— Mais enfin, je ne l'ai pas épousé ! protesta-t-elle. Pourtant, il avait beaucoup à offrir en un sens. C'était la troisième fortune de l'Empire britannique. D'ailleurs, à ce propos : êtes-vous riche ?

— Pas aussi riche que vous.

— Nous y voilà. Qu'avez-vous à m'offrir ?

— L'amour.

— L'amour ! » Elle disparut à nouveau dans ses coussins. « Écoutez, John. La vie, pour moi, est une succession de bazars illuminés. Devant chacun d'eux se tient un marchand qui se frotte les mains et lance aux passants : "Donnez-moi votre clientèle. Vous êtes dans le meilleur bazar du monde." J'entre alors avec mon porte-monnaie plein de beauté, d'argent, de jeunesse, toute prête à acheter. Je lui demande : "Qu'avez-vous à vendre ?" Il me dit, en se frottant les mains : "Eh bien, *Mademoiselle**, aujourd'hui nous avons un amour absolument mer-veil-leux." Il lui arrive de ne pas avoir ce produit en magasin, mais il en envoie chercher quand il se rend compte que j'ai beaucoup d'argent à dépenser. Oh, il me donne toujours de l'amour avant que je parte, et pour rien. C'est ma seule revanche. »

John Chestnut, au désespoir, se leva et fit un pas en direction de la fenêtre.

« Ne vous jetez pas dans la rue, s'écria aussitôt Rags.

— Entendu. » Il lâcha sa cigarette dans Madison Avenue.

« Il ne s'agit pas que de vous, dit-elle d'un ton radouci. Si ennuyeux et peu inspiré que vous soyez, vous comptez pour moi plus que je ne saurais dire. Mais la vie est interminable ici. Rien n'aboutit jamais.

— Des quantités de choses aboutissent, protesta-t-il. Rien qu'aujourd'hui, nous avons eu un meurtre intellectuel à Hoboken et un suicide par procuration dans le Maine. Un projet de loi relatif à la stérilisation des agnostiques va être débattu au Sénat…

— L'humour ne m'intéresse pas, lui opposa-t-elle, mais j'ai une inclination presque archaïque pour le romanesque.

Par exemple, voyez-vous, j'ai participé le mois dernier à un dîner au cours duquel deux hommes ont joué à pile ou face le royaume de Schwartzberg-Rhineminster. À Paris, j'ai connu un homme du nom de Blutchdak qui a été le véritable instigateur de la guerre et qui en prépare une autre pour dans deux ans.

— Alors, pour vous reposer un peu, sortez donc avec moi ce soir, dit-il, plus obstiné que jamais.

— Où ça ? demanda Rags dédaigneusement. Croyez-vous que j'éprouve encore le moindre frisson dans un night-club, installée devant une bouteille de *mousseux** sirupeux ? Je préfère mes rêves clinquants à moi.

— Je vais vous emmener dans l'endroit le plus débridé de la ville.

— Que se passera-t-il ? Vous devez absolument me dire ce qui se passera. »

John Chestnut prit alors une longue inspiration et regarda précautionneusement autour de lui, comme s'il avait peur d'être entendu.

« Eh bien... à vrai dire, reprit-il d'une voix basse et inquiète, si tout se savait, il se pourrait bien qu'il m'arrive, à moi, quelque chose d'assez horrible. »

Elle se redressa et les coussins s'éboulèrent autour d'elle comme une cascade de feuilles.

« Voulez-vous insinuer qu'il y a quelque chose de louche dans votre vie ? » s'écria-t-elle, d'une voix où s'entendait un rire étouffé. « Croyez-vous vraiment que je vais croire cela ? Non, John, vous n'aurez jamais d'autre plaisir que d'avancer laborieusement sur des sentiers battus, oui, laborieusement. »

Sa bouche, petite rose insolente, laissait tomber ces mots comme des épines. John prit son chapeau et son manteau sur la chaise, et attrapa sa canne.

« Pour la dernière fois, m'accompagnerez-vous ce soir pour voir ce que vous verrez ?

— Voir quoi ? Voir qui ? Y a-t-il quoi que ce soit dans ce pays qui mérite d'être vu ?

— Eh bien, par exemple, dit-il d'un ton parfaitement terre à terre, vous verrez le prince de Galles.

— Quoi ? » D'un bond, elle quitta sa *chaise longue**. « Est-ce qu'il est de retour à New York ?

— Il y sera ce soir. Aimeriez-vous le voir ?

— Quelle question ! Je ne l'ai jamais vu. Je l'ai manqué partout. Je donnerais une année de ma vie pour le voir pendant une heure. » Sa voix tremblait d'excitation.

« Il était au Canada. Il est venu ici incognito pour le grand combat de cet après-midi. Et il se trouve que je sais où il sera ce soir. »

Rags, au comble du ravissement, poussa un cri perçant.

« Dominic ! Louise ! Germaine ! »

Les trois femmes de chambre accoururent. La pièce s'emplit soudain des vibrations d'une lumière affolée, effarée.

« Dominic, la voiture ! lança Rags en français. St. Raphael, ma robe en lamé et les escarpins aux talons en or véritable. Les grosses perles, aussi, toutes les perles, et le diamant-poire et les bas à baguettes de saphir. Germaine, faites venir un institut de beauté sur-le-champ. Mon bain encore… glacé, à moitié rempli de lait d'amandes. Dominic, filez chez Tiffany avant qu'ils ne ferment. Trouvez-moi une broche, un pendentif, une tiare, ce que vous voudrez – mais qui porte les armes des Windsor. »

Elle tripotait les boutons de sa robe et, alors que John se détournait hâtivement et s'apprêtait à partir, le vêtement glissait déjà de ses épaules.

« Des orchidées ! lui cria-t-elle, des orchidées pour

l'amour du Ciel ! Quatre douzaines, pour que je puisse en choisir quatre. »

Les domestiques se mirent alors à voleter de-ci de-là dans la chambre, comme des oiseaux affolés. « Du parfum, St. Raphael, ouvre la malle aux parfums, et ma zibeline rose, et mes jarretières de diamants et l'huile douce pour mes mains ! Tiens, prends tout cela ! ceci aussi… et ceci… aïe ! … et ceci ! »

Avec toute la discrétion désirable, John Chestnut referma la porte extérieure. Les six administrateurs, dans les postures de la fatigue, de l'ennui, de la résignation et du désespoir, attendaient toujours en délégation dans le couloir.

« Messieurs, annonça John Chestnut, je crains que Miss Martin-Jones ne soit bien trop fatiguée par son voyage transatlantique pour vous recevoir cet après-midi. »

III

« Cet endroit s'appelle, sans raison particulière, "Le trou dans le ciel". »

Rags regarda autour d'elle. Ils se trouvaient dans un jardin en terrasse largement ouvert à la nuit d'avril. Au-dessus d'eux, les vraies étoiles avaient des scintillements froids, et un fin croissant de lune glacée brillait à l'ouest, dans les ténèbres. Mais là où ils étaient, il faisait doux comme en juin, et les couples qui dînaient ou dansaient sur le sol de verre dépoli n'avaient aucun souci du ciel menaçant.

« Comment peut-il faire si doux ? » murmura-t-elle tandis qu'ils se dirigeaient vers une table.

« C'est une invention récente qui empêche l'air chaud de s'élever. Je ne connais pas le principe de la chose, mais je sais que cela peut rester ainsi, comme à ciel ouvert, même au plus fort de l'hiver...

— Où est le prince de Galles ? » demanda-t-elle d'une voix anxieuse.

John regarda autour d'eux.

« Il n'est pas encore arrivé. Il ne sera pas là avant une demi-heure. »

Elle poussa un profond soupir.

« C'est la première fois depuis quatre ans que je me sens aussi excitée. »

Quatre ans... Lui, il l'aimait depuis cinq ans, une année de plus. Il se demandait si, quand elle avait seize ans, cette belle et farouche enfant, dont les nuits se passaient dans les restaurants en compagnie d'officiers qui appareillaient le lendemain pour Brest, et sous les yeux de qui le charme de l'existence se dissipa prématurément dans la suite poignante des jours de guerre sans âge – il se demandait si elle avait jamais été aussi belle que sous ces lumières ambrées et ce ciel sombre. De ses yeux vifs aux talons fins de ses escarpins rayés d'or et d'argent véritables, elle ressemblait à ces étonnants bateaux construits dans une bouteille. Le finissage de sa personne témoignait d'une même délicatesse, d'un même soin, comme si un fabricant d'objets fragiles avait passé sa longue existence à la façonner de la sorte. John Chestnut avait envie de la prendre dans ses mains, de la tourner dans tous les sens, d'examiner la pointe d'un escarpin ou le lobe d'une oreille, d'observer la matière féerique dont ses cils étaient faits.

« Là-bas, qui est cet homme ? » Elle montra tout à coup un bel homme de type latin, assis à une table à l'autre bout de la terrasse.

« C'est Roderigo Minerlino, vedette de cinéma et de la crème à raser. Il dansera peut-être dans un petit moment. »

C'est alors seulement que Rags remarqua la musique, des violons et une batterie, mais elle semblait venir de très loin dans la nuit cristalline et se répandre sur la piste avec le surcroît d'étrangeté d'un rêve.

« L'orchestre est installé sur un autre toit, expliqua John. C'est une idée originale… Regardez, le spectacle commence. »

Une fille noire, mince comme un roseau, émergea soudain d'une entrée dissimulée et s'avança dans un disque de lumière crue, barbare ; la musique, comme saisie d'étonnement, versa aussitôt dans un mode mineur tourmenté, et la jeune femme commença à chanter une mélodie fortement rythmée, tragique. La tige de son corps plia brusquement, et elle se mit à marcher avec lenteur, interminablement, d'un pas qui ne connaissait ni progrès ni espoir, semblable au fiasco d'un rêve brutal et inabouti. Elle avait perdu Papa Jack, gémissait-elle encore et encore avec une monotonie hystérique, tout à la fois désespérante et irréductible. Un à un, les cuivres bruyants essayaient de l'arracher au battement sourd de la folie, mais elle n'écoutait que le murmure de la batterie qui l'isolait en un lieu perdu dans l'océan du temps, parmi des milliers d'années oubliées. Après le retrait du piccolo, elle redevint une mince ligne brune, lança une plainte aiguë, une seule, d'une intensité terrible, et disparut dans les ténèbres.

« Si vous viviez à New York, il ne serait pas nécessaire de vous dire qui est cette chanteuse », dit John quand les lumières ambrées brillèrent à nouveau. « Le type suivant est Sheik B. Smith, un fantaisiste du genre niais et bavard... »

Il s'interrompit. Au moment où l'on baissait les lumières pour le second numéro, Rags avait poussé un long soupir et s'était penchée fébrilement en avant sur sa chaise. Elle avait les yeux fixes d'un chien d'arrêt, et John vit qu'ils s'étaient posés sur un groupe entré par le côté et qui s'installait autour d'une table dans la pénombre.

La table était protégée des regards par un palmier, et Rags n'aperçut d'abord que trois formes floues. Puis elle distingua une quatrième silhouette, qui semblait se tenir très en retrait derrière les trois autres... le pâle ovale d'un visage couronné de la faible lueur de cheveux blond foncé.

« Bonsoir ! s'exclama John. Voici Sa Majesté. »

Rags eut l'impression que son souffle s'éteignait dans sa gorge comme un murmure. Elle avait une conscience vague de la présence du fantaisiste dans un halo de lumière blanche sur la piste de danse, elle sentait bien qu'il parlait depuis quelques instants, et que des éclats de rire n'arrêtaient pas de faire frémir l'air comme des rides froissent la surface de l'eau. Mais ses yeux demeuraient immobiles, captifs d'un sortilège. Elle vit un membre du groupe se pencher et murmurer à l'oreille d'un autre, et, après la flamme ténue d'une allumette, le bout d'une cigarette rougeoya au fond de la scène. Combien de temps s'écoula-t-il avant qu'elle ne bougeât ? Elle n'aurait su le dire. Il lui sembla ensuite qu'on faisait violence à ses yeux, il y avait quelque chose de blanc, terriblement urgent. Elle se tordit sur son siège, puis se retrouva au centre d'un disque lumineux que dessinait un petit projecteur au-dessus de sa tête. Elle entendit que des mots lui étaient adressés de quelque part et qu'une traînée de rires se propageait rapidement sur toute l'étendue de la terrasse, mais comme la lumière l'aveuglait, instinctivement elle se leva à demi comme pour partir.

« Restez à votre place ! murmura John de l'autre côté de la table. Chaque soir, il choisit un spectateur de cette manière. »

À cet instant, elle comprit : c'était le fantaisiste, Sheik B. Smith. Il lui parlait, discutait avec elle, et ce qu'il disait paraissait prodigieusement drôle à tous, mais ne lui parvenait que sous la forme d'un fouillis sonore. Elle avait spontanément composé son visage au premier choc de la lumière, et elle souriait à présent. Sa réaction témoignait d'une admirable maîtrise de soi. Elle avait mis dans ce sourire quelque chose d'immensément impersonnel, comme si elle était inconsciente des feux du projecteur, de cette tentative pour se jouer de la beauté d'une jolie femme, comme si elle s'amusait de cet homme dont les flèches étaient envoyées de si loin qu'il aurait pu tout aussi bien prendre la lune pour cible. Elle avait cessé d'être une « dame » : une dame se serait comportée avec dureté, ou de manière pitoyable ou ridicule. Rags ramenait son attitude à la pure conscience de sa beauté, une beauté inaccessible, et elle demeurait là, éblouissante, tant et si bien que le fantaisiste commença à se sentir plus seul que jamais auparavant. Sur un signal qu'il fit, le projecteur s'éteignit soudain. Le moment était passé.

Le moment était passé, le fantaisiste quitta la piste et la musique lointaine reprit. John se pencha vers elle.

« Je suis désolé. Il n'y avait réellement rien à faire. Vous avez été merveilleuse. »

Elle écarta l'incident d'un rire indifférent, puis sursauta : il n'y avait plus que deux hommes assis à la table à l'autre bout de la terrasse.

« Il est parti ! » s'écria-t-elle, soudain en grand désarroi.

« Ne vous inquiétez pas, il va revenir. Il se doit d'être terriblement prudent, voyez-vous ; c'est pourquoi il est sans doute en train d'attendre au-dehors avec l'un de ses compagnons que l'on éteigne à nouveau les lumières.

— Pourquoi doit-il être prudent ?

— Parce qu'il n'est pas censé se trouver à New York. Il s'est même affublé de l'un de ses noms de rechange. »

La pénombre se fit une nouvelle fois et, presque aussitôt après, un homme de haute taille sortit des ténèbres et s'approcha de leur table.

« Puis-je me présenter ? » dit-il rapidement à John d'une voix britannique pleine d'arrogance. « Lord Charles Este... j'accompagne le baron Marchbanks. » Il lança à John un regard insistant, comme pour s'assurer que ce dernier mesurait bien l'importance du nom.

John hocha la tête.

« Cela, vous le comprenez, doit rester entre nous.

— Bien sûr. »

Rags avança une main tâtonnante vers la coupe de champagne qu'elle n'avait pas encore touchée et la vida d'une gorgée.

« Le baron Marchbanks serait heureux que Madame se joigne à ses compagnons pendant ce numéro. »

Les deux hommes regardèrent Rags. Il y eut un court moment de silence.

« Très bien », dit-elle, et elle lança à John un autre regard interrogateur. Il hocha la tête à nouveau. Elle se leva et, le cœur battant la chamade, se faufila à travers les tables, parcourant la moitié du périmètre de la salle ; puis elle se fondit, silhouette frêle aux scintillements d'or, dans la pénombre de la table au palmier.

IV

Le numéro s'achevait et John Chestnut, seul à sa table, s'amusait à faire monter dans son verre de champagne des bulles auxiliaires. Au moment où l'on allait rallumer les lumières, il sentit tout près de lui le doux froissement d'une robe de lamé, et Rags, les joues rouges, la respiration haletante, se laissa tomber sur sa chaise. Elle avait les yeux brillants de larmes.

John la regarda d'un air maussade.

« Eh bien, qu'est-ce qu'il a dit ?

— Il est resté assez silencieux.

— Il n'a pas dit un mot ? »

Elle souleva sa coupe de champagne d'une main tremblante.

« Il s'est contenté de me regarder dans l'obscurité. Et il a prononcé quelques phrases conventionnelles. Il ressemble à ses photographies, simplement il a l'air fatigué, comme revenu de tout. Il ne m'a même pas demandé mon nom.

— Est-ce qu'il quitte New York ce soir ?

— Dans une demi-heure. Une voiture les attend dehors, lui et son escorte, et ils espèrent avoir passé la frontière avant l'aube.

— L'avez-vous trouvé... fascinant ? »

Elle hésita, puis hocha la tête lentement.

« C'est ce que tout le monde dit, avoua John d'un ton morose. Vous attend-on de nouveau là-bas ?

— Je ne sais pas. » Elle regarda, d'un air dubitatif, de l'autre côté de la terrasse, mais le personnage célèbre avait une fois de plus délaissé sa table pour aller se réfugier quelque part à l'extérieur. Comme elle se retournait, un jeune homme profondément étrange, qui se tenait depuis un moment à l'entrée principale, s'approcha d'eux précipitamment. Il était pâle comme la mort et portait un costume de ville débraillé, mais aussi hors de saison ; il mit une main tremblante sur l'épaule de John Chestnut.

« Monte ! » s'exclama John, sursautant si brusquement qu'il renversa son champagne. « Qu'est-ce que tu as ? Que se passe-t-il ?

— Ils ont retrouvé ta piste ! » murmura le jeune homme d'une voix altérée par l'émotion. Il regarda autour de lui. « Il faut que je te parle seul à seul. »

John Chestnut se leva d'un bond et Rags nota qu'il était devenu à son tour aussi blanc que la serviette qu'il tenait à la main. Il s'excusa et les deux hommes allèrent s'installer à une table libre quelques mètres plus loin. Rags les observa un moment d'un œil curieux, puis reprit son observation de la table au fond de la salle. Allait-on lui demander d'y retourner ? Le prince s'était simplement levé et incliné avant de sortir. Elle aurait peut-être dû attendre son retour, mais bien qu'elle fût encore terriblement excitée, elle était, dans une certaine mesure, redevenue Rags Martin-Jones. Sa curiosité était satisfaite, toute nouvelle initiative devait venir de lui. Elle se demanda si elle avait vraiment senti chez lui un charme personnel ; surtout, elle se demanda s'il avait manifesté par un signe clair qu'il était sensible à sa beauté.

L'homme livide qui portait le nom de Monte disparut et John revint à leur table. Rags constata, stupéfaite, qu'il était transformé du tout au tout. Il tituba jusqu'à sa chaise comme un homme ivre.

« John ! Qu'est-ce qui se passe ? »

Au lieu de répondre, il tendit le bras vers la bouteille de champagne, mais ses doigts tremblaient si fort que le vin, maladroitement versé, forma un cercle jaune autour de sa coupe.

« Vous ne vous sentez pas bien ?

— Rags, dit-il d'une voix mal assurée, je suis fini.

— Que voulez-vous dire ?

— Je suis fini, vous dis-je. » Il parvint tant bien que mal à ébaucher un pâle sourire. « Un mandat d'arrêt contre moi a été signé il y a plus d'une heure.

— Qu'avez-vous fait ? demanda-t-elle, terrifiée. Pourquoi ce mandat d'arrêt ? »

Les lumières s'éteignirent pour le numéro suivant, et il s'effondra soudain sur la table.

« De quoi s'agit-il ? » insista-t-elle, avec une appréhension croissante. Elle se pencha sur lui : sa réponse était à peine audible.

« Un meurtre ? » interrogea-t-elle, et elle sentit son corps devenir froid comme un morceau de glace.

Il fit oui de la tête. Elle lui saisit les deux bras et le secoua pour l'obliger à se redresser, comme on fait avec un manteau. Ses yeux roulaient dans leurs orbites.

« Est-ce vrai ? Ont-ils des preuves ? »

Il hocha de nouveau la tête comme un homme ivre.

« Dans ce cas, vous devez quitter le pays tout de suite ! Est-ce que vous comprenez, John ? Il faut que vous partiez tout de suite, avant qu'on vienne vous chercher ici ! »

Il lança un regard éperdu de terreur en direction de l'entrée.

« Oh ! mon Dieu, s'écria Rags, pourquoi ne faites-vous rien ? » Ses yeux erraient désespérément d'un côté et de l'autre, et se fixèrent soudain sur un point. Elle prit une vigoureuse inspiration, hésita, puis glissa dans l'oreille du jeune homme un murmure véhément :

« Si j'organise les choses, partirez-vous au Canada ce soir ?

— Comment cela ?

— Je peux tout arranger… si vous reprenez un peu vos esprits. C'est Rags qui vous parle, John, comprenez-vous bien ? Je veux que vous restiez là sans bouger jusqu'à mon retour ! »

Une minute plus tard, elle avait traversé la salle sous couvert de l'obscurité.

« Baron Marchbanks », murmura-t-elle doucement, derrière la chaise où il était assis.

Il lui fit signe de s'asseoir.

« Avez-vous de la place dans votre voiture pour deux passagers de plus ce soir ? »

L'un des membres de la suite se retourna vivement.

« La voiture de Monsieur le baron est pleine, dit-il d'un ton sec.

— L'urgence est grande, ajouta-t-elle d'une voix tremblante.

— Enfin… dit le prince, hésitant, je ne sais pas. »

Lord Charles Este regarda le prince et secoua la tête.

« Je ne crois pas que cela soit raisonnable. En tout cas, c'est une affaire épineuse, et contraire aux ordres que nous avons. Comme vous le savez, nous avons promis qu'il n'y aurait pas de complications. »

Le prince fronça les sourcils.

« Ce n'est pas une complication », fit-il remarquer.

Este se tourna carrément vers Rags.

« En quoi est-ce urgent ? »

Rags hésita.

« Eh bien… (elle rougit soudain)… il s'agit d'un mariage secret. »

Le prince éclata de rire.

« Parfait ! s'exclama-t-il. Voilà qui règle le problème. Este veillait au respect des formes. Allez le chercher tout de suite. Nous partons sous peu, n'est-ce pas ? »

Este jeta un coup d'œil à sa montre.

« Sur-le-champ ! »

Rags s'en fut en courant. Elle voulait que tout le groupe quitte la terrasse tant que celle-ci était encore plongée dans la pénombre.

« Dépêchez-vous ! cria-t-elle à l'oreille de John. Nous allons passer la frontière... avec le prince de Galles. Demain matin, vous serez en sécurité. »

Il leva les yeux et la regarda, médusé. Elle se hâta de payer l'addition et, lui attrapant le bras, le guida aussi discrètement que possible jusqu'à l'autre table, où elle le présenta d'un mot. Le prince l'accueillit en lui serrant la main ; ses compagnons hochèrent la tête, sans vraiment dissimuler leur agacement.

« Nous aurions intérêt à nous mettre en route », dit Este en regardant impatiemment sa montre.

Ils s'apprêtaient à partir lorsqu'une exclamation leur échappa à tous : deux policiers et un rouquin en civil venaient d'entrer par la porte principale.

« Décampons, souffla Este en poussant le groupe vers la porte latérale. Il va y avoir une émeute ici. » Il jura : deux autres uniformes gardaient l'issue. Ils s'arrêtèrent, ne sachant quoi faire. L'homme en civil commençait une inspection minutieuse des spectateurs attablés.

Este jeta un regard acéré à Rags, puis à John, qui s'était fait tout petit derrière les palmiers.

« Est-ce un de vos agents du fisc, l'homme là-bas ? demanda Este.

— Non, murmura Rags. Il va y avoir du grabuge. Est-ce qu'on ne pourrait pas passer par cette porte ? »

Le prince, en proie à une impatience croissante, se rassit sur sa chaise.

« Faites-moi savoir quand vous serez prêts à partir, messieurs. » Il sourit à Rags. « Imaginons maintenant que nous nous mettions tous dans le pétrin rien que pour votre joli minois. »

Tout à coup, la lumière revint. L'homme en civil fit un rapide tour sur lui-même, puis bondit au centre de la piste.

« Que personne n'essaye de quitter cette salle ! lança-t-il d'une voix forte. Vous, le groupe derrière les palmiers, asseyez-vous ! John M. Chestnut se trouve-t-il dans cette salle ? »

Rags poussa un petit cri involontaire.

« Là ! cria l'inspecteur au policier qui le suivait. Allez jeter un coup d'œil à cette drôle de bande là-bas. Les mains en l'air, messieurs !

— Mon Dieu ! chuchota Este, il nous faut absolument sortir d'ici ! » Il se tourna vers le prince. « Ce n'est pas possible, Ted. On ne doit pas vous voir ici. Je vais les occuper pendant que vous descendez à la voiture. »

Il fit un pas vers la porte latérale.

« Haut les mains, vous ! hurla l'homme en civil. Et quand je dis "Haut les mains !", je ne plaisante pas ! Lequel d'entre vous est Chestnut ?

— Vous êtes fou ! cria Este. Nous sommes des sujets britanniques. Nous n'avons rien à voir avec cette histoire ! »

Une femme hurla quelque part et il y eut une bousculade générale en direction de l'ascenseur, mais la ruée s'arrêta net devant les canons de deux revolvers. Une jeune fille près de Rags s'écroula et demeura au sol, inconsciente, et au même instant la musique reprit sur l'autre toit.

« Arrêtez cette musique ! rugit l'homme en civil. Et passez les bracelets à toute cette bande, vite ! »

Deux policiers s'avancèrent vers le groupe ; simultanément, Este et les membres de l'escorte du prince sortirent leurs revolvers et, protégeant le prince du mieux qu'ils pouvaient, entreprirent de gagner discrètement la porte latérale. Un coup de feu éclata, puis un autre, suivi d'un fracas d'argenterie et de porcelaine brisée lorsqu'une demi-douzaine de convives renversèrent leurs tables et se hâtèrent de s'abriter derrière.

La panique devint générale. Trois coups de feu furent tirés à la suite, puis il y eut une fusillade. Rags vit Este viser froidement les huit projecteurs qui déversaient une lumière ambrée, et un épais nuage de fumée grise envahit l'atmosphère. La musique ininterrompue de l'orchestre de jazz au loin constituait un étrange fond sonore aux cris et aux hurlements.

Puis, en un instant, tout fut fini. Un coup de sifflet strident retentit sur la terrasse, et Rags vit à travers la fumée John Chestnut s'avancer vers l'homme en civil, les mains levées en un geste de reddition. Il y eut un dernier cri nerveux, un cliquetis de vaisselle lorsque quelqu'un mit par inadvertance le pied dans une pile d'assiettes, puis un silence pesant s'abattit sur la terrasse ; même l'orchestre semblait s'être évanoui.

« C'est fini ! » lança John Chestnut d'une voix véhémente dans l'air de la nuit. « La fête est terminée. Tous ceux qui le veulent peuvent rentrer chez eux ! »

Mais tout demeura silencieux ; c'était, Rags le savait, le silence de la terreur. Le poids de la culpabilité avait rendu John Chestnut fou.

« Ça a été un spectacle magnifique, hurlait-il. Je tiens à vous remercier tous tant que vous êtes. Si vous trouvez des tables encore debout, on vous servira du champagne aussi longtemps que vous souhaitez rester. »

Rags eut l'impression que la terrasse et les étoiles dans le ciel se mettaient brusquement à tourner, tourner... Elle vit John saisir la main de l'inspecteur et la serrer chaleureusement, et l'inspecteur, un large sourire aux lèvres, mettre son arme dans sa poche. La musique avait repris et la jeune fille qui s'était évanouie dansait maintenant dans un coin avec Lord Charles Este. John courait en tous sens, tapait sur les épaules des uns et des autres, riait, serrait des mains. Puis il vint vers elle, frais éclos, candide comme un enfant.

« C'était superbe, non ? » s'écria-t-il.

Rags se sentit prise d'un vertige. Sa main cherchait derrière elle une chaise où s'asseoir.

« Qu'est-ce qui s'est passé ? demanda-t-elle, abasourdie. Est-ce que je rêve ?

— Bien sûr que non ! Vous êtes tout à fait éveillée. J'ai tout imaginé, Rags, vous ne voyez donc pas ? Tout ça, je l'ai imaginé pour vous. Tout est invention ! Il n'y a qu'une seule chose vraie dans tout cela : mon nom ! »

Elle s'effondra soudain contre le manteau du jeune homme, s'agrippa à son revers et aurait glissé à terre s'il ne l'avait promptement saisie dans ses bras.

« Du champagne, vite ! » appela-t-il, puis il cria au prince de Galles qui se trouvait tout près : « Allez vite demander ma voiture ! L'émotion a été trop forte pour Miss Martin-Jones, elle s'est évanouie. »

V

Le gratte-ciel dressait sa masse sur trente étages avant de s'étrécir en un gracieux pain de sucre d'un blanc éblouissant. Puis il montait encore sur une autre trentaine de mètres, devenait une mince tour oblongue dans son ultime et fragile élan vers le ciel. À la plus haute de ses hautes fenêtres, Rags Martin-Jones, exposée aux violentes rafales de vent, contemplait la ville à ses pieds.

« Mr. Chestnut désire savoir si vous viendrez tout de suite dans son bureau particulier. »

Docile, son pas menu sur le tapis la conduisit dans une pièce fraîche, haute de plafond, qui donnait sur le port et l'horizon marin.

John Chestnut, assis à sa table de travail, attendait ; Rags alla droit vers lui et mit les bras autour de ses épaules.

« Êtes-vous sûr d'être réel, vous ? demanda-t-elle anxieusement. En êtes-vous absolument certain ?

— Vous ne m'avez écrit qu'une semaine avant votre retour, protesta-t-il modestement. Sinon, j'aurais pu mettre en scène une révolution.

— Et tout ça, c'était vraiment pour moi ? demanda-t-elle. Ce spectacle parfaitement inutile, somptueux, rien que pour moi ?

— Inutile ? » Il réfléchit. « Oui, c'était vrai au début. Mais au dernier moment, j'ai invité un riche propriétaire de restaurants à y assister, et pendant que vous étiez à l'autre table, je lui ai vendu l'idée du night-club. »

Il regarda sa montre.

« Il me reste une chose à faire, puis nous aurons juste le temps de nous marier avant le déjeuner. » Il décrocha son téléphone. « Jackson ? Envoyez un câble en triplicata à Paris, Berlin et Budapest, et faites chasser de l'autre côté de la frontière polonaise ces deux ducs d'opérette qui ont joué le Schwarzberg-Rhineminster à pile ou face. Si le duché ne réagit pas, abaissez le taux de change à 000,2. Autre chose. Cet idiot de Blutchdak sévit de nouveau dans les Balkans, et il essaye de déclencher une nouvelle guerre. Mettez-le sur le premier bateau pour New York, ou alors jetez-le dans une prison grecque. »

Il raccrocha et se tourna en riant vers la cosmopolite stupéfaite.

« La prochaine étape est l'hôtel de ville. Ensuite, si vous le souhaitez, nous ferons un saut à Paris.

— John, demanda-t-elle, dévorée par la curiosité, qui était le prince de Galles ? »

Il attendit qu'ils soient dans l'ascenseur, qui avalait vingt étages d'un coup. Là, il se pencha en avant et tapota l'épaule du liftier.

« Pas si vite, Cedric. Cette dame n'a pas l'habitude de tomber de si haut... »

Le garçon d'ascenseur se retourna et sourit. Il avait un visage ovale, pâle, couronné de cheveux blonds. Les joues de Rags s'empourprèrent.

« Cedric est originaire du Wessex, expliqua John. La ressemblance est pour le moins surprenante. Les altesses ne sont pas toujours raisonnables, et je soupçonne Cedric d'être un guelphe de la main gauche. »

Rags ôta le monocle de son cou et passa le ruban autour de celui de Cedric.

« Merci, dit-elle simplement, pour la deuxième plus belle émotion de ma vie. »

John Chestnut se mit à se frotter les mains à la manière d'un commerçant.

« Donnez-moi votre clientèle, ma bonne dame, implora-t-il. Vous êtes dans le meilleur bazar de la ville !

— Qu'avez-vous à vendre ?

— Eh bien, *Mademoiselle**, aujourd'hui nous avons un amour absolument mer-veil-leux.

— Emballez-le-moi, monsieur le marchand, s'écria Rags Martin-Jones. Ça m'a tout l'air d'être une bonne affaire. »

LE RÉCONCILIATEUR

I

À 5 heures de l'après-midi, au Ritz, le salon sombre en forme d'œuf atteint son point de perfection aux notes d'une musique subtile faite du *clat-clat* léger d'un morceau, de deux morceaux de sucre qui tombent dans la tasse, et du *ding* des théières et pots de lait rutilants qui se donnent un baiser élégant pendant leur transit sur un plateau d'argent. Il est des gens qui chérissent cette heure ambrée entre toutes, car à présent le pâle et plaisant labeur des lys qui vivent au Ritz a pris fin ; il reste la partie musicale et décorative du jour.

En parcourant du regard le balcon en forme de fer à cheval, légèrement surélevé, par un certain après-midi de printemps, on aurait pu voir les jeunes Mrs. Alphonse Karr et Mrs. Charles Hemple assises à une table pour deux. La femme à la robe habillée était Mrs. Hemple. Quand je dis « la robe habillée », je fais référence à cette chose d'un noir immaculé qu'elle portait, avec de gros boutons et, aux épaules, comme un fantôme de cape rouge, une robe qui suggérait, avec un soupçon d'irrévérence distinguée, le vêtement d'un cardinal français, ainsi qu'on l'avait voulu lorsque le modèle fut créé rue de la Paix. Mrs. Karr et Mrs. Hemple avaient l'une et l'autre vingt-trois ans et leurs ennemis disaient qu'elles avaient fort bien réussi. Chacune aurait pu avoir sa limousine à la porte de l'hôtel, mais elles préféraient de beaucoup rentrer chez elles à pied, en remontant Park Avenue, dans le crépuscule d'avril.

Luella Hemple était grande et elle avait ces cheveux couleur de lin que l'on prête aux filles de la campagne anglaise, mais qu'on ne leur voit que rarement. Sa peau était éclatante et ne nécessitait aucun maquillage, mais conformément à une mode désuète – cette histoire se passe en 1920 –, elle avait recouvert de poudre son vif incarnat et redessiné la bouche et les sourcils, sans plus de succès que n'en mérite pareille intervention. Cela, bien évidemment, exprime le point de vue de 1925 ; à l'époque, l'effet produit était admirable.

« Je suis mariée depuis trois ans », disait-elle en écrasant une cigarette dans un citron desséché. « Mon petit garçon aura deux ans demain. Il faut que je pense à... »

Elle sortit un stylo en or de son sac et nota « Bougies » et « Choses à tirer avec petits chapeaux de papier » sur un agenda habillé d'ivoire. Puis, levant les yeux, elle regarda Mrs. Karr, hésitante.

« Est-ce que je vais oser te dire une chose abominable ?

— Essaye, dit Mrs. Karr d'un ton enjoué.

— Même mon enfant m'ennuie. Ça te paraîtra monstrueux, Ede, mais c'est vrai. Il ne comble *strictement* rien dans ma vie. Je l'aime de tout mon cœur, mais quand je dois m'occuper de lui tout un après-midi, je deviens nerveuse à hurler. Après deux heures, je commence à prier pour que la nurse ne tarde pas à pousser la porte. »

Sa confession achevée, Luella, le souffle haletant, regarda attentivement son amie. En réalité, elle ne se sentait nullement monstrueuse. Telle était la vérité. Comment la vérité aurait-elle pu être contre nature ?

« C'est peut-être parce que tu n'aimes pas Charles, hasarda Mrs. Karr, impassible.

— Mais si, je l'aime ! J'espère que je ne t'ai pas donné cette impression, avec tout mon bavardage. » Elle décida qu'Ede Karr était idiote. « C'est justement le fait que j'aime Charles qui complique les choses. Je me suis endormie en larmes hier soir parce que je sais que nous nous dirigeons lentement mais sûrement vers un divorce. C'est l'enfant qui nous fait rester ensemble. »

Ede Karr, qui était mariée depuis cinq ans, l'observa d'un œil critique pour voir s'il s'agissait d'une pose. Mais les beaux yeux de Luella étaient graves et tristes.

« Et quel est le problème ? demanda Ede.

— Il y en a plusieurs, dit Luella, fronçant les sourcils. D'abord les repas. Je suis une piètre maîtresse de maison et je n'ai pas l'intention d'en devenir une bonne. Je déteste passer les commandes d'épicerie ; je déteste aller farfouiller dans la cuisine pour voir si la glacière est propre, et je déteste faire croire aux domestiques que je m'intéresse à leur travail, alors que je ne voudrais jamais entendre parler de nourriture avant qu'elle n'arrive sur la table. Je n'ai jamais appris à faire la cuisine, vois-tu ; de sorte qu'une cuisine présente pour moi à peu près autant d'intérêt qu'une salle des chaudières. C'est tout simplement une machine que je ne comprends pas. Il est facile de dire, comme les gens dans les livres : “Suivez des cours de cuisine", mais dans la vie, Ede, est-ce qu'on se transforme jamais en une *Hausfrau* modèle à moins d'y être obligée ?

— Continue, dit Ede d'un ton neutre. Dis-m'en davantage.

— Eh bien, le résultat, c'est que la maison est toujours sens dessus dessous. Les domestiques ne restent pas plus de huit jours chez nous. Si elles sont jeunes et incompétentes, je ne peux pas les former, et je dois donc les laisser partir. Si elles ont de l'expérience, elles n'apprécient pas que la maîtresse de maison ne porte pas un intérêt marqué au prix des asperges. Alors elles s'en vont et, la moitié du temps, nous mangeons au restaurant ou à l'hôtel.

— Je ne pense pas que Charles aime cela.

— Il en a horreur. D'ailleurs, il a horreur de presque tout ce que j'aime. Il a peu de goût pour le théâtre, déteste l'opéra, déteste aller danser, déteste les cocktails. Je me dis parfois qu'il déteste tout ce qui est plaisant dans la vie. Je suis restée enfermée à la maison pendant un an environ. Tant que j'attendais Chuck, puis quand je l'ai nourri, cela ne me gênait pas. Mais cette année, j'ai dit franchement à Charles que j'étais encore assez jeune pour désirer prendre du bon temps. Et depuis, nous sortons, que cela lui plaise ou non. » Elle s'arrêta, songea un instant. « Il me fait tant de peine... Je ne sais pas quoi faire, Ede, mais si nous restions à la maison, c'est de moi que j'aurais pitié. Et pour t'avouer une autre vérité, je préfère qu'il soit malheureux, lui, plutôt que moi. »

Luella exposait moins un cas qu'elle ne pensait à haute voix. Elle estimait qu'elle tenait la balance égale. Avant son mariage, les hommes lui disaient qu'elle était « une chic fille », et elle avait essayé de conserver cet esprit d'équité dans sa vie de femme mariée. Elle envisageait donc toujours le point de vue de Charles aussi clairement que le sien.

Si elle avait été femme de pionnier, elle aurait probablement lutté aux côtés de son époux. Mais ici, à New York, on ne se battait pas. Ils n'avaient pas à se battre ensemble pour conquérir, dans un avenir lointain, la paix et le loisir : elle avait l'une et l'autre à ne savoir qu'en faire. Comme plusieurs milliers d'autres jeunes épouses à New York, Luella cherchait sincèrement quelque chose à faire. Si elle avait eu un peu plus d'argent et un peu moins d'amour, elle aurait pu s'adonner aux courses de chevaux ou aux vagabondages amoureux. Ou bien, si le couple avait eu un peu moins d'argent, son surcroît d'énergie aurait été absorbé par l'espoir, voire par l'effort. Mais les Charles Hemple occupaient une position intermédiaire. Ils appartenaient à cette classe considérable d'Américains qui sillonnent l'Europe chaque été, considérant avec un mépris passablement pathétique et mélancolique les coutumes, traditions et passe-temps des autres pays, parce qu'ils n'ont ni coutumes, ni traditions, ni passe-temps à eux. C'est une classe née hier de parents qui auraient tout aussi bien pu vivre il y a deux cents ans.

L'heure du thé avait soudain fait place à celle qui précède le dîner. La plupart des tables s'étaient vidées, si bien que la salle n'était plus envahie mais seulement parsemée de voix aiguës isolées et d'éclats de rire lointains, inattendus ; dans un coin, les serveurs couvraient déjà les tables de nappes blanches pour le dîner.

« Nous nous agaçons l'un l'autre, Charles et moi. » Dans le silence qui venait de se faire, la voix de Luella résonna avec un relief saisissant, et elle baissa précipitamment le ton. « Des petites choses. Il n'arrête pas de se frotter le visage avec la main, tout le temps, à table, au théâtre, même au lit. Ça me rend folle, et quand des choses de ce genre commencent à vous exaspérer, c'est le commencement de la fin. » Elle s'interrompit et, tendant un bras en arrière, ramena une fourrure légère autour de son cou. « J'espère que je ne t'ai pas ennuyée, Ede. Tout ça m'occupe l'esprit parce que la soirée qui vient résume notre histoire. J'ai pris un rendez-vous pour ce soir, un rendez-vous intéressant, un souper après le théâtre pour rencontrer des Russes, des chanteurs ou des danseurs, je ne sais plus, et Charles dit qu'il n'ira pas. S'il n'y va pas, eh bien, j'irai seule. Et ce sera la fin. »

Elle posa brusquement ses coudes sur la table et, enfouissant ses yeux dans ses gants soyeux, elle se mit à pleurer, obstinément, tout doucement. Personne n'était assez près d'elle pour voir, mais Ede Karr regretta qu'elle n'eût pas ôté ses gants. Elle aurait fait un geste de consolation et touché sa main nue. Mais les gants symbolisaient la difficulté d'exprimer sa sympathie à une femme à qui la vie avait tant donné. Ede avait envie de dire que « tout allait s'arranger », que « ce n'était pas si grave qu'on aurait pu croire », mais elle resta silencieuse. Sa seule réaction fut l'impatience et le dégoût.

Un serveur s'approcha et posa sur la table un papier plié vers lequel Mrs. Karr tendit la main.

« Non, s'il te plaît, murmura Luella d'une voix entrecoupée. Non, c'est moi qui t'ai invitée. J'ai l'argent ici, regarde. »

II

Les Hemple étaient propriétaires d'un appartement dans un de ces palais blancs et impersonnels que l'on connaît par un numéro plutôt que par un nom. Ils l'avaient meublé durant leur lune de miel, allant chercher en Angleterre les grosses pièces, à Florence le *bric-à-brac** et à Venise la dentelle et la toile fine des rideaux, ainsi que la verrerie multicolore qui jonchait la table lorsqu'ils recevaient. Luella avait adoré choisir des objets. Cela donnait au voyage de noces un air d'utilité et leur épargnait les errances touristiques assez sinistres entre les grands hôtels et les ruines désolées à quoi se ramènent souvent les lunes de miel en Europe.

Ils rentrèrent et la vie commença. Sur un grand pied. Luella découvrit qu'elle était une dame fortunée. Elle était parfois saisie de stupeur à l'idée que l'appartement spécialement conçu pour eux et la limousine, elle aussi spécialement conçue pour eux, lui appartenaient, là où, de manière tout aussi indiscutable, le sort aurait pu lui réserver, à leur place, le petit pavillon de banlieue hypothéqué tout droit sorti du *Ladies' Home Journal*, ainsi que la voiture de l'an passé. Et sa stupéfaction devint plus grande encore lorsque tout cela commença à l'ennuyer. C'était pourtant le cas…

Il était 7 heures du soir quand, laissant le crépuscule derrière elle, Luella se glissa dans le vestibule et vit son mari qui attendait dans le salon devant un feu de cheminée. Elle entra sans bruit, referma la porte silencieusement et l'observa un moment dans la perspective délicieuse et frappante qu'offrait la petite pièce intermédiaire. Charles Hemple avait dans les trente-cinq ans, un visage jeune et grave, et des cheveux d'un gris argenté distingué qui seraient blancs dans dix ans. C'étaient là, avec des yeux caves gris foncé, ses traits les plus remarquables. Les femmes trouvaient toujours sa chevelure romantique ; Luella était de cet avis, la plupart du temps.

En cet instant, elle éprouva pour lui un début d'aversion, car elle vit qu'il portait la main à son visage et se frottait nerveusement le menton et la bouche. Ce geste lui donnait un air distrait peu flatteur, et rendait même parfois ses paroles à peine intelligibles, si bien qu'elle lui disait tout le temps : « Quoi ? » Elle lui en avait parlé plusieurs fois et il s'était excusé, laissant paraître sa surprise. Mais, à l'évidence, il ne comprenait pas à quel point cela se remarquait et irritait, car il continuait comme si de rien n'était. La situation était devenue à ce point délicate que Luella redoutait d'évoquer davantage ces questions ; un mot de trop eût suffi à déclencher la scène de tous les dangers.

Luella laissa brusquement tomber ses gants et sa bourse sur la table. En entendant le bruit léger, son mari tourna les yeux vers l'entrée.

« C'est toi, chérie ?

— Oui, chéri. »

Elle passa le seuil du salon, alla se nicher dans ses bras et lui donna un baiser passionné. Charles Hemple réagit avec une raideur inaccoutumée, puis la fit pivoter lentement afin qu'elle regarde dans la direction opposée.

« J'ai amené quelqu'un à la maison pour le dîner. »

Elle vit alors qu'ils n'étaient pas seuls, et elle éprouva d'abord un immense soulagement ; son expression sévère s'adoucit en un sourire timide et charmant, et elle tendit la main.

« Je te présente le docteur Moon... Docteur, ma femme... »

Un homme un peu plus âgé que son mari, au visage rond et pâle, aux traits peu marqués, s'avança vers elle pour la saluer.

« Bonsoir, Mrs. Hemple, dit-il. J'espère que je ne dérange pas vos projets pour la soirée.

— Mais non, dit vivement Luella. Je suis ravie que vous dîniez avec nous. Nous sommes seuls, mon mari et moi. »

Au même moment, elle songea à son rendez-vous de la soirée et se demanda si cette invitation pouvait être un piège maladroit de Charles pour l'obliger à rester à la maison. Si c'était le cas, il avait mal choisi son appât. Il n'émanait que flegme et lassitude de cet homme, de son visage, de sa voix épaisse et traînante, et même de ses vêtements lustrés vieux de trois ans.

Elle le pria pourtant de l'excuser et s'en alla voir à la cuisine ce que l'on préparait pour le dîner. Comme d'habitude, ils avaient deux nouveaux domestiques à l'essai. Le déjeuner avait été piètre et mal servi, elle les congédierait demain. Elle espérait que Charles leur parlerait : elle détestait mettre les domestiques à la porte. Certains réagissaient par des pleurs, d'autres par des propos insolents, mais Charles savait s'y prendre. Un homme les impressionnait toujours.

Ce qui cuisait sur le fourneau dégageait une odeur rassurante. Luella expliqua quel service de porcelaine utiliser et sortit du buffet qu'elle tenait fermé à clef un chianti de grand prix. Puis elle alla embrasser le petit Chuck pour la nuit.

« Est-ce qu'il a été bien sage ? » demanda-t-elle, tandis que l'enfant se glissait avec ardeur dans ses bras.

« Très sage, dit la nurse. Nous avons fait une longue promenade et traversé Central Park.

— Ah ça, il est malin, mon petit garçon. » Elle était en extase, le couvrait de baisers.

« Et comme il a plongé son pied dans la fontaine, nous avons dû rentrer tout de suite à la maison en taxi et changer sa petite chaussure et sa petite chaussette.

— C'est très bien. Hé ! un instant, Chuck ! » Luella défit le collier de grosses perles qu'elle avait au cou et le lui tendit.

« Il ne faut pas casser le collier de maman. » Elle se tourna vers la nurse. « Reposez-le sur ma coiffeuse, voulez-vous, quand le petit sera endormi ? »

Elle éprouva, en le quittant, une certaine compassion pour son fils, pour la petite vie enclose qu'il menait, que menaient tous les enfants, sauf dans les familles nombreuses. C'était un tendre petit chéri, hormis les jours où elle s'occupait de lui. Le visage du garçonnet avait la même forme que le sien ; elle en frissonnait de bonheur, parfois, et prenait de nouvelles résolutions lorsque le cœur de l'enfant battait contre le sien.

Une fois dans sa jolie chambre rose, elle consacra tous ses soins à son propre visage, qu'elle lava et remit à neuf. Le docteur Moon ne méritait pas qu'elle changeât de robe, et Luella se sentit soudain étrangement fatiguée, bien qu'elle n'eût pas fait grand-chose de sa journée. Elle revint au salon et ils passèrent à table.

« Vous avez une charmante maison, Mrs. Hemple, dit le docteur Moon d'une voix impersonnelle ; et permettez-moi de vous complimenter sur votre beau petit garçon.

— Merci. Venant d'un médecin, la louange est flatteuse. » Elle hésita. « Êtes-vous un spécialiste des enfants ?

— Je ne suis absolument pas un spécialiste, dit-il. Je

dois être l'un des derniers de mon espèce, un médecin généraliste.

— Le dernier à New York, en tout cas », fit remarquer Charles. Il avait recommencé à se frotter nerveusement le visage, et Luella fixa les yeux sur le docteur Moon pour éviter sa vue. Mais quand Charles reprit la parole, elle reporta aussitôt son regard sur lui.

« En réalité, dit-il inopinément, j'ai invité le docteur Moon parce que je voulais que tu aies un entretien avec lui ce soir. »

Luella se raidit sur sa chaise.

« Un entretien avec *moi* ?

— Le docteur Moon est un vieil ami et je pense, Luella, qu'il pourra te dire certaines choses que tu dois savoir.

— Mais… » Elle essaya de rire, mais elle était surprise et contrariée. « Je ne comprends pas vraiment ce que tu veux dire. Je vais tout à fait bien. Je ne crois pas m'être jamais aussi bien portée de ma vie. »

Le docteur Moon regarda Charles, sollicitant la permission de s'exprimer. Charles hocha la tête et sa main se porta machinalement vers son visage.

« Votre mari m'a beaucoup parlé des difficultés de votre vie commune », dit le docteur Moon d'une voix toujours aussi impersonnelle. « Il se demande si je pourrais aider à les aplanir. »

Luella avait le visage en feu.

« Je n'accorde aucun crédit particulier à la psychanalyse, dit-elle d'un ton glacial, et je ne crois pas vraiment constituer un cas qui en relève.

— Moi non plus », répliqua Moon, sans paraître remarquer la rebuffade. « Je n'accorde aucun crédit particulier à quoi que ce soit, excepté moi-même. Je vous ai dit que je ne suis spécialiste de rien, et sûrement pas des dernières idées à la mode. Je ne promets rien. »

Pendant un instant, Luella songea à quitter la pièce. Mais l'insolence de la suggestion éveillait aussi sa curiosité.

« J'ignore complètement ce que Charles a pu vous dire, reprit-elle, se maîtrisant à grand-peine, et encore moins pourquoi il vous l'a dit. Mais je vous assure que nos affaires ne regardent que mon mari et moi. Si vous n'y voyez pas d'objection, docteur Moon, je préférerais que nous parlions de quelque chose de moins... personnel. »

Le docteur Moon inclina la tête gravement, avec politesse. Il renonça dès lors à aborder le sujet et le dîner se poursuivit dans ce qui ne fut guère plus qu'un silence de défaite. Luella décida que, quoi qu'il pût se passer, elle ne changerait rien aux projets qu'elle avait faits pour la soirée. Une heure plus tôt, son indépendance l'avait exigé ; à présent, son amour-propre rendait nécessaire un geste de défi. Elle resterait au salon un court moment après le dîner, et quand on servirait le café, elle prierait qu'on l'excuse et irait s'habiller pour sortir.

Mais quand ils quittèrent la salle à manger, ce fut Charles qui disparut, trop vite pour permettre une explication.

« J'ai une lettre à écrire, dit-il ; je reviens dans un instant. »

Avant que Luella ait eu le temps de faire une objection diplomatique, il avait filé par le couloir et elle l'entendit fermer la porte de sa chambre.

Furieuse et décontenancée, Luella versa le café et s'enfonça dans un coin du canapé, concentrant son attention sur le feu.

« N'ayez pas peur, Mrs. Temple, dit tout à coup le

docteur Moon. On m'a forcé la main. Je n'agis pas de ma propre initiative...

— Je n'ai pas peur de vous », coupa-t-elle. Mais elle savait qu'elle mentait. Elle avait peur de lui, peur, au moins, de son indifférence têtue à l'antipathie qu'elle éprouvait à son égard.

« Parlez-moi de vos difficultés », dit-il très naturellement, comme si elle non plus n'était pas libre de ses mouvements. Il ne la regardait même pas, et alors qu'ils étaient seuls dans la pièce, il donnait à peine l'impression de s'adresser à elle.

La réponse qu'elle voulait faire, qu'elle avait en tête et sur les lèvres, était : « Je n'en ferai rien. » Mais les mots qu'elle prononça la stupéfièrent. Ils lui vinrent spontanément, sans qu'elle y fût apparemment pour rien.

« Vous ne l'avez pas vu se frotter le visage au dîner ? dit-elle sur le ton du désespoir. Êtes-vous aveugle ? Il m'est devenu si exaspérant, c'est à en perdre la raison.

— Je vois. » La face ronde du docteur Moon eut un hochement.

« Vous ne voyez donc pas que je ne supporte plus la maison ? » Sa poitrine, sous sa robe, cherchait à reprendre haleine. « Vous ne voyez pas à quel point je m'ennuie à m'occuper de la maison, de mon enfant ? Tout a l'air de se répéter indéfiniment. J'ai besoin de sensations, et peu m'importe la forme qu'elles prennent ou ce qu'elles me coûtent, pourvu que je sente mon cœur battre à se rompre.

— Je vois. »

Elle était furieuse de l'entendre ainsi prétendre qu'il la comprenait. Sa soif de défi avait atteint un tel degré qu'elle préférait que personne ne comprît. Il lui suffisait d'être justifiée par la sincérité véhémente de ses désirs.

« J'ai essayé d'être gentille, mais je n'essayerai plus. Si

je dois être une de ces femmes qui sabordent leur vie pour rien, alors, que ce soit maintenant. Vous pouvez me traiter d'égoïste ou d'idiote, et avoir raison ; mais dans cinq minutes, je quitterai cette maison et je commencerai à vivre. »

Cette fois, le docteur Moon ne répondit pas, mais leva la tête comme s'il écoutait ce qui se passait à quelque distance de là.

« Vous ne sortirez pas, dit-il après un moment, je suis certain que vous ne sortirez pas. »

Luella éclata de rire.

« Mais si, bien sûr, je sortirai. »

Il ignora ce qu'elle venait de dire.

« Voyez-vous, Mrs. Hemple, votre mari ne va pas bien. Il a essayé de vivre à votre manière, et c'est un effort qu'il n'a pas pu supporter. Lorsqu'il se frotte la bouche... »

Un pas léger se fit entendre dans le couloir et la bonne entra dans le salon sur la pointe des pieds, la terreur au visage.

« Mrs. Hemple... »

L'interruption fit sursauter Luella, qui se retourna vivement.

« Oui ?

— Puis-je parler à... ? » Sa peur ne résista pas longtemps à une formation peu solide. « Mr. Hemple... Il est malade ! Il est entré dans la cuisine il y a un petit moment et il s'est mis à jeter partout la nourriture de la glacière, et il est maintenant dans sa chambre, il pleure et il chante... »

Soudain, Luella entendit la voix de son mari.

III

Charles Hemple avait fait une dépression nerveuse. Vingt ans d'un labeur presque ininterrompu et le climat d'extrême tension qui prévalait à la maison ces derniers temps avaient eu raison de lui. Son attitude à l'égard de sa femme était le point faible d'une carrière par ailleurs bien organisée et menée avec résolution. Il avait bien conscience du farouche égoïsme de Luella, mais l'un des moindres parmi les nombreux défauts du système des relations humaines n'est pas l'attrait irrésistible qu'exerce l'égoïsme féminin sur beaucoup d'hommes. Celui de Luella coexistait avec une beauté enfantine ; en conséquence, Charles Hemple avait commencé à se sentir responsable de situations qu'elle seule avait provoquées. C'était une attitude malsaine, et à la longue il souffrait mentalement des efforts qu'il faisait pour se mettre dans son tort.

Une fois passés le premier choc et l'éphémère bouffée de pitié qui suivit, Luella s'irrita de ce qui lui arrivait. Elle était « une chic fille » : il lui était impossible de prendre le dessus sur Charles tant qu'il était malade. La question de sa liberté ne pourrait être réglée que lorsqu'il serait remis sur pied. Au moment précis où elle avait décidé d'abandonner son rôle d'épouse, Luella se trouvait contrainte d'endosser celui d'infirmière. Assise à son chevet, elle l'écoutait parler d'elle dans son délire, de la période de leurs fiançailles, d'un ami qui lui avait dit qu'il faisait une erreur, de son bonheur aux premiers temps de leur mariage, de son inquiétude croissante à mesure que se creusait le fossé entre eux. À l'évidence, il en avait eu plus conscience qu'elle ne l'avait cru, bien plus qu'il ne l'avait jamais dit.

« Luella ! criait-il en se redressant dans son lit. Luella ! Où donc es-tu ?

— Je suis ici, Charles, à côté de toi. »

Elle s'efforçait de mettre de la gaieté et de la chaleur dans sa voix.

« Si tu veux partir, Luella, il vaut mieux le faire. Je crois que tu as besoin de bien plus que ce que je peux te donner. »

Elle protesta, à seule fin de l'apaiser.

« J'ai bien réfléchi, Luella, et je ne veux pas ruiner ma santé à cause de toi… » Puis brusquement, avec ardeur : « Ne pars pas, Luella, pour l'amour de Dieu, reste, ne me laisse pas seul ! Promets-moi que tu ne partiras pas ! Je ferai tout ce que tu veux si tu ne pars pas. »

L'humilité de Charles, surtout, l'embarrassait. C'était un homme réservé et elle ne s'était jamais doutée de la profondeur de sa dévotion.

« Je ne te laisse qu'une minute. C'est le docteur Moon, ton ami, Charles. Il est venu aujourd'hui voir comment tu vas, tu ne t'en souviens pas ? Et il voudrait me parler avant de s'en aller.

— Tu reviendras, n'est-ce pas ? insista-t-il.

— Dans un petit moment. Là… Reste tranquille. »

Elle lui souleva la tête et, avec quelques tapes, rendit à son oreiller tout son volume. Une nouvelle garde-malade diplômée arriverait demain.

Le docteur Moon attendait au salon. Son costume paraissait plus élimé et miteux à la lumière du jour. Elle éprouvait à son égard une aversion extravagante, fondée sur la conviction absurde qu'il était, d'une certaine manière, responsable de son malheur, mais il prenait tout cela tellement à cœur qu'elle ne pouvait refuser de le voir. Cependant, elle ne lui avait pas suggéré de se concerter avec les spécialistes. Médecin, certes, mais si peu reluisant...

« Mrs. Hemple. » Il s'avança et tendit une main qu'elle ne fit qu'effleurer, tant elle était mal à l'aise. « Vous semblez aller bien.

— Je vais bien, merci.

— Je vous félicite pour la façon dont vous avez pris les choses en main.

— Mais je n'ai rien pris en main, dit-elle froidement. Je fais ce que je dois faire...

— Précisément. »

Son irritation allait croissant.

« Je fais ce que je dois faire, rien de plus, poursuivit-elle. Et sans zèle particulier. »

Tout à coup, elle s'ouvrit à lui de nouveau, comme elle l'avait fait le soir de la catastrophe. Elle avait bien conscience qu'elle installait une relation d'intimité avec lui, mais elle était incapable de réprimer ses paroles.

« La maison va à vau-l'eau ! s'exclama-t-elle d'un ton amer. J'ai dû renvoyer les domestiques, et je n'ai plus aujourd'hui qu'une femme de ménage. Mon garçon a un rhume et j'ai découvert que sa nurse ne connaît pas son métier, et tout est affreusement chaotique !

— Cela vous gênerait-il de me dire comment vous avez découvert que la nurse ne connaît pas son métier ?

— On découvre toutes sortes de choses désagréables quand on est forcé de rester à la maison. »

Il hocha la tête et tourna son visage las d'un côté de la pièce, puis de l'autre.

« Je me sens quelque peu encouragé, dit-il lentement. Comme je vous l'ai dit, je ne promets rien. Je fais seulement de mon mieux. »

Luella leva les yeux sur lui, saisie d'étonnement.

« Que voulez-vous dire ? protesta-t-elle. Vous n'avez rien fait pour moi, rien du tout !

— Pas grand-chose encore, dit-il gravement. Cela prend du temps, Mrs. Hemple. »

Les mots avaient été prononcés sur un ton monotone et neutre où ne s'entendait rien de blessant, mais Luella jugea qu'il était allé trop loin. Elle se dressa sur ses pieds.

« J'ai déjà rencontré des hommes de votre espèce, dit-elle d'un ton glacial. Pour une raison que j'ignore, vous semblez croire que vous avez une place ici en qualité de "vieil ami de la famille". Mais je ne me lie pas d'amitié si facilement, et je ne vous ai pas accordé le privilège de vous montrer si... (elle voulait dire "insolent", mais le mot lui échappait)... direct avec moi. »

Quand la porte d'entrée se fut refermée sur lui, Luella alla voir à la cuisine si la femme avait compris qu'il y aurait trois dîners différents, un pour Charles, un autre pour son enfant, un autre encore pour elle. Il était difficile de s'accommoder d'une seule domestique quand les choses étaient si compliquées. Elle allait devoir essayer une autre agence de placement ; celle-ci semblait commencer à baisser les bras.

À sa grande surprise, elle trouva la cuisinière, en manteau et en chapeau, lisant un journal sur la table de la cuisine.

« Mais... (Luella essayait de retrouver son nom)... mais, que se passe-t-il, Mrs...

— Danski, mon nom est Danski.

— Que se passe-t-il ?

— Je crains de ne pas pouvoir vous donner satisfaction, dit Mrs. Danski. Je ne suis qu'une simple cuisinière, voyez-vous, et je n'ai pas l'habitude de préparer le repas d'un malade.

— Mais je comptais sur vous.

— Je regrette beaucoup. » Elle secouait la tête d'un air obstiné. « Je dois penser à ma propre santé. Je suis certaine qu'on ne m'a pas dit de quel genre de travail il s'agissait quand je suis venue. Et quand vous m'avez demandé de nettoyer la chambre de votre mari, j'ai compris que c'était complètement au-dessus de mes forces.

— Je ne vous demanderai pas de nettoyer quoi que ce soit, dit Luella au désespoir. Si vous consentiez seulement à rester jusqu'à demain. Je ne pourrai jamais trouver quelqu'un d'autre pour ce soir. »

Mrs. Danski sourit poliment.

« Je dois penser à mes propres enfants, tout comme vous. »

Luella était sur le point de lui proposer de la payer davantage, mais sa colère explosa soudain.

« Je n'ai jamais vu un tel égoïsme de ma vie ! Me quitter à un moment pareil ! Vous êtes une vieille idiote !

— Si vous voulez bien me payer mes heures, je m'en irai, dit calmement Mrs. Danski.

— Je ne vous donnerai pas un sou si vous ne restez pas ! »

Elle regretta aussitôt ses paroles, mais elle était trop fière pour revenir sur sa menace.

« Oh si, vous me payerez !

— Sortez d'ici !

— Je sortirai quand j'aurai mon argent, martela Mrs. Danski, indignée. Je dois penser à mes enfants. »

Luella respira profondément et fit un pas en avant. Intimidée par sa détermination, Mrs. Danski fit demi-tour et franchit la porte en maugréant.

Luella alla au téléphone et appela l'agence ; elle expliqua que la cuisinière était partie.

« Pouvez-vous m'envoyer quelqu'un tout de suite ? Mon mari est malade, et le petit est malade…

— Je regrette, Mrs. Hemple. Il n'y a plus personne dans nos locaux. Il est 4 heures passées. »

Luella discuta pendant un moment et finit par obtenir de l'agence la promesse qu'ils allaient téléphoner à une femme qu'ils connaissaient, et qui se déplaçait pour les urgences. C'était tout ce qu'ils pouvaient faire pour l'instant.

Elle appela d'autres agences de placement, mais l'industrie du personnel de maison avait apparemment interrompu ses activités jusqu'au lendemain. Après avoir donné à Charles son médicament, elle entra dans la nursery sur la pointe des pieds.

« Comment va le petit ? demanda-t-elle d'un air distrait.

— Il a 37,2 °C, chuchota la nurse, tenant le thermomètre à la lumière. Je viens de prendre sa température.

— C'est beaucoup ? demanda-t-elle en fronçant les sourcils.

— Quelques dixièmes en trop. Ce n'est pas très élevé pour l'après-midi. Le rhume leur fait monter un peu la température. »

Luella s'approcha du petit lit et posa la main sur la joue rouge de son fils, en songeant, pendant un court répit de son inquiétude, qu'il ressemblait terriblement à l'incroyable chérubin des publicités de Lux dans les autobus.

Elle se tourna vers la nurse.

« Savez-vous faire la cuisine ?

— À vrai dire… je ne suis pas une bonne cuisinière.

— Mais… pouvez-vous préparer le repas du petit ce

soir ? Cette vieille idiote est partie, je n'ai trouvé personne et je ne sais plus quoi faire.

— Oh oui, je peux faire le dîner du petit.

— Alors, c'est parfait. Je vais essayer de préparer quelque chose pour Monsieur. Laissez votre porte ouverte, s'il vous plaît, afin de pouvoir entendre la sonnette quand le docteur viendra. Et prévenez-moi. »

Tous ces médecins ! Il ne s'était pas écoulé une seule heure, un seul jour, sans une visite de médecin. Le spécialiste et leur médecin de famille tous les matins, puis le pédiatre, et cet après-midi le docteur Moon au salon, placide, insistant, importun. Luella s'en fut à la cuisine. Elle pouvait se préparer des œufs au bacon : elle l'avait souvent fait après le théâtre. Mais les légumes pour Charles posaient un problème redoutable. Il fallait les faire bouillir, ou les cuire à la vapeur, elle ne savait plus trop, et le fourneau avait tant de portes et de fours qu'elle ne pouvait se déterminer à utiliser l'une plutôt que l'autre. Elle choisit une casserole bleue qui paraissait neuve, y jeta ses carottes coupées en rondelles et recouvrit d'un peu d'eau. Au moment où elle posait la casserole sur le feu et s'efforçait de se rappeler ce qu'il fallait faire ensuite, le téléphone sonna. C'était l'agence.

« Oui, c'est Mrs. Hemple à l'appareil.

— Eh bien, la personne que nous vous avons envoyée est revenue ici et déclare que vous avez refusé de lui payer ses heures.

— Je vous ai expliqué qu'elle a refusé de rester, dit Luella, s'emportant. Elle n'a pas respecté son contrat et je ne me suis pas estimée dans l'obligation de…

— Nous devons veiller à ce que notre personnel soit payé, l'informa-t-on. Sinon, quelle sorte d'aide leur apporterions-nous, je vous le demande ? Je regrette, Mrs. Hemple, mais nous ne pourrons pas vous fournir d'autre personnel avant que ce petit problème soit réglé.

— Bon, je payerai, je payerai ! s'écria-t-elle.

— Nous tenons évidemment à rester en bons termes avec nos clients...

— Oui... oui !

— Pouvez-vous donc lui envoyer son salaire demain, par exemple ? C'est soixante-cinq cents de l'heure.

— Mais pour ce soir ? s'exclama-t-elle. Il me faut absolument quelqu'un ce soir.

— C'est que... il est déjà très tard. J'étais moi-même sur le point de partir.

— Mais je suis Mrs. Charles Hemple, vous ne comprenez pas ? On peut accorder crédit aux engagements que je prends. Je suis la femme de Charles Hemple, demeurant au 14 Broadway... »

À l'instant même, elle se rendit compte que Charles Hemple, demeurant au 14 Broadway, était un malheureux invalide ; il n'était plus ni une référence ni un secours. Réduite au désespoir par la soudaine insensibilité du monde, elle raccrocha.

Après dix minutes d'une activité brouillonne et frénétique dans la cuisine, elle rejoignit la nurse du petit, qu'elle n'aimait guère, et avoua qu'elle était incapable de préparer le dîner de son mari. La nurse annonça qu'elle avait une migraine épouvantable et déjà assez de travail avec un enfant malade, mais elle consentit, sans enthousiasme, à montrer à Luella ce qu'il fallait faire.

Ravalant son humiliation, Luella exécuta les ordres de la nurse, tandis que celle-ci expérimentait en grommelant un fourneau auquel elle ne connaissait rien. Elles parvinrent enfin à préparer quelque chose qui ressemblait à un dîner. Puis vint, pour la nurse, le moment de donner son bain à Chuck. Demeurée seule, Luella s'assit à la table de la cuisine et écouta le bouillonnement odorant de l'eau dans les casseroles.

« Dire que c'est le lot quotidien de milliers de femmes, songea-t-elle. Faire la cuisine, s'occuper des malades, et avec ça, aller travailler ! »

Mais à ses yeux, ces femmes n'étaient pas comme elle, excepté sous l'angle le plus superficiel : le fait d'avoir deux pieds et deux mains. Elle se disait cela comme elle aurait pu déclarer : « Les indigènes des mers du Sud portent un anneau dans le nez. » Aujourd'hui, elle campait comme dans une cabane sous son propre toit, et elle n'appréciait pas du tout cela. Ce n'était pour elle qu'un ridicule incident.

Soudain, elle perçut un bruit de pas qui approchait, lentement, venant du salon, puis de l'office. Craignant obscurément que le docteur Moon ne fût revenu lui faire une autre visite, elle leva les yeux et vit la nurse qui passait la porte de l'office. Une idée lui traversa l'esprit en un éclair : la nurse allait être malade, elle aussi. Elle avait raison. À peine eut-elle atteint la porte de la cuisine qu'elle vacilla et s'agrippa à la poignée comme un oiseau blessé à l'aile s'accroche à une branche. Puis elle s'affaissa sur le sol sans dire un mot. Au même instant, la sonnette de l'entrée retentit. Luella, sautant sur ses pieds, poussa un soupir de soulagement : c'était le pédiatre.

« Évanouie, voilà tout », dit-il en posant sur ses genoux la tête de la femme dont les yeux clignaient. « Ouais, elle s'est seulement évanouie.

— Tout le monde est malade », s'écria Luella avec un mélange de drôlerie et d'accablement. « Tout le monde est malade, sauf moi.

— Celle-ci n'est pas malade, dit-il après un moment.

Son cœur s'est déjà remis à battre normalement. Elle s'est seulement évanouie. »

Quand elle eut aidé le médecin à installer sur une chaise le corps qui revenait à la vie, Luella se précipita dans la nursery et se pencha sur le lit de l'enfant. Elle abaissa sans bruit l'un des côtés de la cage de fer. La fièvre semblait retombée, la rougeur avait disparu. Elle se courba davantage pour toucher la petite joue.

Soudain Luella se mit à hurler.

IV

Même après l'enterrement de l'enfant, Luella ne pouvait croire qu'elle l'avait perdu. De retour dans l'appartement, elle tourna en rond dans la nursery en prononçant son nom. Puis, terrifiée par son propre chagrin, elle s'assit et contempla le berceau à bascule blanc, sur lequel était peint un poussin rouge.

« Qu'est-ce que je vais devenir ? murmura-t-elle pour elle-même. Il va m'arriver quelque chose de terrible quand je comprendrai que je ne verrai plus Chuck ! »

Elle n'en était pas encore sûre. Si elle attendait ici jusqu'à la tombée du jour, peut-être la nuit le ramènerait-elle de la promenade. Elle se souvenait d'une agitation épouvantable, au milieu de laquelle on lui avait dit que Chuck était mort, mais si c'était le cas, pourquoi sa chambre l'attendait-elle, avec sa petite brosse et son peigne posés sur la commode, et elle-même, pour quelle raison était-elle ici ?

« Mrs. Hemple. »

Elle leva les yeux. La silhouette fatiguée et miteuse du docteur Moon apparut sur le pas de la porte.

« Allez-vous-en, dit Luella d'une voix éteinte.

— Votre mari a besoin de vous.

— Ça m'est égal. »

Le docteur Moon s'avança de quelques pas dans la pièce.

« Je crois que vous ne comprenez pas, Mrs. Hemple. Il vous demande. Vous n'avez plus que lui désormais.

— Je vous déteste, dit-elle brusquement.

— Si vous voulez. Je n'ai rien promis, rappelez-vous. Je fais du mieux que je peux. Vous irez mieux quand vous aurez admis que votre enfant est mort, que vous ne le reverrez plus. »

Luella bondit sur ses pieds.

« Mon enfant n'est pas mort ! cria-t-elle. Vous mentez ! Vous mentez tout le temps ! »

Son regard étincelant plongea dans celui du docteur et aperçut dans ses profondeurs quelque chose de brutal et d'affectueux qui la terrifia, la contraignait à la soumission. Elle baissa les yeux, à bout de forces, livrée au désespoir.

« Très bien, dit-elle d'une voix lasse. Mon enfant est mort. Que vais-je faire maintenant ?

— Votre mari va beaucoup mieux. Il n'a plus besoin que de repos et d'affection. Mais il faut aller le voir et lui raconter ce qui s'est passé.

— Vous pensez sans doute que c'est à vous qu'il doit d'aller mieux, dit-elle durement.

— Peut-être. Il est presque rétabli. »

Presque rétabli... Alors, le dernier maillon qui la tenait attachée à son foyer était rompu. Cette partie de sa vie s'achevait. Elle pouvait l'interrompre, avec tout ce qu'elle renfermait de souffrance et d'oppression, et s'en aller, libre comme l'air.

« J'irai le voir dans une minute, dit Luella d'une voix lointaine. Laissez-moi seule, s'il vous plaît. »

L'ombre importune du docteur se fondit dans l'obscurité du couloir.

« Je peux partir, murmura Luella pour elle-même. La vie m'a rendu la liberté en échange de ce qu'elle m'a pris. »

Mais elle ne devait pas s'attarder ne fût-ce qu'un instant, sinon la vie l'enchaînerait et la ferait souffrir de nouveau. Elle appela le concierge et demanda qu'on lui monte sa malle de la réserve. Elle se mit alors à sortir des choses de la commode et de la penderie, s'efforçant de rassembler, dans la mesure du possible, les biens qu'elle avait apportés au foyer conjugal. Elle trouva même deux vieilles robes qui avaient fait partie de son trousseau – démodées à présent et un peu serrées aux hanches – qu'elle emballa avec le reste. Une vie nouvelle. Charles était rétabli, et son petit enfant, pour qui elle avait éprouvé une véritable adoration mêlée d'un peu d'ennui, était mort.

Quand elle eut refermé sa malle, elle se rendit machinalement à la cuisine pour voir où en étaient les préparatifs du dîner. Elle parla à la cuisinière du menu spécial de Charles et lui dit qu'elle-même dînerait dehors. L'une des petites casseroles qui avaient servi pour les repas de Chuck retint son attention un instant, mais elle la contempla sans émotion. Elle examina l'intérieur de la glacière, qu'elle trouva parfaitement propre. Puis elle se dirigea vers la chambre de Charles. Il était assis dans son lit et la garde-malade lui faisait la lecture. Ses cheveux étaient maintenant presque blancs, d'un blanc argenté, et, au-dessous, les yeux étaient très grands et sombres dans un visage maigre de jeune homme.

« Le petit est malade ? » demanda-t-il de sa voix habituelle.

Elle eut un hochement de tête.

Il hésita, ferma les yeux un moment. Puis il demanda :

« Notre petit est mort ?

— Oui. »

Pendant un long moment, il se tut. L'infirmière s'approcha et posa une main sur son front. Deux grosses larmes étranges roulèrent de ses yeux.

« Je savais que notre petit était mort. »

Après une autre longue attente, l'infirmière prit la parole.

« Le médecin a dit qu'on pouvait l'emmener faire une promenade en voiture aujourd'hui tant qu'il y a du soleil. Il a besoin d'un peu de changement.

— Oui.

— J'ai pensé... (l'infirmière hésita)... j'ai pensé que cela pourrait vous faire du bien à tous les deux, Mrs. Hemple, si vous sortiez avec lui, plutôt que moi. »

Luella secoua la tête avec empressement.

« Oh non ! dit-elle. Je ne m'en sens pas capable aujourd'hui. »

L'infirmière lui lança un regard bizarre. Dans un subit accès de pitié, Luella se pencha doucement sur Charles et lui embrassa la joue. Puis, sans un mot, elle regagna sa propre chambre, mit son chapeau et son manteau et, sa valise à la main, se dirigea vers la porte d'entrée.

Elle vit tout de suite qu'il y avait une ombre dans l'entrée. Si elle pouvait parvenir au-delà, elle était libre. Si elle pouvait aller à droite ou à gauche, ou lui commander de s'écarter ! Mais l'ombre refusait obstinément de bouger et, poussant un petit cri, Luella s'affaissa sur une chaise du vestibule.

« Je croyais que vous étiez parti, gémit-elle. Je vous avais dit de partir.

— Je vais partir bientôt, dit le docteur Moon, mais je ne veux pas que vous commettiez une erreur vieille comme le monde.

— Je ne commets pas d'erreur ; je laisse mes erreurs derrière moi.

— C'est vous-même que vous essayez de laisser derrière vous, mais vous ne le pouvez pas. Plus vous essayerez de vous fuir, plus vous serez en compagnie de vous-même.

— Mais il faut que je parte, insista-t-elle, farouche. Que je quitte la maison de la mort et de l'échec !

— Vous n'avez pas encore échoué. Vous n'avez fait que commencer. »

Elle se leva.

« Laissez-moi passer.

— Non. »

Elle céda, brusquement, comme toujours quand il lui parlait. Elle se couvrit le visage de ses mains et éclata en sanglots.

« Retournez dans cette chambre et dites à l'infirmière que vous allez faire un tour en voiture avec votre mari, suggéra-t-il.

— Je ne peux pas.

— Oh si. »

Une fois de plus, Luella le regarda et sut qu'elle allait obéir. Persuadée qu'elle était définitivement brisée, elle reprit sa valise et retraversa le vestibule dans l'autre sens.

V

Luella ne pouvait comprendre la nature de l'étrange influence que le docteur Moon exerçait sur elle. Mais au fil des jours, elle se retrouva occupée à faire quantité de choses dont elle avait eu horreur jusque-là. Elle restait à la maison avec Charles, et quand il se rétablit, elle sortait quelquefois avec lui, pour un dîner ou un spectacle, mais seulement quand il en exprimait le désir. Elle inspectait la cuisine tous les jours et veillait sur la maison d'un œil réticent, terrifiée, au début, à l'idée que tout pourrait se dérégler à nouveau, puis par simple habitude. Et elle croyait deviner que cette situation avait, d'une certaine façon, un rapport avec le docteur Moon ; il y avait là quelque chose qu'il lui répétait au sujet de la vie, ou qu'il lui disait à mi-mot, tout en le lui cachant comme s'il craignait qu'elle ne le comprenne pour de bon.

Quand ils reprirent le cours de leur vie normale, elle s'aperçut que Charles était moins nerveux. Sa manie de se frotter le visage l'avait quitté, et si le monde lui paraissait moins gai et moins heureux qu'auparavant, elle connaissait parfois une certaine sérénité, toute nouvelle pour elle.

Puis, un après-midi, le docteur Moon lui annonça soudain qu'il s'en allait.

« Vous voulez dire définitivement ? demanda-t-elle, saisie d'une sorte de panique.

— Définitivement. »

Un instant, étrangement, elle fut incertaine de se sentir heureuse ou triste.

« Vous n'avez plus besoin de moi, dit-il d'une voix

calme. Sans vous en rendre compte, vous êtes devenue une adulte. »

Il s'approcha, s'assit sur le canapé près d'elle et lui prit la main.

Luella se taisait, nerveuse ; elle écoutait.

« Nous nous entendons avec les enfants pour qu'ils assistent avec les spectateurs au spectacle, sans y prendre part, dit-il, mais s'ils restent avec les spectateurs une fois qu'ils sont adultes, il faut que quelqu'un travaille deux fois plus pour eux afin qu'ils puissent jouir de la lumière et de l'éclat du monde.

— Mais je veux la lumière et l'éclat, protesta-t-elle. C'est tout ce qu'il y a dans la vie. Que peut-il y avoir de mal à désirer un peu de chaleur ?

— Vous aurez cette chaleur.

— Comment ?

— Les choses se réchaufferont par votre présence. »

Luella le regarda, interloquée.

« Votre tour est venu d'être le centre, de donner à d'autres ce qui vous a été donné pendant si longtemps. Il vous incombe de donner la sécurité aux jeunes, la paix à votre mari, un amour désintéressé aux vieux. Il vous incombe de faire sentir à ceux qui travaillent qu'ils peuvent compter sur vous. Il vous incombe de dissimuler plus de soucis que vous n'en laissez paraître, d'être un peu plus patiente que la moyenne des gens, et de faire un peu plus que votre part, plutôt qu'un peu moins. La lumière et l'éclat du monde sont entre vos mains. »

Il s'interrompit tout à coup.

« Levez-vous, dit-il, allez à ce miroir et dites-moi ce que vous voyez. »

Obéissante, Luella se leva et s'approcha d'un objet

qu'elle avait acheté pendant sa lune de miel, un trumeau vénitien fixé au mur.

« Je vois de nouvelles lignes sur mon visage, ici, dit-elle en posant un doigt entre ses sourcils, et quelques ombres sur les côtés qui pourraient être... qui sont de petites rides.

— Cela vous contrarie-t-il ? »

Elle se retourna vivement. « Non, dit-elle.

— Avez-vous bien conscience que Chuck n'est plus là ? Que vous ne le reverrez plus ?

— Oui. (Elle passa lentement la main sur ses yeux.) Mais tout cela me semble si vague et lointain.

— Vague et lointain ? » répéta-t-il. Puis : « Avez-vous peur de moi, à présent ?

— Non, plus maintenant », dit-elle, et elle ajouta en toute franchise : « Maintenant que vous partez. »

Il se dirigea vers la porte. Il semblait particulièrement fatigué ce soir ; on aurait dit qu'il pouvait à peine se mouvoir.

« C'est vous qui avez la garde de cette maisonnée, dit-il dans un murmure las. S'il s'y trouve lumière et chaleur, ce seront votre lumière et votre chaleur ; si elle est heureuse, c'est que vous l'aurez rendue telle. Des bonheurs pourront vous être accordés dans votre vie, mais vous devez renoncer à les rechercher. C'est à votre tour d'entretenir le feu.

— Ne voulez-vous pas vous asseoir un instant encore ? hasarda Luella.

— Je n'ai plus le temps. » Sa voix était maintenant si basse que Luella pouvait à peine saisir les mots. « Mais n'oubliez pas que si la souffrance croise votre chemin, je pourrai toujours vous aider, à condition qu'une aide soit possible. Je ne promets rien. »

Il ouvrit la porte. Elle devait maintenant découvrir ce qu'elle tenait le plus à savoir, avant qu'il ne fût trop tard.

« Que m'avez-vous fait ? cria-t-elle. Pourquoi n'ai-je plus de chagrin pour Chuck ni pour rien d'autre ? Dites-moi. Je comprends presque, et pourtant je ne peux comprendre. Avant de partir, dites-moi qui vous êtes !

— Qui je suis ? »

Le costume élimé s'arrêta sur le pas de la porte. Son visage rond et pâle parut se dissoudre en deux, dix, vingt visages, tous différents et cependant identiques – triste, heureux, tragique, indifférent, résigné –, jusqu'à ce que soixante docteurs Moon s'alignent comme une série infinie de reflets, une longue enfilade de mois qui s'enfonçaient dans le passé.

« Qui je suis ? répéta-t-il. Je suis cinq années. »

La porte se referma.

Charles Hemple rentra chez lui à 6 heures et, comme à l'accoutumée, Luella l'accueillit dans l'entrée. Hormis la blancheur immaculée de ses cheveux, la maladie, longue de deux ans, n'avait laissé aucune trace sur lui. Chez Luella, le changement était plus notable. Elle était un peu plus épaisse, et elle avait autour des yeux ces rides qui s'étaient creusées à la mort de Chuck, un soir de 1921. Mais elle était encore très jolie et, à vingt-huit ans, son visage montrait une sorte de bonté adulte, comme si le malheur ne l'avait effleuré qu'à contrecœur, fuyant aussitôt.

« Ede et son mari viennent dîner, dit-elle. J'ai des places de théâtre mais, si tu es fatigué, je ne tiens pas plus que cela à y aller.

— J'irai volontiers. »

Elle le regarda.

« Tu ne parles pas sérieusement.

— Mais si.

— Nous verrons comment tu te sens après le dîner. »

Il lui passa le bras autour de la taille. Ils entrèrent ensemble dans la nursery où les deux enfants attendaient dans leur lit qu'on vienne leur dire bonsoir.

UN BON SAMARITAIN

I

Les jeunes Mather étaient mariés depuis un an environ, quand Jaqueline entra un jour au siège de la société de courtage en quincaillerie que son mari faisait joliment prospérer. Parvenue à la porte ouverte du bureau du fond, elle s'arrêta et dit : « Oh ! excusez-moi... » Elle avait interrompu une scène apparemment banale, mais qui ne laissa pas de l'intriguer. Un jeune homme du nom de Bronson, qu'elle connaissait vaguement, se tenait debout auprès de son mari ; ce dernier venait de se lever. Bronson avait saisi la main de son mari et la serrait avec ardeur... et même un peu plus que de l'ardeur. Lorsqu'ils entendirent le pas de Jaqueline sur le seuil, les deux hommes se retournèrent et Jaqueline vit que Bronson avait les yeux rouges.

Un instant plus tard, il sortit de la pièce, la saluant au passage d'un « Comment allez-vous ? » quelque peu embarrassé. Elle entra dans le bureau de son mari.

« Que faisait Ed Bronson ici ? » s'empressa-t-elle de demander, poussée par la curiosité.

Jim Mather lui sourit en fermant à demi ses yeux gris, et l'attira calmement au bord de la table, où il la fit asseoir.

« Oh, il n'est passé qu'une minute, répondit-il d'un air dégagé. Et à la maison, tout va bien ?

— Très bien. » Elle le regarda d'un air inquisiteur. « Que voulait-il ? insista-t-elle.

— Oh, il voulait seulement me voir à propos de quelque chose.

— Quoi ?

— Pas grand-chose. Des affaires.

— Pourquoi avait-il les yeux rouges ?

— Ah oui ? Il avait les yeux rouges ? » Il la regarda d'un air candide. Soudain, tous deux éclatèrent de rire. Jaqueline se leva, fit le tour du bureau et se laissa tomber dans le fauteuil pivotant de son mari.

« Autant me raconter l'histoire, annonça-t-elle gaiement, parce que je resterai ici tant que tu ne m'auras pas tout dit.

— Bon... (Sa voix était hésitante ; il fronça les sourcils.) Il voulait me demander un petit service. »

Jaqueline comprit alors ; ou plutôt, elle mit le doigt, un peu par hasard, sur la vérité.

« Oh ! fit-elle d'une voix un peu plus âpre. Tu lui as prêté de l'argent.

— Rien qu'un peu.

— Combien ?

— Seulement trois cents dollars.

— *Seulement*... trois cents dollars ! » Sa voix avait la texture d'un acier Bessemer refroidi. « Combien dépensons-nous par mois, Jim ?

— Combien ?... Eh bien, disons cinq ou six cents dollars à peu près, dit-il, embarrassé, se tortillant un peu.

Écoute, Jack. Bronson remboursera cette somme. Il a de petits ennuis. Il a fait une bêtise avec une fille de Woodmere…

— Et comme il sait que tu as la réputation d'être une proie facile, c'est toi qu'il vient trouver, compléta-t-elle.

— Non, fit-il d'un ton catégorique.

— Tu ne penses pas que je pourrais avoir l'usage de ces trois cents dollars ? demanda-t-elle. Parlons de ce voyage à New York que nous n'avons pas pu nous offrir en novembre dernier… »

Le sourire qui s'attardait sur les lèvres de Mather s'évanouit. Il alla fermer la porte qui donnait sur l'autre bureau.

« Écoute, Jack, commença-t-il. Tu ne comprends pas. Bronson est un garçon avec lequel je déjeune presque tous les jours. Nous jouions ensemble quand nous étions gamins, nous sommes allés à l'école ensemble. Tu ne vois pas que je suis précisément la personne à laquelle il est naturel qu'il s'adresse s'il a des ennuis ? C'est pourquoi je n'ai pas pu refuser. »

Jaqueline eut un brusque mouvement des épaules, comme pour écarter ce raisonnement.

« En tout cas, continua-t-elle d'un ton décidé, je suis sûre que c'est un bon à rien. Il est toujours ivre, et s'il a choisi de ne pas travailler, rien ne l'autorise à vivre de ton travail à toi. »

Ils étaient maintenant assis de part et d'autre de la table, chacun ayant adopté l'attitude d'un adulte qui parlerait à un enfant. Ils commençaient leurs phrases par un « Écoute ! » et les deux visages exprimaient une patience mise à rude épreuve.

« Si tu ne comprends pas, je ne peux pas t'expliquer », conclut Mather après un quart d'heure, sur un ton qui était, pour lui, celui de l'exaspération. « Il existe entre hommes des obligations de ce genre, imagine-toi, et il faut y faire face. C'est un peu plus compliqué que de se contenter de refuser un prêt d'argent, en particulier dans un métier comme le mien, où beaucoup de choses dépendent de la bonne volonté des hommes d'affaires. »

Tout en parlant de la sorte, Mather enfilait son manteau. Il rentrait à la maison avec elle, en tramway, pour le déjeuner. Ils étaient entre deux automobiles : ils avaient vendu l'ancienne et en achèteraient une autre au printemps.

Or le voyage en tramway était, ce jour-là, particulièrement malvenu. En d'autres circonstances, ils auraient pu oublier rapidement la dispute au bureau ; mais ce qui suivit irrita l'égratignure au point que les deux organismes devinrent la proie d'une grave infection.

Ils trouvèrent des sièges vers l'avant de la voiture. En cette fin de février, un soleil enthousiaste et peu scrupuleux transformait la maigre neige des rues en ruisselets sales et joyeux qui faisaient entendre leur musique dans les caniveaux. À cause de ce temps, le tramway était moins plein que d'habitude ; personne n'était debout. Le conducteur avait même ouvert sa fenêtre et une brise dorée chassait de l'intérieur les dernières exhalaisons de l'hiver.

Jaqueline songeait avec une intense satisfaction que son mari, assis à côté d'elle, était plus beau et meilleur que beaucoup d'autres. Il était idiot d'essayer de le changer. Bronson finirait peut-être par rendre l'argent et, après tout, trois cents dollars ne représentaient pas une fortune. Rien ne l'autorisait à faire cet emprunt, mais enfin…

Le cours de ses réflexions fut interrompu par une cohorte de passagers qui se déversa rudement dans le couloir central. Jaqueline se disait qu'ils pourraient quand même mettre la main devant la bouche quand ils toussaient, et elle espérait que Jim achèterait bien vite une nouvelle voiture. On ne savait jamais quelle maladie on pouvait attraper dans ces trams.

Elle se tourna vers Jim pour évoquer le sujet, mais Jim s'était levé pour offrir sa place à une femme qui était debout à côté de lui dans l'allée. Sans même un grognement de remerciement, la femme s'assit. Jaqueline prit un air sévère.

La femme, qui pouvait avoir une cinquantaine d'années, était énorme. En s'asseyant, elle se contenta d'occuper la partie inoccupée du siège, mais elle commença bientôt à répandre ses épais bourrelets de graisse sur une surface de plus en plus large, au point que cette expansion prit l'aspect d'un brutal envahissement. Quand le tramway gîtait du côté de Jaqueline, la femme glissait dans le même sens, mais quand il donnait de la bande sur l'autre bord, elle parvenait habilement à regagner du terrain et à le conserver.

Jaqueline attira l'attention de son mari – il oscillait sur ses jambes, accroché à une poignée de cuir – et lui fit comprendre par un coup d'œil furieux combien elle blâmait sa décision. Il s'excusa silencieusement et s'absorba sans plus attendre dans la contemplation d'une rangée d'affiches publicitaires. La grosse femme exerça une nouvelle pression contre Jaqueline ; cette fois, elle débordait carrément sur elle. Puis, ayant tourné la tête, elle planta sur Mrs. James Mather des yeux bouffis, fort désagréables, et lui toussa au visage avec fracas.

Étouffant une exclamation, Jaqueline se leva brusquement, se faufila, contourna d'un pas nerveux les genoux charnus et, rose de colère, gagna l'arrière de la voiture.

Là, elle attrapa une poignée de cuir ; elle fut bientôt rejointe par son mari, qui était affreusement inquiet.

Ils demeurèrent debout côte à côte, sans échanger un mot, pendant dix minutes, tandis qu'une rangée d'hommes assis devant eux feuilletaient bruyamment leurs journaux et tenaient vertueusement leurs yeux rivés sur les dessins humoristiques du jour.

Quand ils descendirent enfin de la voiture, Jaqueline explosa.

« Grand imbécile ! cria-t-elle, sans plus se contrôler. Tu as vu cette horrible femme à qui tu as cédé ta place ? Pourquoi ne t'intéresses-tu pas à moi de temps à autre, au lieu de t'occuper de toutes les grosses blanchisseuses égoïstes que tu croises ?

— Comment pouvais-je savoir… »

Mais Jaqueline était plus fâchée contre lui qu'elle ne l'avait jamais été ; d'ordinaire, on ne se fâchait pas contre lui.

« Tu n'as pas vu un seul de ces hommes se lever pour me donner sa place, pas vrai ? Pas étonnant que tu te sois senti trop fatigué pour sortir lundi soir. Tu avais sans doute donné ta place à… une horrible blanchisseuse polonaise forte comme un bœuf et qui *adore* rester debout ! »

Ils marchaient le long de la rue boueuse, sans chercher à éviter les flaques d'eau. Perdu et accablé, Mather était incapable de s'excuser ou de se défendre.

Jaqueline s'interrompit soudain et se tourna vers lui pour le regarder, avec une étrange lueur dans les yeux. Les mots qu'elle employa pour faire un résumé à sa façon de la situation furent sans doute les plus déplaisants qui lui eussent jamais été adressés de sa vie.

« Le problème avec toi, Jim, la raison pour laquelle tu

es une cible facile, c'est que tu as les idées d'un étudiant de première année : tu es un chic type professionnel. »

II

L'incident et les paroles désagréables furent oubliés. Le bon caractère de Mather, qui ne connaissait pas de limites, avait arrondi les angles en moins d'une heure. Les allusions à cette péripétie s'espacèrent progressivement au fil des jours, puis cessèrent tout à fait, et tout sombra dans les limbes de l'oubli. Je dis « les limbes » car l'oubli, malheureusement, n'est jamais entièrement dépourvu de mémoire. Un événement fit passer le sujet à la trappe : Jaqueline, avec son énergie et son flegme habituels, se lança dans la tâche ardue, longue et pénible de mettre un enfant au monde. Ses traits de caractère et ses préventions naturelles s'accentuèrent, et elle était moins disposée à laisser passer les choses sans réagir.

On était en avril maintenant, et ils n'avaient toujours pas acheté de voiture. Mather s'était rendu compte qu'il ne faisait presque pas d'économies et que, dans six mois, il aurait la charge d'une famille. Cela l'inquiétait. Une petite ride, timide et peu gênante, faisait une ombre autour de ses yeux francs et bienveillants. En ces jours de printemps, il travaillait jusqu'à la tombée de la nuit et ramenait souvent à la maison le surplus de son travail quotidien. On remit à plus tard l'achat de la nouvelle automobile.

Un après-midi d'avril : la ville entière faisait ses courses dans Washington Street. Jaqueline marchait lentement devant les magasins, méditant sans crainte ni accablement sur la direction que sa vie était arbitrairement condamnée à prendre. Le vent apportait une sèche poussière d'été ; le soleil jouait gaiement sur les vitrines et faisait apparaître de radieux arcs-en-ciel d'essence là où les voitures, en gouttant, avaient laissé des flaques sur la chaussée.

Jaqueline s'arrêta. À moins de deux mètres d'elle, un roadster de sport flambant neuf était garé au bord du trottoir. Deux hommes se tenaient à côté, en grande conversation, et, au moment où elle reconnaissait dans l'un d'eux le jeune Bronson, elle l'entendit expliquer à l'autre d'un ton détaché :

« Qu'est-ce que tu en penses ? Je l'ai depuis ce matin. »

Jaqueline fit brusquement demi-tour et, d'un pas vif et sonore, se rendit au bureau de son mari. Elle adressa à la sténodactylo le bref signe de tête habituel, avant de se diriger vers la pièce du fond. Mather leva les yeux, surpris de cette entrée soudaine.

« Jim, commença-t-elle sans reprendre souffle, Bronson t'a-t-il jamais rendu ces trois cents dollars ?

— À vrai dire… non, répondit-il d'une voix hésitante, pas encore. Il est passé la semaine dernière et il m'a expliqué qu'il était fauché. »

Les yeux de Jaqueline étincelaient de colère triomphante.

« Vraiment ? fit-elle d'une voix cassante. Eh bien, il vient d'acheter un nouveau roadster de sport qui a dû coûter au moins deux mille cinq cents dollars. »

Il secoua la tête, incrédule.

« Je l'ai vu, insista-t-elle. Je l'ai entendu dire qu'il venait de l'acheter.

— Mais il m'a dit qu'il était à sec », répéta Mather, désarçonné.

Jaqueline signifia qu'elle jetait l'éponge par une expiration bruyante et profonde, qui tenait du soupir et du gémissement.

« Il se servait de toi ! Il savait que tu es une proie facile et il se servait de toi. Ne comprends-tu pas ? Il voulait que tu lui achètes sa voiture, et c'est ce que tu as fait ! (Elle eut un rire amer.) Il doit être en train de rire à s'en briser les côtes à l'idée de t'avoir berné si facilement.

— Non, non, protesta Mather, visiblement indigné, tu as dû le confondre avec quelqu'un d'autre… »

Elle l'interrompit avec véhémence. « Nous, nous allons à pied, et lui est assis au volant de notre fortune. Oh ! le luxe ! le luxe ! Si ce n'était pas aussi insupportable, ce serait absurde, simplement absurde. Écoute-moi ! (Sa voix se fit plus sèche, moins fiévreuse ; on y décelait maintenant une note de mépris.) Tu passes la moitié de ton temps à aider des gens qui se fichent complètement de toi et de ce que tu deviens. Tu cèdes ta place dans le tramway à des porcs, et tu rentres à la maison trop fatigué pour bouger le petit doigt. Tu fais partie de toutes sortes de comités qui te prennent au moins une heure par jour de ton temps de travail et tu n'en reçois pas un sou. On se sert de toi en permanence ! Je ne le supporterai pas ! Je croyais avoir épousé un homme, pas un bon samaritain professionnel qui va mettre sur ses épaules tous les fardeaux de la terre ! »

Ayant achevé sa philippique, Jaqueline vacilla soudain et s'affala sur une chaise, nerveusement épuisée.

« Au moment où j'ai besoin de toi, reprit-elle d'une voix saccadée. J'ai besoin de ta force et de ta santé, de tes bras autour de moi. Et si tu… si tu donnes tout cela à n'importe qui, que reste-t-il pour moi quand vient mon tour ? »

Il s'agenouilla près d'elle, attira sa jeune tête lasse vers lui, puis tout contre son épaule.

« Je regrette, Jaqueline, dit-il, humble. Je serai plus méfiant. Je n'avais pas conscience de ce que je faisais.

— Tu es la personne la plus adorable du monde, murmura-t-elle d'une voix rauque, mais je te veux tout entier, et je veux pour moi le meilleur de toi. »

Il lui caressa les cheveux encore et encore. Pendant quelques minutes, ils gardèrent le silence, ayant atteint une sorte de nirvana de paix et de compréhension mutuelle. C'est de mauvaise grâce que Jaqueline releva la tête quand se fit entendre à la porte la voix de Miss Clancy.

« Oh ! je vous demande pardon.

— Qu'y a-t-il ?

— Un coursier est ici avec des paquets contre remboursement. »

Mather se leva et suivit Miss Clancy dans le bureau de l'entrée.

« Ça fait cinquante dollars. »

Il chercha dans son portefeuille, mais il n'avait pas pensé à aller à la banque ce matin-là.

« Un instant », dit-il distraitement. Il avait l'esprit entièrement absorbé par Jaqueline, qui semblait livrée à son désarroi et l'attendait dans l'autre pièce. Il sortit dans le couloir et entra en face chez CLAYTON ET DRAKE, COURTIERS ; il poussa une porte battante et s'approcha d'un homme assis derrière un bureau.

« Bonjour, Fred », dit Mather.

Drake, un petit homme de trente ans affublé d'un pince-nez et d'une calvitie, se leva pour lui serrer la main.

« Bonjour, Jim. Que puis-je pour toi ?

— Voilà. J'ai à côté un coursier avec des colis contre

remboursement et je n'ai pas un sou en poche. Peux-tu me prêter cinquante dollars jusqu'à cet après-midi ? »

Drake regarda Mather avec une grande attention. Puis, lentement, à la stupéfaction de Mather, il secoua la tête, non pas de haut en bas, mais de gauche à droite.

« Je regrette, Jim, répondit-il avec raideur. Je me suis fait une règle de ne jamais consentir de prêt personnel à quiconque sous aucune condition. J'ai vu l'argent briser trop d'amitiés.

— Quoi ? »

Mather avait émergé de sa distraction, et le monosyllabe exprimait sans détour la violence de son saisissement. Son tact naturel vint aussitôt, comme automatiquement, à son aide et lui souffla sa réponse, bien qu'il eût le cerveau soudain engourdi. D'instinct, il voulut épargner à Drake de se sentir embarrassé par son refus.

« Je comprends... » Il hocha la tête comme s'il partageait son point de vue, comme si lui-même avait souvent envisagé de se donner cette même règle. « Oui, je comprends bien ce que tu veux dire. Bon... C'était seulement... Je ne voudrais surtout pas que tu violes une règle pareille. C'est sans doute une bonne chose. »

Ils discutèrent encore pendant une minute. Drake justifia sans mal sa position ; il avait, de toute évidence, soigneusement répété sa tirade. Il gratifia Mather d'un sourire délicieusement candide.

Le plus civilement du monde, Mather regagna son bureau, en ayant produit sur Drake l'impression qu'il avait eu affaire à l'homme le plus délicat de la ville. Mather s'entendait à produire cet effet. Mais quand il franchit la porte et vit sa femme qui regardait fixement, d'un œil morne, le soleil derrière la vitre, il serra les poings et ses lèvres s'agitèrent de manière inhabituelle.

« D'accord, Jack, dit-il lentement, tu dois avoir raison sur presque toute la ligne, et je me suis complètement trompé. »

III

Pendant les trois mois qui suivirent, Mather remonta par la pensée loin en arrière dans sa vie. Il avait eu une existence exceptionnellement heureuse. Ces frictions entre humains, entre l'homme et la société, qui font à la plupart d'entre nous un cuir, puis une épaisse carapace de cynisme querelleur, étaient chez lui remarquables par leur rareté. Il ne lui était jamais venu à l'idée, avant cet épisode, que cette immunité avait eu un prix, et il découvrait maintenant qu'il avait ici et là, mais de manière constante, emprunté le côté accidenté du chemin pour éviter l'hostilité ou la dispute, ou simplement les questions.

Il y avait, par exemple, tout cet argent prêté à titre personnel, treize cents dollars environ en tout, dont il devenait clair à ses yeux qu'il ne le reverrait jamais. Il avait fallu l'intelligence féminine de Jaqueline, plus dure, pour le lui révéler. Et aujourd'hui, alors qu'il se devait pour elle d'avoir de l'argent à la banque, les sommes prêtées lui faisaient cruellement défaut.

Il lui fallait aussi admettre le bien-fondé des remarques de sa femme sur les services qu'il ne cessait de rendre, un petit quelque chose par-ci, un autre petit quelque chose par-là. Quand on faisait le compte, la quantité d'énergie et de temps dépensés était terrifiante. Il avait pris plaisir à rendre service. Qu'on pût avoir de lui une bonne opinion lui réchauffait le cœur, mais il se demandait s'il ne satisfaisait pas ainsi une vanité égoïste. En se posant ce genre de questions, il était, comme toujours, injuste envers lui-même. La vérité était que Mather avait une nature essentiellement, et prodigieusement, romantique.

Il décida que la dissipation de ces trésors d'introspection diminuait ses forces en fin de journée, sa capacité de travail et la solidité de son soutien à Jaqueline, qui s'alourdissait au fil des mois et, de plus en plus lasse, passait les longs après-midi d'été à l'abri du treillis de la galerie, guettant son pas au bout de l'allée.

Afin de ne pas mollir dans cette détermination, Mather renonça à beaucoup de choses, dont la présidence de l'association des anciens étudiants de son université. Il abandonna d'autres tâches de moindre prestige. Quand il faisait son entrée dans un comité, les autres avaient l'habitude de l'élire président, puis de disparaître dans les profondeurs de l'arrière-scène, où l'on avait le plus grand mal à les retrouver. Il en avait fini avec ces mœurs. En outre, il évitait les solliciteurs, et fuyait certain regard avide qu'il croisait souvent dans un certain groupe de membres de son club.

Le changement s'opéra lentement en lui. Sa naïveté n'avait rien d'exceptionnel ; en d'autres circonstances, le refus que Drake lui avait opposé ne l'eût pas surpris. Si on lui en avait parlé, il n'y aurait guère prêté attention. Mais il était venu contredire brutalement une situation qu'il avait dans l'esprit, et le heurt avait revêtu une signification puissante et littérale.

On était maintenant à la mi-août, au terme d'une semaine accablante. Les rideaux, aux fenêtres grandes ouvertes de son bureau, n'avaient presque pas frémi de toute la journée et pendaient comme des voiles encalminées dans la tiède mitoyenneté des stores étouffants. Mather était inquiet : Jaqueline s'était surmenée et payait ses efforts de violentes migraines et de nausées, et les affaires semblaient avoir atteint une manière de point mort. Ce matin, il s'était montré si nerveux avec Miss Clancy qu'elle l'avait regardé avec étonnement. Il s'était tout de suite excusé, regrettant après coup de l'avoir fait. Il travaillait très rapidement dans cette chaleur, pourquoi pas elle ?

Elle parut à sa porte ; il leva les yeux, fronçant légèrement les sourcils.

« Mr. Edward Lacy.

— Très bien », répondit-il d'un air absent. Le vieux Lacy. Il le connaissait vaguement. Une silhouette mélancolique. Un début de carrière brillant dans les années 1880, et aujourd'hui l'une des épaves de la ville. Il ne pouvait imaginer ce que Lacy venait faire, sinon quémander.

« Bonjour, Mr. Mather. »

Un petit homme un peu guindé aux cheveux gris se tenait sur le seuil. Mather se leva et le salua poliment.

« Êtes-vous occupé, Mr. Mather ?

— Non, pas *très* occupé », dit-il en appuyant un peu sur l'adverbe.

Mr. Lacy s'assit, visiblement mal à l'aise. Il avait gardé son chapeau à la main et s'y cramponnait quand il commença à parler.

« Mr. Mather, si vous avez cinq minutes à m'accorder, je vais vous parler de quelque chose dont... dont je me trouve contraint à cet instant de vous entretenir. »

Mather hocha la tête. Son instinct l'avertit qu'on allait lui demander un service, mais il était fatigué, et, à bout de forces, il laissa son menton retomber sur sa main, ravi d'être distrait de ses soucis immédiats.

« Voilà... continua Mr. Lacy (Mather nota que les mains qui tripotaient le chapeau tremblaient.)... En 1884, votre père et moi étions de très bons amis. Vous l'avez sans doute entendu parler de moi. »

Mather fit signe que oui.

« J'ai été un de ceux qui ont porté son cercueil. Nous avions jadis été... très proches. C'est la raison pour laquelle je viens vous voir aujourd'hui. Jamais auparavant je ne me suis adressé, comme je le fais aujourd'hui, Mr. Mather, à... quelqu'un que je ne connais pas. Mais quand on vieillit, vos amis meurent ou s'en vont, ou bien ce sont des malentendus qui vous en séparent. Et vos enfants meurent, à moins que vous n'ayez la chance de partir le premier, et vous vous retrouvez vite seul, et vous n'avez plus d'amis du tout. C'est la solitude complète. » Ses lèvres esquissèrent un sourire. Ses mains tremblaient maintenant avec violence.

« Un jour, il y a presque quarante ans, votre père est venu me voir et m'a demandé mille dollars. J'étais un peu plus âgé que lui, et, sans le connaître vraiment, j'avais une haute opinion de lui. C'était une grosse somme à l'époque et il ne m'offrait aucune garantie, ne possédait rien, mais il avait un projet en tête, et comme j'aimais la façon qu'il avait de vous regarder – pardonnez-moi si je vous dis que vous n'êtes pas sans lui ressembler –, je lui ai donné l'argent sans garantie. »

Mr. Lacy s'arrêta un instant.

« Sans garantie, répéta-t-il. Je pouvais alors me le permettre. Je n'y ai pas perdu. Il m'a remboursé avec un intérêt de six pour cent avant la fin de l'année. »

Mather avait les yeux baissés sur son papier buvard, où, à petits coups de crayon, il dessinait des triangles. Il savait ce qui allait suivre, et ses muscles se contractaient tandis qu'il rassemblait ses forces pour le refus qu'il allait devoir opposer.

« Je suis maintenant un vieil homme, Mr. Mather, poursuivait la voix cassée. Mes espoirs ont fait naufrage, je suis une épave, mais le sujet n'est pas à l'ordre du jour. J'ai une fille, célibataire, qui vit avec moi. Elle fait des travaux de sténographie et elle est très bonne avec moi. Nous vivons ensemble, voyez-vous, dans Selby Avenue... Nous avons un appartement, très plaisant. »

Le vieil homme poussait des soupirs d'une voix chevrotante. Il essayait – et redoutait à la fois – d'en venir à sa requête. Il s'agissait, apparemment, d'une assurance. Il avait une police de dix mille dollars sur laquelle il avait emprunté le maximum, et il risquait de tout perdre s'il ne trouvait pas quatre cent cinquante dollars. Sa fille et lui disposaient de soixante-quinze dollars environ à eux deux. Ils n'avaient pas d'amis – comme il l'avait expliqué – et n'avaient pas pu rassembler cette somme...

Mather ne put supporter davantage cette histoire lamentable. Il n'avait pas les moyens de lui faire un prêt, mais il pouvait au moins épargner au vieil homme la peine cruelle de le solliciter.

« Je regrette, Mr. Lacy, dit-il, l'interrompant le plus doucement possible, mais je ne peux pas vous prêter cet argent.

— Non ? » Le vieillard leva vers lui des yeux éteints, clignotants ; son regard était au-delà de toute stupeur, presque, semblait-il, au-delà de toute émotion humaine hormis un tourment permanent. Une seule chose changea dans son expression : sa bouche s'entrouvrit lentement.

Mather tenait les yeux résolument fixés sur son buvard.

« Nous allons avoir un bébé dans quelques mois, et c'est pour cela que je fais des économies. Il serait malhonnête d'enlever à ma femme, ou à l'enfant, ce qui leur est destiné. »

Sa voix baissa, elle n'était plus qu'une sorte de marmonnement. Il disait à présent, platement, que les affaires allaient mal, et il le disait avec une facilité révoltante.

Mr. Lacy ne discuta pas. Il se leva sans manifester la moindre déception. Seules ses mains continuaient à trembler, ce qui ne laissait pas d'inquiéter Mather. Le vieil homme s'excusa ; il regrettait de l'avoir dérangé à pareil moment. Les choses s'arrangeraient peut-être. Il avait pensé que si, par hasard, Mr. Mather avait de l'argent devant lui... eh bien, c'était sans doute la personne à qui il pouvait s'adresser puisqu'il était le fils d'un vieil ami.

Quittant le bureau, il eut de la peine à ouvrir la porte extérieure. Miss Clancy vint à son aide. Il s'éloigna dans le couloir, silhouette pitoyable et malheureuse, avec ses yeux éteints et clignotants, la bouche toujours entrouverte.

Jim Mather, debout près de son bureau, se couvrit le visage de sa main et frissonna tout à coup comme s'il avait froid. Mais dehors, l'air de cette fin d'après-midi était brûlant comme à midi sous les tropiques.

IV

Une heure plus tard, le crépuscule était plus accablant encore tandis qu'il attendait son tramway. Le trajet durait vingt-cinq minutes jusque chez lui, et il acheta un magazine à la couverture rose pour mettre en appétit son esprit ramolli. La vie, ces derniers temps, lui semblait moins joyeuse, moins colorée. Peut-être avait-il appris à connaître les voies du monde, peut-être son charme s'évaporait-il peu à peu, à mesure que les années filaient.

Il n'avait, par exemple, jamais rien connu qui ressemblât à cet après-midi. Il ne pouvait chasser le vieil homme de ses pensées. Il se le représentait rentrant chez lui d'un pas traînant sous ce soleil de plomb, à pied, sans doute, pour économiser le prix du transport, ouvrant la porte d'un petit appartement étouffant, et avouant à sa fille que le fils de son ami n'avait pas pu lui venir en aide. Ils passeraient toute la soirée à imaginer des plans impraticables avant de se dire bonsoir, le père et la fille réduits à la solitude par le hasard, et ils iraient se coucher sans pouvoir trouver le sommeil, pathétiquement seuls.

Le tramway arriva et Mather trouva une place à l'avant, près d'une vieille dame qui lui jeta un regard mauvais en se poussant. À l'arrêt suivant, une foule de vendeuses des grands magasins du quartier se déversa dans le couloir et Mather déplia son journal. Depuis quelque temps, il avait renoncé à son habitude de céder sa place. Jaqueline avait raison : les jeunes femmes étaient en général tout aussi capables que lui de rester debout. Il était absurde d'offrir sa place, ce n'était qu'un geste. Pas une femme sur dix, aujourd'hui, ne prenait la peine de le remercier.

Il faisait une chaleur suffocante, et il épongea son front ruisselant. On s'entassait dans le couloir central à présent, et une femme debout près de lui fut, dans un virage, projetée contre son épaule. Mather aspira une longue bouffée d'un air fétide qui refusait obstinément de circuler, et s'efforça de se concentrer sur un dessin humoristique en haut de la page des sports.

« Avancez à l'avant, s'il vous plaît ! » cria le receveur

d'une voix rauque et irritée qui transperça la dense colonne humaine. « Y a d' la place à l'avant ! »

La foule fit un timide effort pour se pousser, mais comme il n'y avait malheureusement aucun espace où s'avancer, la tentative était vouée à l'échec. Le tramway prit un autre virage, et la femme près de Mather chancela une nouvelle fois contre son épaule. D'ordinaire, il aurait cédé sa place, au moins pour s'épargner qu'elle lui rappelle ainsi sa présence. Il en éprouvait un sentiment pénible d'insensibilité. Et à l'intérieur de la voiture, c'était horrible, épouvantable. On devrait mettre davantage de voitures en service sur la ligne par ces jours de canicule.

Pour la cinquième fois, il regarda la bande dessinée. Il y avait un mendiant dans la seconde image, et la silhouette vacillante de Mr. Lacy s'obstinait à occuper la place du mendiant. Dieu ! Et si le vieil homme mourait de faim ? Et s'il se jetait dans le fleuve ?

« Jadis, il a aidé mon père, songea Mather. S'il ne l'avait pas fait, ma propre vie aurait peut-être été différente. Mais Lacy en avait alors les moyens, moi pas. »

Pour se débarrasser de l'image de Mr. Lacy, Mather essaya de penser à Jaqueline. Il se répétait à lui-même qu'il aurait sacrifié sa femme à un homme fini qui avait eu sa chance et avait échoué. Jaqueline devait avoir sa chance, maintenant, plus que jamais.

Mather regarda sa montre. Il était dans le tramway depuis dix minutes. Encore un quart d'heure de voyage et la chaleur augmentait, devenait asphyxiante. La femme le heurta encore une fois et, jetant un coup d'œil par la fenêtre, il vit qu'ils tournaient au dernier coin de rue du centre-ville.

Il se dit qu'il devrait peut-être, après tout, donner sa place à cette femme qui, lors du dernier cahot, avait paru éprouver une grande fatigue. S'il avait pu être certain que c'était une personne d'âge mûr… Mais le tissu de sa robe, lorsque celle-ci frôlait sa main, lui donnait plus ou moins l'impression que c'était une jeune femme. Il n'osait plus lever les yeux pour s'en assurer. Il redoutait la supplication qu'il pourrait lire dans son regard s'il s'agissait d'une femme âgée, ou le mépris mordant si elle était jeune.

Pendant les cinq minutes qui suivirent, son esprit s'empêtra dans cette question aux proportions maintenant considérables : fallait-il ou ne fallait-il pas lui céder sa place ? Il sentait obscurément que ce geste rachèterait en partie le refus opposé à Mr. Lacy cet après-midi. Il serait terrible d'avoir agi aussi cruellement deux fois de suite – et en une telle journée.

Il essaya de nouveau la bande dessinée, mais en vain. Il lui fallait se concentrer sur Jaqueline. Il était mort de fatigue à présent, et le serait plus encore s'il se levait. Jaqueline l'attendrait, elle aurait besoin de lui. Elle serait déprimée et lui demanderait de la tenir calmement dans ses bras pendant une heure après le dîner. Quand il était fatigué, c'était une véritable épreuve. Ensuite, quand ils iraient se coucher, elle lui demanderait de temps à autre d'aller lui chercher ses médicaments ou un verre d'eau glacée. Il avait horreur de montrer le moindre signe de lassitude en satisfaisant à ces requêtes. Elle risquait, si elle s'en apercevait, de s'abstenir de lui demander ce dont elle avait besoin.

La femme le heurta de nouveau, ou plutôt, cette fois, s'affaissa presque. Elle aussi était fatiguée. Oui, on se fatiguait à travailler. Des bribes de proverbes qui parlaient de longues journées de labeur flottaient dans sa tête. Tout le monde, partout, était fatigué – cette femme, par exemple, dont le corps éreinté se tassait, pesait étrangement sur le sien. Mais son foyer à lui comptait plus que tout et la femme qu'il aimait l'y attendait. Il devait préserver ses forces pour elle et il ne cessait de se répéter qu'il ne donnerait pas sa place.

C'est alors qu'il entendit un long soupir, suivi d'une exclamation soudaine, et il s'aperçut que la femme ne s'appuyait plus contre lui. L'exclamation se multiplia en un chœur bruyant, puis un silence se fit, et le concert des voix reprit, parcourut toute la longueur de la voiture, en une succession d'appels entrecoupée de petits cris, jusqu'au receveur. Sur un violent coup de sonnette, le tramway étouffant s'arrêta avec une brusque secousse.

« Une femme s'est évanouie là-bas !

— Il faisait trop chaud pour elle !

— Tombée… comme une masse !

— Poussez-vous ! Dégagez ! »

La foule se sépara en deux. Les passagers à l'avant se serrèrent un peu plus et ceux de la plate-forme arrière descendirent un moment. Parmi les groupes soudainement formés, pitié et curiosité s'exprimaient profusément dans les conversations. Les gens tentaient d'aider, gênaient. Puis la sonnette retentit et les voix redevinrent stridentes.

« On a réussi à la sortir ?

— Dites donc, vous avez vu ça ?

— Cette fichue compagnie devrait quand même…

— Vous avez vu l'homme qui l'a transportée dehors ? Il était pâle comme un mort, lui aussi.

— Oui, mais vous avez entendu…

— Quoi ?

— Ce type… Le type qui l'a emportée. Il était assis à côté d'elle. Il a dit que c'était sa femme ! »

La maison était tranquille. Un vent léger rebroussait les feuilles sombres des plantes grimpantes sur la galerie, laissant passer de fins pinceaux dorés de clarté lunaire sur les fauteuils d'osier. Jaqueline se reposait paisiblement sur le long canapé, la tête nichée dans les bras de Jim. Après un moment, elle bougea un peu, paresseusement ; elle leva la main pour lui donner de petites tapes sur la joue.

« Je pense que je vais aller me coucher, maintenant. Je suis si fatiguée. Tu m'aides à monter ? »

Il la souleva, puis l'allongea parmi les oreillers.

« Je suis à toi dans un instant, dit-il doucement. Peux-tu attendre une minute ? »

Il passa dans le salon éclairé et elle l'entendit feuilleter les pages d'un annuaire du téléphone ; puis elle l'écouta composer un numéro.

« Allô ? Mr. Lacy est-il là ? Oui, c'est assez important... S'il ne dort pas encore. »

Il y eut un court silence. Jaqueline entendait des moineaux s'agiter bruyamment dans les feuilles du magnolia d'en face, puis la voix de son mari au téléphone.

« Mr. Lacy ? Ah... Mather à l'appareil. Écoutez... À propos de cette affaire dont nous avons parlé cet après-midi, je crois que, réflexion faite, je vais pouvoir arranger ça. »

Il éleva un peu la voix comme si la personne au bout du fil avait de la peine à saisir ses paroles.

« Le fils de James Mather, comme je viens de vous le dire... À propos de cette petite affaire dont nous avons parlé cet après-midi... »

« ... LA CHOSE LA PLUS RAISONNABLE »

I

À l'heure du sacro-saint déjeuner américain, le jeune George O'Kelly rangea son bureau avec des gestes posés et une application d'emprunt. Personne dans le service ne devait soupçonner qu'il était pressé, car la réussite est affaire d'ambiance et il n'est jamais bon de montrer à tous que l'on a l'esprit distant de son travail de plus de mille kilomètres.

Mais dès qu'il fut dehors, il serra les dents et se mit à courir, levant les yeux de temps à autre vers le joyeux soleil de midi de ce début de printemps dont Times Square était inondé, et qui se traînait avec nonchalance à quelques mètres seulement au-dessus de la foule des passants. Ceux-ci, le nez au ciel, plus ou moins, aspiraient avidement l'air de mars, et la lumière les éblouissait tant que, s'ils voyaient encore une forme humaine, ce n'était pas celle de leurs voisins, mais leur propre reflet sur le ciel.

George O'Kelly, dont l'esprit vaguait à plus de mille

kilomètres de là, pensait que la vie en plein air était horrible. Il se précipita dans le métro et, sur une distance de quatre-vingt-dix rues, demeura le regard furieusement rivé sur un placard publicitaire qui lui expliquait, avec des couleurs éclatantes, qu'il n'avait pas plus d'une chance sur cinq de conserver ses dents pendant dix ans. À la 137e Rue, il interrompit son étude de l'art de la réclame, sortit du métro et reprit sa course d'une foulée infatigable et inquiète qui l'amena cette fois chez lui, un logement d'une pièce dans un haut et affreux immeuble d'habitation au milieu de nulle part.

Sur le bureau, la lettre. Elle était là, écrite d'une encre consacrée sur un papier béni, et, d'un bout à l'autre de la ville, tous, s'ils prêtaient l'oreille, pouvaient entendre battre le cœur de George O'Kelly. Il relut les virgules, les pâtés et les traces de doigt dans la marge – et se jeta sur le lit, malheureux comme les pierres.

Il était dans le pétrin, un de ces beaux pétrins qui sont des incidents ordinaires dans la vie des pauvres, qui talonnent la pauvreté comme des oiseaux de proie. Les pauvres coulent bas ou refont surface, quittent les rails ou y reviennent, d'une manière qui n'appartient qu'à eux, mais George O'Kelly connaissait le monde de la pauvreté depuis si peu de temps que, si on lui avait fait remarquer que son cas n'était pas exceptionnel, il en eût été profondément surpris.

Moins de deux ans plus tôt, il était sorti diplômé (avec une mention « Très bien ») de l'Institut de technologie du Massachusetts et avait obtenu un poste d'ingénieur dans une entreprise de travaux publics du sud du Tennessee. Toute sa vie, il avait imaginé des tunnels, des gratte-ciel, d'énormes barrages trapus, des ponts immenses à trois pylônes pareils à des danseuses qui se tiennent les mains, avec des têtes hautes comme des villes et en guise de jupes un tissu serré de câbles. George O'Kelly trouvait romantique de changer le cours des fleuves et la forme des montagnes, afin que la vie puisse fleurir sur les terres déshéritées où elle n'avait pas pu prendre racine. Il adorait l'acier et il y avait toujours de l'acier près de lui dans ses rêves, de l'acier en fusion, de l'acier en barres et en blocs, en poutres, et des masses informes, malléables, prêtes à être façonnées, comme des tubes de peinture et une toile qui n'attendaient que sa main. L'acier inépuisable, que le feu de son imagination ferait magnifiquement austère...

À présent, employé dans une compagnie d'assurances avec un salaire de quarante dollars par semaine, son rêve n'était plus qu'un lointain souvenir. La petite brunette responsable de ce pétrin, ce terrible et insupportable fiasco, attendait dans le Tennessee qu'on la fasse venir.

Un quart d'heure plus tard, la femme qui lui sous-louait sa chambre frappa à la porte et lui demanda, avec une bonté exaspérante, s'il voulait déjeuner, puisqu'il était rentré. Il secoua la tête, mais cette interruption le réveilla ; il quitta son lit et rédigea un télégramme.

DÉPRIMÉ PAR TA LETTRE ES-TU FOLLE QUELLE BÊTISE OU IDÉE ABSURDE DE ROMPRE POURQUOI NE VEUX-TU PAS M'ÉPOUSER MAINTENANT NOUS NOUS EN SORTIRONS...

Il eut une minute d'hésitation fébrile, puis ajouta, d'une écriture qui ne ressemblait pas à la sienne :

EN TOUT CAS ARRIVERAI DEMAIN À 6 HEURES.

Quand il eut fini, il se rendit en courant au bureau du télégraphe près de la station de métro. Il n'avait pour toute fortune qu'une petite centaine de dollars, mais la lettre de la jeune femme montrait qu'elle était « inquiète », ce qui ne lui laissait pas le choix. Il savait ce que signifiait le mot « inquiète » : elle était déprimée, et la perspective d'un mariage pauvre et d'une vie semée de difficultés mettait son amour à trop rude épreuve.

George O'Kelly accomplit le trajet jusqu'à la compagnie d'assurances à son pas de course habituel, ce pas qui lui était presque devenu une seconde nature, et qui semblait exprimer très fidèlement l'état de tension nerveuse dans lequel il vivait. Il alla tout droit chez le directeur.

« Il faut que je vous voie, Mr. Chambers, déclara-t-il, hors d'haleine.

— Oui ? »

Deux yeux pareils à un ciel d'hiver derrière une fenêtre le dévisagèrent avec une impersonnalité cruelle.

« J'aimerais prendre quatre jours de vacances.

— Mais vous avez déjà pris des vacances il y a deux semaines ! s'exclama Mr. Chambers, surpris.

— C'est vrai, admit le jeune homme accablé, mais il me faut maintenant un autre congé.

— Où êtes-vous allé la dernière fois ? Chez vous ?

— Non, je suis allé... dans le Tennessee.

— Et où voulez-vous aller, cette fois ?

— Eh bien, cette fois, je veux aller... dans le Tennessee.

— Au moins, vous avez de la suite dans les idées, dit le directeur sèchement. Mais j'ignorais qu'on vous avait engagé ici comme voyageur de commerce.

— Ce n'est pas le cas, s'écria George, désespéré, mais il faut que je prenne un congé.

— Fort bien, acquiesça Mr. Chambers, mais il est inutile que vous reveniez. Un aller simple vous suffira.

— Je ne reviendrai pas. »

À sa stupéfaction, et à celle de Mr. Chambers, le visage de George rosit de plaisir. Il se sentait heureux, débordait de joie : pour la première fois en six mois, il était absolument libre. Des larmes de gratitude brillèrent dans ses yeux et il saisit et serra avec chaleur la main de Mr. Chambers.

« Je tiens à vous remercier, dit-il avec ardeur. Je ne veux pas revenir ici. Je crois que je serais devenu fou si vous aviez dit que je pouvais reprendre mon poste. Mais j'aurais été incapable de partir de moi-même, voyez-vous, et je tiens à vous remercier d'en avoir pris l'initiative. »

Il eut un grand geste magnanime, cria bien fort : « Vous me devez trois jours de salaire, mais vous pouvez les garder ! » et sortit précipitamment du bureau. Mr. Chambers appela sa sténodactylo pour lui demander si O'Kelly avait paru bizarre ces derniers temps. Il avait licencié beaucoup d'employés au cours de sa carrière, et chacun avait réagi à sa façon, mais personne, au grand jamais, ne l'avait remercié en partant.

II

Elle s'appelait Jonquil Cary, et George O'Kelly n'avait jamais rien vu de si frais et si pâle que son visage lorsque, l'ayant aperçu, elle s'élança avec impétuosité vers lui sur le quai de la gare. Elle avait les bras levés et les lèvres entrouvertes pour le baiser qu'il allait lui donner, mais soudain elle le repoussa doucement et, l'air un peu gêné, regarda autour d'elle. Deux hommes, un peu plus jeunes que George, se tenaient en retrait derrière elle.

« Je te présente Mr. Craddock et Mr. Holt, dit-elle d'un ton enjoué. Tu les as rencontrés lorsque tu es venu ici. »

Décontenancé par la transformation d'un baiser attendu en une présentation inopinée, et soupçonnant quelque signification cachée, George fut encore plus troublé lorsqu'il comprit que la voiture qui devait les emmener chez Jonquil appartenait à l'un des deux messieurs. Cela le mettait dans une situation désavantageuse. Pendant le trajet, Jonquil bavarda avec tous les passagers, à l'avant comme à l'arrière, et quand il essaya de passer son bras autour de ses épaules à la faveur du crépuscule, elle l'obligea d'un geste nerveux à lui prendre plutôt la main.

« Est-ce que cette rue mène chez toi ? murmura-t-il. Je ne la reconnais pas.

— C'est le nouveau boulevard. Jerry n'a cette voiture que depuis ce matin, et il voulait me la montrer avant de nous conduire à la maison. »

Vingt minutes plus tard, une fois qu'on les eut déposés chez Jonquil, George sentit que le premier bonheur des retrouvailles et la joie qu'il était certain d'avoir reconnue dans ses yeux à la gare n'avaient pas résisté à cette balade intempestive en voiture. Quelque chose qu'il attendait avec impatience s'était perdu en cours de route, par hasard ; c'était précisément ce qu'il ruminait en disant peu aimablement bonsoir aux deux jeunes gens. Puis sa mauvaise humeur se dissipa quand Jonquil, dans la pénombre de l'entrée, l'attira contre lui pour une étreinte qui leur était familière, et lui avoua, d'une dizaine de manières différentes dont la meilleure était celle qui se passait de mots, combien il lui avait manqué. L'émotion de la jeune femme rassura son cœur inquiet, elle constituait la promesse que tout se passerait pour le mieux.

Ils restèrent assis sur le canapé ; chacun était bouleversé par la présence de l'autre, seulement capable de quelques mots tendres. Au moment du dîner, le père et la mère de Jonquil firent leur apparition. Ils étaient contents de revoir George. Ils l'aimaient et avaient manifesté de l'intérêt pour sa carrière d'ingénieur lorsqu'il était venu dans le Tennessee un an plus tôt. Ils s'étaient désolés de le voir y renoncer et partir à New York pour chercher un emploi plus immédiatement rémunérateur, mais, tout en déplorant l'abandon de cette carrière, ils sympathisèrent avec lui et étaient prêts à donner leur accord aux fiançailles. Pendant le dîner, ils lui demandèrent comment les choses avançaient à New York.

« Tout va très bien, leur dit-il avec enthousiasme. J'ai eu une promotion et un meilleur salaire. »

Dire cela le rendait affreusement malheureux, mais ils étaient tous si contents…

« On doit vous apprécier, dit Mrs. Cary, c'est sûr, sans quoi on ne vous aurait pas laissé venir ici deux fois en trois semaines.

— Je l'ai exigé, expliqua George, très vite ; je leur ai dit que s'ils refusaient, je cesserais de travailler pour eux.

— Mais vous devriez faire des économies, dit Mrs. Cary sur le ton du reproche affectueux, plutôt que dépenser votre argent pour ce voyage coûteux. »

Le dîner avait pris fin. Ils étaient seuls ; Jonquil revint dans ses bras.

« Je suis si heureuse que tu sois là, soupira-t-elle. J'aimerais que tu ne repartes plus jamais, mon chéri.

— Est-ce que je te manque ?

— Oh ! Tellement, tellement.

— Est-ce que tu… Est-ce que d'autres hommes viennent souvent te voir ? Comme ces deux gamins ? »

La question la surprit. Les sombres yeux de velours le regardèrent tout grands ouverts.

« Mais… évidemment. Tout le temps. Je te l'ai bien dit dans mes lettres, chéri. »

C'était vrai. La première fois qu'il était venu, une dizaine de jeunes gens papillonnaient déjà autour d'elle, et réagissaient à sa pittoresque fragilité par une vénération d'adolescent, et quelques-uns avaient perçu que ses beaux yeux exprimaient en outre bonté et absence de malice.

« Est-ce que tu t'attends vraiment que je ne sorte jamais », demanda Jonquil en s'enfonçant dans les coussins du canapé jusqu'à ce qu'elle parût être à des kilomètres de George, « et que je reste tranquillement assise, les bras croisés, jusqu'à la fin des temps ?

— Que veux-tu dire ? bredouilla-t-il, pris de panique. Tu penses que je n'aurai jamais assez d'argent pour t'épouser ?

— Ne tire pas de conclusions hâtives, George.

— Je ne tire pas de conclusions. C'est ce que tu as dit. »

George décida tout à coup qu'il s'était aventuré sur un terrain dangereux. Il avait eu la ferme intention de ne rien laisser gâcher cette soirée. Il essaya de reprendre Jonquil dans ses bras, mais contre toute attente elle résista, déclarant :

« Il fait horriblement chaud. Je vais chercher le ventilateur électrique. »

Quand le ventilateur fut branché, ils se rassirent, mais il avait les nerfs à fleur de peau, et il plongea involontairement dans le monde même qu'il voulait éviter.

« Quand m'épouseras-tu ?

— Es-tu prêt à ce que je te donne mon consentement ? »

Il ne put se contrôler plus longtemps et bondit sur ses pieds.

« Arrêtons ce maudit ventilateur, il me rend fou. On dirait une pendule qui égrène les minutes que je passe avec toi. Je suis venu ici pour être heureux et oublier New York et tout ce qui s'y rattache, et oublier le temps... »

Il s'affala sur le canapé aussi brusquement qu'il s'en était levé. Jonquil arrêta le ventilateur, attira sa tête sur ses genoux et se mit à lui caresser les cheveux.

« Restons assis comme ça, dit-elle doucement. Ne bouge plus, je vais t'endormir. Tu es fatigué et nerveux, et ton petit ange va prendre soin de toi.

— Mais je ne veux pas rester comme ça, protesta-t-il en se relevant tout à coup. Surtout pas. Je veux que tu m'embrasses. C'est la seule chose qui m'apaise. De toute façon, je ne suis pas nerveux. C'est toi qui es nerveuse. Moi, je ne suis pas du tout nerveux. »

Pour bien prouver qu'il n'était pas nerveux, il quitta le canapé et se laissa tomber dans un fauteuil à bascule à l'autre bout de la pièce.

« Au moment où je suis prêt à t'épouser, tu m'écris les lettres les plus inquiétantes, comme si tu allais faire machine arrière, et il faut que j'arrive ici dare-dare...

— Rien ne t'oblige à venir si tu n'en as pas envie.

— Mais j'en ai envie ! » dit George avec emphase.

Il lui semblait qu'il était maître de lui et logique, et qu'elle s'efforçait de le mettre dans son tort. Chaque mot qu'ils prononçaient les éloignait davantage l'un de l'autre, et il était incapable de cesser de parler ou de tenir l'inquiétude et la souffrance à distance.

Mais presque aussitôt Jonquil se répandit en larmes amères ; il revint vers elle et passa son bras autour de ses épaules. C'était lui le consolateur, à présent ; il l'attira contre lui et lui murmura des mots d'autrefois qui eurent pour effet de la calmer un peu, et elle ne trembla plus que spasmodiquement dans ses bras. Ils demeurèrent ainsi pendant plus d'une heure, tandis que les pianos du soir déversaient leurs derniers airs dans la rue. George ne bougeait plus, ne pensait plus, n'espérait plus ; le pressentiment d'un désastre l'avait peu à peu engourdi. La pendule allait continuer à égrener les minutes jusqu'à 11 heures, jusqu'à minuit, puis Mrs. Cary les appellerait doucement par-dessus la rampe du palier. Au-delà, il ne voyait que le lendemain, et le désespoir.

III

C'est dans la chaleur du matin suivant que le point de rupture fut atteint. Chacun avait deviné les pensées de l'autre, mais ce fut elle qui eut le moins de mal à se rendre à l'évidence.

« Il est inutile de continuer, dit-elle d'une voix désolée. Tu sais bien que tu détestes ton travail dans les assurances et que tu ne réussiras jamais dans ce métier.

— Ce n'est pas ça, répliqua-t-il en s'entêtant. Je n'ai aucune envie de continuer seul. Si tu m'épousais et venais avec moi, si tu prenais les risques avec moi, je pourrais faire mon chemin dans n'importe quoi, mais pas tant que je me fais du souci pour toi, ici. »

Elle resta silencieuse un long moment avant de répondre. Elle ne réfléchissait pas – car elle connaissait déjà la fin –, elle ne faisait qu'attendre parce qu'elle savait que chaque mot prononcé paraîtrait plus cruel que le précédent. Elle dit enfin :

« George, je t'aime de tout mon cœur, et je ne crois pas que j'aimerai jamais personne d'autre. Si tu avais été prêt à m'épouser il y a deux mois, j'aurais accepté sans hésiter. Mais aujourd'hui, ce n'est plus possible parce que je ne pense pas que ce soit la chose la plus raisonnable. »

Il lui lança des accusations terribles. Il y avait quelqu'un d'autre dans sa vie, elle lui cachait quelque chose !

« Non, il n'y a personne d'autre. »

C'était vrai. Mais toute cette affaire avait mis ses nerfs à rude épreuve, elle avait trouvé quelque distraction à fréquenter des jeunes gens tels que Jerry Holt, qui avait le mérite de n'avoir aucune espèce d'importance dans sa vie.

George n'arrivait décidément pas à accepter la situation. Il prit la jeune femme dans ses bras, et tenta, à force de baisers, de la convaincre de l'épouser sur-le-champ. Sa tentative ayant échoué, il s'apitoya sur son sort dans un long monologue qu'il interrompit en s'apercevant qu'il se rendait méprisable aux yeux de son amie. Il menaça de s'en aller alors qu'il n'en avait pas la moindre intention, et refusa de partir quand elle lui dit que, tout compte fait, il vaudrait mieux qu'il parte.

Un moment, elle eut de la peine ; peu après, elle se montra simplement gentille.

« Tu ferais mieux de partir maintenant ! » s'écria-t-elle enfin, si fort que Mrs. Cary, inquiète, descendit de sa chambre.

« Quelque chose ne va pas ?

— Je m'en vais, Mrs. Cary », dit George d'une voix brisée. Jonquil avait quitté la pièce.

« Ne le prenez pas si mal, George », dit Mrs. Cary, clignant des yeux avec une sympathie impuissante. Elle était navrée, mais en même temps heureuse que cette petite tragédie fût sur le point de s'achever.

« À votre place, je rentrerais chez moi, je passerais une semaine ou deux chez ma mère. Après tout, c'est peut-être la chose la plus raisonnable...

— Plus un mot, s'il vous plaît ! s'écria-t-il. Ne me dites plus un seul mot maintenant ! »

Jonquil revint dans la pièce, dissimulant son chagrin et son inquiétude sous une couche de poudre, du rouge à lèvres et un chapeau.

« J'ai commandé un taxi, dit-elle d'une voix impersonnelle. Nous pourrons rouler un peu en ville jusqu'au départ de ton train. »

Elle sortit sur le perron. George mit son manteau et son chapeau, et resta une minute dans l'entrée, à bout de forces. Il n'avait presque rien mangé depuis qu'il avait quitté New York. Mrs. Cary vint à lui, approcha, de la main, la tête du jeune homme de la sienne et l'embrassa sur la joue. Il se sentait très ridicule et lamentable à la pensée que la scène se concluait de manière ridicule et lamentable. Si seulement il était parti la veille, si seulement il l'avait quittée pour toujours avec dignité...

Le taxi était arrivé, et pendant une heure ces deux êtres qui s'étaient aimés roulèrent dans des rues plus ou moins désertes. Il lui tenait la main et se rasséréna un peu au soleil, comprenant trop tard que, du début à la fin, il n'aurait rien pu dire ni rien pu faire.

« Je reviendrai, lui dit-il.

— Je le sais », répondit-elle, essayant de donner à sa voix les accents de la confiance joyeuse. « Et nous nous écrirons... de temps en temps.

— Non, dit-il, nous ne nous écrirons pas. Je ne pourrais pas supporter ça. Un jour, je reviendrai.

— Je ne t'oublierai jamais, George. »

Ils arrivèrent à la gare, et elle le suivit au guichet de vente des billets.

« Mais... c'est George O'Kelly et Jonquil Cary ! »

C'était un couple dont George avait fait la connaissance lorsqu'il travaillait en ville, et Jonquil parut accueillir leur apparition avec soulagement. Pendant cinq interminables minutes, ils restèrent tous à parler ; puis, dans un tonnerre, le train arriva à quai et George, ne cachant qu'à demi la souffrance qui tordait ses traits, tendit ses bras vers Jonquil. Celle-ci fit un pas hésitant dans sa direction, se reprit et pressa rapidement sa main, comme si elle prenait congé d'un ami de rencontre.

« Au revoir, George, disait-elle. J'espère que tu feras bon voyage.

— Au revoir, George. Revenez nous voir tous. »

Muet et presque aveugle de douleur, il attrapa sa valise et, dans un état de quasi-stupeur, parvint à se hisser dans le wagon.

Le train ferrailla en franchissant des passages à niveau, prit de la vitesse quand il traversa d'immenses banlieues, filant vers le couchant. Elle aussi verrait peut-être le soleil se coucher, et après une courte pause, peut-être, sur le chemin du retour, se souviendrait-elle, avant que la silhouette du jeune homme ne sombre dans le passé quand viendrait le sommeil. La nuit qui tombait recouvrirait à jamais le soleil, les arbres, les fleurs et les rires de ce monde jeune qui était le sien.

IV

Par un après-midi humide de septembre, l'année suivante, un jeune homme dont le soleil avait brûlé le visage, lui donnant une teinte cuivrée, descendait d'un train dans une ville du Tennessee. Il promena autour de lui un regard inquiet et parut soulagé de constater que personne ne l'attendait sur le quai. Il se rendit en taxi dans le meilleur hôtel de l'endroit où il inscrivit fièrement sur le registre : *George O'Kelly, Cuzco, Pérou.*

Une fois dans sa chambre, il resta à la fenêtre pendant quelques minutes, contemplant en contrebas une rue qu'il connaissait bien. Puis, d'une main qui tremblait un peu, il décrocha le récepteur du téléphone et appela un numéro.

« Miss Jonquil est-elle là ?

— C'est elle-même.

— Oh... » Sa voix, après avoir surmonté une légère tendance à l'hésitation, poursuivit avec politesse et cordialité.

« C'est George O'Kelly. As-tu reçu ma lettre ?

— Oui. Je pensais bien que tu arriverais aujourd'hui. »

La voix de Jonquil, très maîtrisée et dépourvue d'émotion, le troubla, mais pas comme il s'y était attendu. C'était la voix d'une étrangère placide, contente de le revoir, mais sans plus. Il aurait voulu reposer le téléphone pour reprendre haleine.

« Cela fait... bien longtemps, oui, que je ne t'ai pas vue. » Il parvint à donner à la phrase un tour naturel. « Plus d'un an. »

Il savait depuis combien de temps au jour près.

« Ce sera un vrai bonheur de te revoir.

— Je serai là dans une heure environ. »

Il raccrocha. Pendant quatre longues saisons, il avait consacré chaque minute de loisir à imaginer ce moment. Et le moment était arrivé. Il avait pensé qu'il la trouverait mariée, fiancée, amoureuse ; il n'avait pas pensé que son retour la laisserait de marbre.

Il sentait que plus jamais il ne revivrait dix mois comparables à ceux qu'il avait connus. Pour un ingénieur en début de carrière, il faut le reconnaître, il avait brillamment réussi, en profitant de deux occasions exceptionnelles, l'une au Pérou, d'où il revenait, l'autre, qui en était la conséquence, à New York, où il se rendait. Dans ce court laps de temps, le jeune homme pauvre avait acquis une situation riche de promesses illimitées.

Il se regarda dans la glace de la table de toilette. Il avait le visage presque noir, mais ce teint brun foncé était romantique et, au cours de la semaine précédente – depuis qu'il avait le temps d'y songer –, son hâle lui avait procuré une intense satisfaction. La robustesse de sa charpente l'enchantait également, jusqu'à la fascination. Il avait perdu quelque part un morceau de sourcil, et il portait toujours un pansement élastique à l'un de ses genoux, mais il était trop jeune pour ne pas avoir remarqué que, sur le bateau, bien des femmes l'avaient regardé avec un intérêt très particulier.

Ses vêtements, bien sûr, étaient horribles. Ils lui avaient été confectionnés par un tailleur grec à Lima, en deux jours. Il était assez jeune, là encore, pour avoir mentionné à Jonquil cette déficience vestimentaire dans le petit mot par ailleurs laconique qu'il lui avait envoyé. Le seul autre détail qu'il contenait était la demande expresse de ne pas venir l'attendre à la gare.

George O'Kelly, de Cuzco au Pérou, resta une heure et demie dans sa chambre d'hôtel, jusqu'au moment précis où le soleil eut atteint dans le ciel une position méridienne. Puis, rasé de frais, et ayant confié à la poudre de talc le soin de lui donner une apparence plus caucasienne – car, au dernier moment, la vanité l'avait emporté sur son inclination au romantisme –, il commanda un taxi et prit le chemin de la maison qu'il connaissait si bien.

Il avait quelque peine à respirer, difficulté qu'il attribua à l'excitation, non pas à l'émotion. Il était là, et elle n'était pas mariée : cela lui suffisait. Il ne savait même pas vraiment ce qu'il devait lui dire. Mais il sentait que ce moment de sa vie était celui dont pour rien au monde il n'eût pu faire l'économie. Il n'y avait pas de triomphe, après tout, si une femme n'y était pas mêlée et, s'il ne déposait pas de butin aux pieds de Jonquil, il pouvait au moins le tenir un court instant devant ses yeux.

La maison se dressa soudain, monumentale, tout près de lui, et sa première impression fut celle d'une étrange irréalité. Rien n'avait changé dans son apparence, mais tout avait changé. Elle était plus petite et paraissait plus décrépite qu'auparavant. Nulle aura magique ne flottait au-dessus de son toit ni n'émanait des fenêtres du premier étage. Il tira la sonnette et une domestique noire qu'il ne connaissait pas apparut. Miss Jonquil allait descendre dans un instant. Il s'humecta les lèvres nerveusement et marcha de long en large dans le salon. Son sentiment d'irréalité allait croissant. Cette pièce, constata-t-il, n'était qu'une pièce comme une autre, et non ce lieu enchanté où il avait vécu des heures douloureuses. Il s'assit sur une chaise, stupéfait de découvrir que ce n'était qu'une chaise, et il comprit que son imagination avait déformé et coloré ces objets simples et pareils à ce qu'ils avaient toujours été.

Puis la porte s'ouvrit et Jonquil entra, et il eut alors

l'impression que tout se brouillait sous ses yeux. Il avait oublié à quel point elle était belle, et il sentit son visage pâlir et sa voix s'amoindrir jusqu'à n'être plus qu'un pauvre soupir dans sa gorge.

Elle portait une robe vert pâle et un ruban doré enserrait comme une couronne sa chevelure noire. Les yeux de velours si familiers se posèrent sur lui dès qu'elle franchit la porte, et c'est avec un frisson de terreur qu'il éprouva le pouvoir suppliciant de sa beauté.

Il dit : « Bonjour » ; chacun fit quelques pas en avant et ils se serrèrent la main. Puis ils s'assirent sur des chaises, assez loin l'un de l'autre, et se regardèrent à travers la pièce.

« Tu es revenu », dit-elle. Il répondit tout aussi banalement. « Je voulais m'arrêter un instant et te voir en passant. »

Il essaya de contrôler le tremblement de sa voix en évitant de regarder le visage de la jeune femme. C'était à lui qu'il revenait de parler mais, à moins de commencer aussitôt à se vanter de ses succès, il lui semblait n'avoir rien à dire. Leurs relations anciennes n'avaient jamais eu ce caractère inconsistant. Il lui paraissait inimaginable que deux personnes dans leur situation pussent se mettre à parler de la pluie et du beau temps.

« C'est ridicule, lança-t-il soudain, au comble de l'embarras. Je ne sais pas quoi faire. Est-ce que ma présence ici, aujourd'hui, te gêne ?

— Non. » Il y avait dans la réponse de Jonquil de la réticence et une tristesse impersonnelle. Il en fut accablé.

« Es-tu fiancée ?

— Non.

— Aimes-tu quelqu'un d'autre ? »

Elle secoua la tête.

« Oh… » Il se laissa aller en arrière sur sa chaise. Le sujet paraissait épuisé. L'entretien ne prenait pas la direction qu'il avait souhaitée.

« Jonquil, reprit-il, d'une voix maintenant plus douce, après tout ce qui s'est passé entre nous, je voulais revenir et te voir. Quoi que je fasse plus tard, je n'aimerai jamais une autre fille comme je t'ai aimée. »

C'était là l'un des discours qu'il avait répétés. Sur le bateau, il lui avait paru parfaitement adapté, avec son allusion à la tendresse qu'il lui portait à jamais et son attitude de grande réserve quant à son propre état d'esprit. Mais ici, avec le passé partout palpable autour de lui, et à chaque instant plus pesant, ces phrases lui paraissaient théâtrales et rances.

Elle ne fit aucun commentaire, resta assise sans bouger, les yeux toujours fixés sur lui avec une expression qui pouvait vouloir dire tout et n'importe quoi.

« Tu ne m'aimes plus, n'est-ce pas ? lui demanda-t-il d'une voix égale.

— Non. »

Quand Mrs. Cary fit son entrée une minute plus tard et lui parla de ses succès – une demi-colonne lui était consacrée dans le journal local –, son cœur était empli d'émotions mêlées. Il savait à présent qu'il désirait toujours cette femme, et il savait aussi que le passé remonte parfois à la surface, et c'était tout. Pour le reste, il lui fallait être fort et attentif, et il verrait bien.

« Et maintenant, disait Mrs. Cary, j'aimerais que vous alliez tous deux voir la dame aux chrysanthèmes. Elle m'a dit qu'elle tenait absolument à vous voir parce qu'elle a lu l'article vous concernant dans le journal. »

Ils allèrent voir la dame aux chrysanthèmes. Tandis qu'ils marchaient dans la rue, il reconnut avec bonheur le rythme de ses petits pas, qui s'intercalaient comme toujours entre les siens. La dame se montra d'une grande gentillesse ; les chrysanthèmes étaient gigantesques et extraordinairement beaux. Son jardin en était rempli, des blancs, des roses, des jaunes, et, au milieu de ces fleurs, on avait l'impression d'effectuer un retour au cœur de l'été. Il y avait deux jardins en pleine floraison, séparés par une grille ; lorsqu'ils se dirigèrent vers le second jardin, la dame franchit la grille la première.

Une chose étrange se produisit alors. George s'écarta pour laisser passer Jonquil, mais au lieu d'avancer elle demeura immobile et l'observa pendant une minute. George fut surpris non pas tant par ce regard, où il ne lisait nul sourire, que par ce long silence. Ils se regardèrent au fond des yeux et leur respiration s'accéléra très légèrement. Puis ils pénétrèrent dans le second jardin. Ce fut tout.

L'après-midi tirait à sa fin. Ils remercièrent la dame et reprirent le chemin de la maison ; ils allaient lentement, côte à côte, l'air pensif. Pendant le dîner, également, ils gardèrent le silence. George parla un peu à Mrs. Cary de ce qui lui était arrivé en Amérique du Sud et fit ce qu'il fallait pour qu'il fût entendu que, s'agissant de son avenir, plus aucun obstacle ne se trouvait sur sa route.

Le dîner achevé, Jonquil et lui se retrouvèrent seuls dans la pièce qui avait été le décor du commencement et de la fin de leur histoire d'amour. L'épisode lui semblait appartenir à un passé lointain, et d'une tristesse au-delà de toute expression. Sur ce canapé, il avait connu des tortures et un chagrin comme on n'en connaît qu'une fois dans une vie. Jamais plus il ne serait aussi faible, aussi fatigué, aussi malheureux, aussi pauvre. Pourtant, il savait que le jeune homme qu'il avait été quinze mois plus tôt possédait quelque chose, une confiance, une chaleur envolées maintenant pour toujours. La chose raisonnable... Oui, ils avaient fait la chose raisonnable. Il avait vendu sa prime jeunesse pour de la force et taillé sa réussite dans la pierre de son désespoir. Mais avec sa jeunesse, la vie avait emporté la fraîcheur de son amour.

« Tu ne veux donc pas m'épouser, c'est bien ça ? » dit-il d'une voix calme.

Jonquil secoua sa chevelure noire.

« Je ne me marierai jamais », répondit-elle.

Il fit un signe du menton.

« Je pars à Washington demain matin, dit-il.

— Oh...

— Il le faut. Je dois être à New York le premier du mois prochain, et entre-temps je veux m'arrêter à Washington.

— Pour tes affaires ?

— Non, pas vraiment, dit-il comme à contrecœur. Il y a là-bas quelqu'un qui a été très bon pour moi quand j'étais... sur le pavé. »

C'était une invention. Il n'avait personne à voir à Washington, mais il observait Jonquil avec la plus grande attention, et il était certain qu'elle avait légèrement tressailli, ses yeux s'étaient fermés puis rouverts tout grands.

« Mais avant de partir, je veux te dire ce qui m'est arrivé depuis la dernière fois que nous nous sommes vus ; et comme nous ne nous reverrons peut-être jamais, je me demande si... si tu ne viendrais pas, juste cette fois, t'asseoir sur mes genoux comme tu le faisais. Je ne te demanderais pas ça, mais puisque nous sommes seuls... mais... ça n'a peut-être pas d'importance... »

Elle acquiesça de la tête, et l'instant d'après elle était assise sur ses genoux, comme elle avait fait si souvent au cours de ce printemps évanoui. La sensation de sa tête contre l'épaule de Jonquil, de son corps familier, provoqua en lui une violente émotion. Comme ses bras la serraient involontairement toujours un peu plus, il se laissa aller en arrière et se mit à parler, d'un air concentré, dans le vide autour de lui.

Il évoqua deux semaines atroces à New York, qui s'étaient terminées par un travail intéressant, sinon très rémunérateur, dans une entreprise de construction à Jersey City. Lorsque cette affaire au Pérou s'était présentée à lui, elle n'avait pas semblé constituer une occasion exceptionnelle. Il devait participer à l'expédition en qualité de troisième assistant ingénieur, mais dix membres seulement de l'équipe américaine, dont huit métreurs et géomètres, atteignirent Cuzco. Dix jours plus tard, le chef de l'expédition mourut de la fièvre jaune. Cela avait été sa chance, une chance à saisir pour quiconque n'était pas un imbécile, une chance merveilleuse...

« Une chance à saisir pour quiconque n'était pas un imbécile ? l'interrompit-elle innocemment.

— Et même pour qui en était un, poursuivit-il. C'était merveilleux. Aussi, j'ai câblé à New York...

— Et alors, l'interrompit-elle à nouveau, on t'a câblé pour te dire que tu devais saisir cette chance ?

— Pour me dire *quoi* ? s'exclama-t-il, toujours renversé en arrière. Que je devais *absolument* la saisir. Il n'y avait pas une minute à perdre...

— Pas une minute ?

— Pas une minute.

— Sans prendre le temps de... » Elle n'acheva pas sa phrase.

« De quoi ?

— Écoute. »

Il pencha soudain la tête en avant, et à cet instant elle

s'approcha tout près de lui, les lèvres entrouvertes comme une fleur.

« Oui, murmura-t-il entre les lèvres de Jonquil. Nous avons maintenant tout le temps... »

Tout le temps... Sa vie à lui, celle de Jonquil. Mais pendant un moment, tandis qu'il l'embrassait, il sut que, dût-il chercher toute l'éternité, jamais il ne retrouverait ces heures d'avril perdues. Il pouvait la serrer maintenant jusqu'à provoquer de douloureuses contractions des muscles de ses bras, elle était un objet désirable et rare pour lequel il s'était battu et qu'il avait fait sien – mais jamais plus ce murmure impalpable dans l'obscurité, dans la brise du soir...

« Ainsi vont les jours, songea-t-il ; avril est mort, bien mort. Il existe dans le monde tant de formes de l'amour, mais on n'aime jamais deux fois de la même façon. »

GRETCHEN AU BOIS DORMANT

I

Les feuilles sèches raclaient la terre des allées, et l'odieux gamin des voisins s'amusait à coller le bout de sa langue sur la boîte aux lettres en métal. Il neigerait sûrement avant la nuit. L'automne avait pris fin, ce qui, bien sûr, obligeait à se poser la question du charbon et la question de Noël ; mais Roger Halsey, debout sur sa galerie, assurait au ciel éteint de banlieue qu'il n'avait pas une minute à consacrer au temps qu'il ferait. Puis il rentra en hâte chez lui et, refermant la porte derrière lui, abandonna le sujet au crépuscule glacé.

L'entrée était plongée dans l'obscurité, mais de l'étage lui parvenaient les voix de sa femme, de la nurse et de son enfant, engagés dans l'une de leurs interminables conversations, qui se composaient essentiellement d'exclamations du genre « Ne fais pas ça ! », « Attention, Maxy ! » et « Et voilà ! », ponctuées de menaces incohérentes, de chocs confus et d'un bruit insistant de petits pas aventureux.

Roger éclaira l'entrée, entra dans le salon et pressa le bouton de la lampe à l'abat-jour de soie rouge. Il posa sa serviette bourrée sur la table, s'assit, et, pendant un instant, son visage grave et juvénile demeura appuyé sur sa main, celle-ci protégeant ses yeux de l'éclat de l'ampoule. Puis il alluma une cigarette, l'écrasa ; peu après, au bas de l'escalier, il appelait sa femme.

« Gretchen !

— Bonsoir, chéri, lança-t-elle avec des accents rieurs. Monte voir le petit. »

Il jura à part lui.

« Je ne peux pas monter voir le petit tout de suite, dit-il d'une voix forte. Quand vas-tu descendre ? »

Il y eut un silence mystérieux, puis une succession de « Ne fais pas ça ! » et de « Attention, Maxy ! », manifestement destinés à prévenir une catastrophe imminente.

« Quand vas-tu descendre ? répéta Roger, légèrement irrité.

— J'arrive.

— Dans combien de temps ? » hurla-t-il.

Tous les jours à cette heure, il éprouvait la même difficulté à adapter sa voix, réglée au diapason de la frénésie citadine, au style décontracté d'un foyer modèle. Mais ce soir, l'impatience de son ton était délibérée. Il fut presque déçu de voir Gretchen descendre l'escalier quatre à quatre en criant : « Qu'y a-t-il ? » d'une voix passablement surprise.

Ils s'embrassèrent longuement, sans hâte. Ils étaient mariés depuis trois ans et beaucoup plus amoureux l'un de l'autre que pareille durée ne le suggère. Il ne leur arrivait que rarement de se haïr de cette haine violente dont seuls les jeunes couples sont capables, car Roger était toujours puissamment sensible à la beauté de son épouse.

« Viens par ici, dit-il d'un ton brusque. Il faut que je te parle. »

Sa femme, une jeune personne éclatante aux cheveux dignes d'un Titien, enluminée comme une poupée de chiffon française, le suivit au salon.

« Écoute, Gretchen, dit-il en s'asseyant à un bout du canapé, à compter de ce soir, je vais... Qu'est-ce qui se passe ?

— Rien. Je cherche seulement une cigarette. Continue. »

Elle revint au canapé sur la pointe des pieds, retenant son souffle, et s'installa à l'autre bout.

« Gretchen... » Il s'interrompit à nouveau. Elle tendait vers lui sa main, paume ouverte. « Bon, que veux-tu encore ? demanda-t-il, exaspéré.

— Des allumettes.

— Quoi ? »

Dans l'impatience où il était, il lui semblait incroyable qu'elle pût demander des allumettes, mais il fouilla machinalement dans sa poche.

« Merci, murmura-t-elle. Je ne voulais pas t'interrompre. Continue.

— Gretch... »

Crac ! L'allumette s'enflamma. Ils échangèrent un regard tendu.

Les yeux de faon de la jeune femme lui présentèrent cette fois des excuses muettes, et il éclata de rire. Après tout, elle n'avait fait qu'allumer une cigarette, mais quand il était dans ces dispositions, tout geste qu'elle faisait, même insignifiant, l'irritait à l'extrême.

« Quand tu auras le temps de m'écouter, dit-il avec humeur, tu pourras peut-être trouver un intérêt à évoquer avec moi la question de l'hospice des pauvres.

— Quel hospice des pauvres ? » Elle ouvrit de grands

yeux interloqués, mais restait sans bouger, telle une souris.

« C'était seulement pour capter ton attention. Mais à compter de ce soir, commence pour moi une période de six semaines qui seront sans doute les plus importantes de ma vie, et qui décideront si nous vivrons éternellement dans cette infecte petite maison d'une infecte petite ville de banlieue. »

L'ennui remplaça l'inquiétude dans les yeux noirs de Gretchen. C'était une fille du Sud, et tout ce qui touchait à la réussite sociale tendait à lui donner la migraine.

« Il y a six mois de cela, annonça Roger, j'ai quitté la Compagnie lithographique de New York pour me lancer dans la publicité à mon propre compte.

— Je sais, l'interrompit Gretchen d'un ton chargé de ressentiment, et maintenant, au lieu de six cents dollars par mois assurés, nous vivons avec cinq cents dollars incertains.

— Gretchen, dit Roger avec brusquerie, si tu veux bien croire en moi aussi fort que tu le peux pendant six semaines de plus, nous serons riches. J'ai la possibilité, cette fois, de réaliser l'un des plus gros contrats publicitaires du pays. (Il hésita.) Pendant ces six semaines, nous resterons à la maison, sans recevoir personne. J'apporterai tous les soirs du travail, et nous baisserons les stores ; et si l'on sonne à la porte, nous n'ouvrirons pas. »

Il eut un sourire léger comme s'il s'agissait là d'un nouveau jeu auquel ils allaient jouer. Puis, comme Gretchen demeurait silencieuse, son sourire s'évanouit et il la regarda d'un air hésitant.

« Eh bien, que veux-tu ? explosa-t-elle enfin. Tu t'attendais que je saute en poussant des cris de joie ? Tu travailles déjà assez comme ça. Si tu essayes d'en faire plus, tu vas au-devant d'une dépression nerveuse. J'ai lu l'autre jour que...

— Ne t'inquiète pas pour moi, coupa-t-il. Je vais bien. Mais toi, tu vas périr à rester assise ici tous les soirs.

— Non, sûrement pas, dit-elle sans conviction, excepté ce soir.

— Qu'y a-t-il ce soir ?

— George Tomkins nous a invités à dîner.

— Tu as accepté ?

— Bien sûr, rétorqua-t-elle avec agacement. Pourquoi pas ? Tu te plains sans cesse de vivre dans un quartier sinistre, et j'ai pensé que cela pourrait te faire plaisir de te retrouver une fois dans un endroit plus agréable.

— Quand j'irai dans un endroit plus agréable, je veux que ce soit pour de bon, dit-il avec détermination.

— Alors, est-ce qu'on peut y aller ?

— Je suppose que nous le devons puisque tu as accepté. »

La conversation s'arrêta subitement, à la plus grande contrariété de Roger. Gretchen bondit sur ses pieds, lui donna un baiser sommaire et courut à la cuisine allumer l'eau chaude pour le bain. Avec un soupir, il posa soigneusement sa serviette derrière la bibliothèque. Elle ne contenait que des esquisses et des mises en page pour des placards publicitaires, mais il lui semblait que c'était la première chose à laquelle s'intéresserait un cambrioleur. Puis il monta distraitement à l'étage, fit une escale dans la chambre de l'enfant pour un rapide baiser mouillé, et entreprit de se changer pour le dîner.

Comme ils n'avaient pas d'automobile, George passa les prendre à 6 h 30. Tomkins, décorateur d'intérieur en vogue, était un homme corpulent au teint rose, doté d'une belle moustache, qui dégageait une puissante odeur de jasmin. Roger et lui avaient autrefois occupé des chambres voisines dans une pension de famille de New York, mais ces cinq dernières années, ils ne s'étaient vus que par intermittence.

« Nous devrions nous voir plus souvent, dit-il ce soir à Roger. Tu devrais sortir davantage, mon vieux. Un cocktail ?

— Non, merci.

— Non ? Mais j'imagine que ta ravissante épouse ne refusera pas, elle. N'est-ce pas, Gretchen ?

— J'adore cette maison », s'exclama-t-elle, en prenant le verre et en jetant un regard admiratif sur les maquettes de bateaux, les flacons de whisky de style colonial et autres babioles à la mode en 1925.

« Moi aussi, je l'aime beaucoup, dit Tomkins avec satisfaction. Je l'ai faite pour mon plaisir et j'ai réussi. »

Roger parcourut d'un regard maussade la pièce austère, sans chaleur, se demandant s'ils ne s'étaient pas malencontreusement égarés dans la cuisine.

« Tu as une mine à faire peur, Roger, dit son hôte. Un cocktail te remettrait le cœur en joie.

— Prends-en un, insista Gretchen.

— Quoi ? demanda Roger en se retournant, l'air absent. Non, merci. Il faut que je travaille en rentrant.

— Travailler ? (Tomkins sourit.) Écoute, Roger, tu vas te tuer au travail. Pourquoi ne mets-tu pas un peu d'équilibre dans ta vie ? Un peu de travail, un peu de distraction.

— C'est ce que je lui dis, fit Gretchen.

— Sais-tu comment se déroule la journée moyenne d'un homme d'affaires ? demanda Tomkins au moment où ils passaient à table. Café le matin, puis huit heures de travail interrompues par un déjeuner vite avalé, puis retour à la maison avec des aigreurs d'estomac et une humeur de chien pour offrir à sa femme une charmante soirée. »

Roger eut un rire bref.

« Tu vas trop au cinéma, dit-il sèchement.

— Quoi ? rétorqua Tomkins en lui lançant un regard irrité. Le cinéma ? Je n'y ai presque jamais mis les pieds. À mon sens, le cinéma est une horreur. Je tire mes idées sur l'existence de mes observations personnelles. Je crois en une vie équilibrée.

— Qu'est-ce que c'est, au juste ? demanda Roger.

— Eh bien… (Il hésita.)… La meilleure façon de t'expliquer serait de te raconter une de mes journées. Ça ne vous paraîtrait pas affreusement égoïste ?

— Pas du tout, s'écria Gretchen en le regardant avec intérêt. Je serais ravie de vous entendre.

— Alors, voilà… Le matin, une fois levé, je me livre à une série d'exercices. J'ai une pièce aménagée en petit gymnase, et je fais du punching-ball, de la boxe dans le vide et des haltères pendant une heure. Puis, après un bain froid… Ah tiens ! Est-ce que tu prends un bain froid tous les jours ?

— Non, avoua Roger. Je prends un bain chaud le soir, trois ou quatre fois par semaine. »

Un silence horrifié s'abattit. Au regard que Tomkins et Gretchen échangèrent, on aurait pu croire qu'une obscénité venait d'être proférée.

« Qu'y a-t-il, s'écria Roger, les regardant alternativement avec irritation. Tu sais bien que je ne prends pas un bain tous les jours, je n'en ai pas le temps. »

Tomkins poussa un soupir prolongé.

« Après un bain », continua-t-il, tirant sur le sujet un voile de discrétion miséricordieux, « je prends mon petit déjeuner et je me rends en auto à mon bureau à New York, où je travaille jusqu'à 4 heures. Puis j'arrête. En été, je reviens ici dare-dare pour faire mes neuf trous de golf ; en hiver, je joue au squash pendant une heure à mon club. Puis une petite partie de bridge bien enlevée jusqu'au dîner. Le dîner a souvent un rapport avec mes affaires, mais de façon agréable. Par exemple, je viens de finir une maison pour un client, et il veut m'avoir sous la main le soir de la pendaison de crémaillère pour vérifier que l'éclairage est assez doux, ou autre chose. Il m'arrive aussi de passer la soirée tout seul, en compagnie d'un bon recueil de poèmes. En tout cas, je m'emploie à me sortir de moi-même.

— Ce doit être merveilleux, dit Gretchen, enthousiaste. Je regrette que nous ne vivions pas ainsi. »

Tomkins se pencha par-dessus la table, tout ardeur.

« Vous le pouvez, dit-il avec emphase. Rien ne s'y oppose. Écoutez, si Roger faisait neuf trous de golf tous les jours, cela lui ferait un bien fou. Il ne se reconnaîtrait plus. Il travaillerait mieux, se débarrasserait de cette fatigue nerveuse... Quoi, qu'y a-t-il ? »

Il s'interrompit. Roger avait bâillé sans se cacher.

« Roger, s'écria vivement Gretchen, il n'est pas utile d'être grossier. Si tu faisais ce que dit George, tu te porterais bien mieux. (Elle se tourna vers leur hôte, indignée.) Aux dernières nouvelles, Monsieur va travailler le soir – le soir ! – pendant les six prochaines semaines. Il dit qu'il va baisser les stores et nous enfermer comme des ermites dans une caverne. C'est ce qu'il fait tous les dimanches depuis un an ; à présent, il va le faire *tous les soirs* pendant *six semaines* ! »

Tomkins secoua tristement la tête.

« Au bout de six semaines, fit-il observer, on l'emmènera dans une maison de santé. Permets-moi de te dire que toutes les cliniques de New York sont pleines de malades de ton espèce. Tu soumets le système nerveux de l'homme à un effort excessif, et *crac !*, tu casses quelque chose. Et pour t'épargner soixante heures, tu récoltes soixante semaines de remise en état. » Il s'interrompit, se tourna vers Gretchen en souriant, et prit un autre ton. « Sans parler de ce qui vous arrivera à vous. Selon moi, c'est la femme plutôt que le mari qui porte le poids de ces extravagantes périodes de surmenage.

— Cela ne m'ennuie pas, dit Gretchen, loyale.

— Oh, que si ! fit Roger sombrement. Cela l'ennuie prodigieusement. C'est une petite personne qui ne voit pas plus loin que le bout de son nez, et qui croit qu'il va se passer une éternité avant que je démarre et qu'elle puisse s'acheter de nouvelles robes. Mais nul n'y peut rien. Le plus triste chez les femmes, c'est qu'au fond leur meilleure astuce consiste à rester assises, les bras croisés.

— Tes idées sur les femmes ont à peu près vingt ans d'âge, dit Tomkins d'un air compatissant. Les femmes ne restent plus assises sans rien faire.

— Alors, elles feraient mieux d'épouser des quadragénaires, s'obstina Roger. Si une fille épouse un jeune homme par amour, elle doit être prête à faire des sacrifices raisonnables aussi longtemps que son mari fait son chemin.

— Arrêtons cette discussion, dit Gretchen avec un mouvement d'impatience. Roger, s'il te plaît, tâchons de passer un moment agréable, pour une fois. »

Après que Tomkins les eut déposés devant chez eux à 11 heures, Roger et Gretchen s'attardèrent un instant sur la chaussée pour contempler la lune d'hiver. Il y avait dans l'air une fine poussière de neige mouillée ; Roger en aspira une longue bouffée et mit son bras autour de Gretchen, tout exultation.

« Je peux gagner plus d'argent que lui, dit-il d'une voix tendue, et je ferai cela en quarante jours.

— Quarante jours, soupira-t-elle. Cela me paraît si long, quand tous les autres ne cessent de s'amuser. Si seulement je pouvais dormir pendant quarante jours.

— Pourquoi pas, chérie ? Plonge-toi dans un sommeil de quarante jours, et quand tu ouvriras les yeux, tout ira pour le mieux. »

Elle resta silencieuse un moment.

« Roger, demanda-t-elle, pensive, tu crois que George parlait sérieusement quand il m'a proposé de m'emmener faire du cheval dimanche ? »

Roger fronça les sourcils.

« Je ne sais pas. Peut-être pas… J'espère bien que non… (Il hésita.)… Pour dire vrai, il m'a un peu tapé sur les nerfs, ce soir, avec toutes ces sornettes sur ses bains froids. »

Se tenant par la taille, ils remontèrent l'allée qui menait à la maison.

« Je parie qu'il ne prend pas un bain froid tous les matins, continua Roger, toujours à ses ruminations, ni même trois fois par semaine. » Il fouilla dans sa poche à la recherche de sa clef et l'introduisit dans la serrure avec une brutale précision. Puis il se tourna d'un air de défi. « Je parie qu'il n'a pas pris de bain depuis un mois. »

II

Après deux semaines de travail intensif, les journées de Roger Halsey se fondirent les unes dans les autres et défilèrent par blocs de deux, trois et quatre. De 8 heures du matin à 5 heures et demie, il était à son bureau. Puis c'était une demi-heure de train de banlieue, pendant laquelle il griffonnait des notes au dos d'enveloppes sous la terne lumière jaunâtre du wagon. À 7 heures et demie, il étalait sur la table de la salle à manger ses crayons pastel, ses ciseaux et ses feuilles de carton blanc, et il travaillait là, grognant et soupirant d'abondance, jusqu'à minuit, tandis que Gretchen était allongée sur le canapé avec un livre, et que la sonnette de la porte d'entrée tintait parfois derrière les stores baissés. À minuit, on débattait de la question de savoir s'il irait se coucher ou pas. Il acceptait de monter une fois qu'il aurait tout rangé, mais comme il se laissait invariablement entraîner dans toutes sortes de directions par une demi-douzaine d'idées nouvelles, il trouvait d'ordinaire Gretchen profondément endormie lorsqu'il la rejoignait sur la pointe des pieds.

Il était quelquefois 3 heures du matin quand Roger écrasait sa dernière cigarette dans le cendrier plein à ras bord, et il se dévêtait dans le noir, mort de fatigue, savourant comme un triomphe le fait d'avoir tenu un jour de plus.

Noël vint et partit ; il s'en aperçut à peine. Il s'en souvint plus tard comme du jour où il acheva les affiches des vitrines pour les chaussures Garrod. C'était l'un des gros contrats qu'il visait en janvier : s'il en décrochait la moitié, il était assuré d'un chiffre d'affaires d'un quart de million de dollars pour l'année.

Mais hors de son travail, le monde était devenu irréel et chaotique. Il savait que, par deux dimanches froids, George Tomkins avait emmené Gretchen faire du cheval, et qu'une autre fois elle était partie avec lui, en automobile, pour un après-midi de ski sur les pentes du country club. Une photographie de Tomkins, dans un cadre coûteux, avait fait, un matin, son apparition sur le mur de leur chambre. Et un soir, scandalisé, il exprima son indignation lorsque Gretchen sortit au théâtre avec George.

Son labeur touchait à sa fin. Ses maquettes arrivaient maintenant chaque jour de chez l'imprimeur, de sorte qu'il en eut bientôt sept empilées et étiquetées dans le coffre-fort de son bureau. Il savait ce qu'elles valaient. Leur prix ne se mesurait pas seulement à leur coût financier ; elles représentaient, plus qu'il ne pouvait se l'avouer, un acte d'amour.

Décembre se détacha du calendrier comme une feuille morte. Roger passa une semaine torturante pendant laquelle il dut renoncer au café qui lui donnait des palpitations. S'il pouvait encore tenir quatre jours... trois jours...

Le jeudi après-midi, H. G. Garrod devait arriver à New York. Le mercredi, Roger rentra chez lui à 7 heures et trouva Gretchen en train d'examiner les factures de décembre avec une étrange lueur dans les yeux.

« Qu'y a-t-il ? »

Elle indiqua les factures d'un signe de tête. Il les parcourut ; son front se plissait à mesure.

« Seigneur !

— Je n'y peux rien, s'exclama-t-elle tout à coup. C'est une catastrophe.

— Oh, je ne t'ai pas épousée pour tes vertus de maîtresse de maison ! Je vais m'arranger avec ces factures. Ne tourmente pas ta petite tête avec ça. »

Elle lui jeta un regard froid.

« Tu me parles comme si j'étais une enfant.

— Il le faut bien, dit-il, soudain irrité.

— En tout cas, je ne suis pas un colifichet parmi d'autres que tu peux poser dans un coin et oublier. »

Il s'agenouilla vivement près d'elle et lui saisit les bras.

« Gretchen, écoute ! dit-il, haletant. Pour l'amour du Ciel, ne te laisse pas aller maintenant ! Nous avons tous deux emmagasiné des méchancetés et des reproches, et si nous nous disputions, ce serait terrible. Je t'aime, Gretchen. Dis-moi que tu m'aimes, vite !

— Tu sais que je t'aime. »

La querelle fut évitée, mais le dîner se déroula d'un bout à l'autre dans une atmosphère anormalement tendue. La tension atteignit son paroxysme un peu plus tard, lorsque Roger commença à étaler son matériel de dessin sur la table.

« Oh, Roger ! protesta-t-elle, je croyais que tu n'aurais pas à travailler ce soir.

— Je ne le pensais pas, mais quelque chose m'est venu à l'esprit.

— J'ai invité George Tomkins.

— Bon Dieu, s'exclama-t-il. Je suis désolé, chérie, mais il va falloir que tu lui téléphones pour le décommander.

— Il n'est pas chez lui. Il vient directement de New York. Il sera ici d'une minute à l'autre. »

Roger poussa un grognement. Il songea à les envoyer tous les deux au cinéma, mais, pour une raison ou une autre, l'idée ne franchit pas le seuil de ses lèvres. Il ne voulait pas la savoir au cinéma, il voulait qu'elle restât à la maison, où, levant les yeux, il la saurait à ses côtés.

George Tomkins arriva jovialement à 8 heures.

« Ah ! » fit-il sur le ton du reproche, en entrant dans la pièce. « Encore au travail. »

Roger acquiesça froidement.

« Tu ferais mieux de t'arrêter avant d'y être forcé ! » Il s'assit en poussant un long soupir de bien-être physique et alluma une cigarette. « Accepte le conseil d'un homme qui a étudié la question sous l'angle scientifique. Nous pouvons supporter un peu, beaucoup, et puis au-delà, *crac !*

— Si tu veux bien m'excuser... (Roger s'efforçait de s'exprimer aussi courtoisement que possible.)... Je vais achever ce travail là-haut.

— Comme tu veux Roger, dit George avec un geste indifférent. Moi, ça ne me gêne pas. Je suis l'ami de la famille et j'ai autant de plaisir à voir Madame que Monsieur. (Il eut un sourire espiègle.) Mais si j'étais à ta place, mon vieux, je rangerais mes affaires et je m'offrirais une bonne nuit de sommeil. »

Quand Roger eut étalé son matériel sur le lit, il s'aperçut qu'il entendait toujours le murmure continu de leurs voix à travers le mince plancher. Il commença à se demander de quoi ils pouvaient bien parler. À mesure qu'il s'absorbait dans son travail, son esprit revenait irrésistiblement à cette question, et plusieurs fois il se leva et arpenta nerveusement la chambre.

Le lit était inadapté à son travail. À plusieurs reprises, le papier glissa de la planche où il était posé, et la mine du crayon le perfora. Tout allait mal ce soir. Les lettres et les chiffres dansaient confusément devant ses yeux et, comme en contrepoint du battement de ses tempes, lui parvenait le murmure obstiné des voix.

À 10 heures, il constata qu'il n'avait rien fait pendant

plus d'une heure et, laissant échapper une exclamation, il rassembla ses papiers, les rangea dans sa serviette et descendit. Ils étaient assis l'un près de l'autre sur le canapé quand il entra.

« Oh, bonsoir ! » cria Gretchen, sans grande nécessité, songea-t-il. « Nous parlions de toi.

— Merci, répondit-il, sarcastique. Et quelle partie de mon anatomie se trouvait sous votre scalpel ?

— Ta santé, répondit Tomkins d'un ton jovial.

— Ma santé est excellente, répliqua Roger sèchement.

— Mais tu as sur elle un point de vue égoïste, mon vieux, lança Tomkins. Tu ne penses qu'à toi dans cette affaire. Tu ne crois pas que Gretchen a des droits ? Si tu travaillais à un magnifique sonnet, ou à un portrait de madone, ou je ne sais quoi… (Il lança un coup d'œil à la chevelure digne d'un Titien.)… Alors, oui, je te dirais d'aller de l'avant. Mais ce n'est pas le cas. Il ne s'agit que d'une publicité idiote pour vendre la lotion capillaire des laboratoires “Le Beau Cheveu”, et si toutes les lotions capillaires du monde étaient déversées dans l'océan, le monde ne verrait même pas la différence.

— Une minute, dit Roger, furieux. Tu me fais un mauvais procès. Je ne me fais pas d'illusion sur l'importance de mon travail. Il est aussi inutile que le tien. Mais pour Gretchen et pour moi, c'est assurément la chose la plus importante qui soit.

— Tu es en train de me dire que mon travail *à moi* est inutile ? demanda Tomkins incrédule.

— Non. Pas s'il apporte le bonheur à une pauvre poire de fabricant de pantalons qui ne sait pas quoi faire de son argent. »

Tomkins et Gretchen échangèrent un regard.

« Ah bon ! fit Tomkins d'une voix ironique, je ne me

rendais pas compte que j'avais tout simplement perdu mon temps pendant toutes ces années.

— Tu es un flemmard, dit Roger, brutalement.

— Moi ? cria Tomkins, fou de rage. Tu me traites de flemmard parce que ma vie est joliment équilibrée et que je trouve le temps de faire des choses intéressantes ? Parce que je m'amuse ferme autant que je travaille ferme, et que je m'interdis de devenir une sinistre et ennuyeuse bête de somme ? »

Les deux hommes étaient maintenant au comble de la fureur et le ton était monté, bien qu'il restât sur le visage de Tomkins un semblant de sourire.

« Ce qui me fâche, dit Roger sans désarmer, c'est que, depuis six semaines, il me semble bien que c'est ici que tu es venu t'amuser ferme.

— Roger ! s'écria Gretchen. Que signifie ce que tu viens de dire ?

— Exactement ce que j'ai dit.

— Tu ne te contrôles plus. (Tomkins alluma une cigarette avec un sang-froid ostentatoire.) Le surmenage t'a mis les nerfs à vif, tu ne sais plus ce que tu dis. Tu es au bord de la dépression nerv...

— Sors d'ici ! tonna Roger. Sors d'ici tout de suite, avant que je te jette dehors ! »

Tomkins se leva, hors de lui.

« Tu... tu me jettes dehors ? » lança-t-il, incrédule.

Ils s'avançaient pour de bon l'un vers l'autre quand Gretchen s'interposa et, saisissant le bras de Tomkins, le poussa vers la porte.

« Il se conduit comme un imbécile, George, mais il vaut mieux que vous partiez, dit-elle, cherchant à tâtons son chapeau dans le vestibule.

— Il m'a insulté ! criait Tomkins. Il m'a menacé de me jeter dehors.

— C'est sans importance, plaida Gretchen. Il ne sait pas ce qu'il dit. Partez, je vous en prie ! Je vous verrai demain à 10 heures. »

Elle ouvrit la porte.

« Tu ne le verras pas demain à 10 heures, dit Roger d'une voix ferme. Il ne remettra plus les pieds dans cette maison. »

Tomkins se tourna vers Gretchen.

« Il est chez lui, fit-il remarquer. Nous ferions peut-être mieux de nous retrouver chez moi. »

Il partit ; Gretchen referma la porte sur lui. Elle avait les yeux noyés de larmes de rage.

« Regarde ce que tu as fait ! dit-elle avec des sanglots. Le seul ami que j'avais, la seule personne au monde qui m'aimait assez pour me traiter avec respect – cette personne, mon mari l'insulte sous mon propre toit. »

Elle se jeta sur le canapé et se mit à pleurer à chaudes larmes dans les coussins.

« Il ne peut s'en prendre qu'à lui, dit Roger, têtu. J'ai supporté tout ce que mon amour-propre pouvait endurer. Je ne veux plus que tu sortes avec lui !

— Je sortirai avec lui ! hurla Gretchen, déchaînée. Je sortirai avec lui autant que j'en aurai envie ! Tu crois que c'est une partie de plaisir de vivre ici avec toi ?

— Gretchen ! dit-il d'un ton glacial, lève-toi, prends ton chapeau et ton manteau, sors d'ici et ne reviens plus jamais ! »

Elle resta bouche bée.

« Mais je ne veux pas m'en aller, dit-elle, hébétée.

— Dans ce cas, surveille ta conduite. » Il ajouta, d'un

ton plus doux : « Je croyais que tu devais passer quarante jours à dormir.

— Ah oui ! (d'un ton amer)... c'est facile à dire ! J'en ai assez de dormir. (Elle se leva, lui faisant face avec un air de défi.) Et qui plus est, demain je vais faire du cheval avec George Tomkins.

— Tu n'iras pas, quand bien même je devrais t'emmener à New York et t'installer dans mon bureau jusqu'à ce que j'aie terminé ! »

Elle lui lança un regard furieux.

« Je te déteste, dit-elle lentement. J'aimerais prendre tout le travail que tu as fait, le déchirer en petits morceaux et le jeter dans le feu. Et juste pour te donner un sujet d'inquiétude à propos de demain, je ne serai sans doute pas à la maison quand tu rentreras. »

Elle se leva du canapé et, de manière très calculée, alla observer dans le miroir son visage rougi, marqué par les larmes. Puis elle courut à l'étage et s'enferma dans sa chambre après avoir claqué la porte derrière elle.

Machinalement, Roger étala son travail sur la table du salon. Les couleurs vives des dessins, les dames au teint éclatant – Gretchen avait posé pour l'une d'elles – qui tenaient des bouteilles de boisson au gingembre ou des bas de soie étincelants, l'éblouissaient au point que son esprit finissait par s'engourdir. Son crayon pastel infatigable glissait de-ci de-là sur les images, déplaçait un bloc de lettres d'un centimètre sur la droite, essayait douze nuances de bleu pour trouver un bleu frais, éliminait le mot qui anémiait et affadissait une formule. Une demi-heure passa ; il était maintenant absorbé dans son travail ; on n'entendait d'autre bruit dans la pièce que le crissement velouté du crayon sur le papier glacé.

Après un long moment, il regarda sa montre : il était

plus de 3 heures. Le vent s'était levé au-dehors et ses rafales heurtaient bruyamment, avec des coups inquiétants, les angles de la maison, tel un corps lourd qui tombe des hauteurs du ciel. Il s'arrêta pour écouter. Il ne se sentait pas particulièrement fatigué, mais il avait l'impression que sa tête était couverte de veines saillantes, comme sur les tableaux accrochés dans les cabinets des médecins qui montrent un corps indécemment dépouillé de sa peau. Il porta les mains à sa tête et se caressa le crâne. Il lui sembla que des veines de sa tempe autour d'une ancienne cicatrice étaient comme noueuses, prêtes à se craqueler.

La peur, soudain, fondit sur lui. Mille avertissements qu'il avait entendus se bousculaient dans son esprit. Il était vrai que le surmenage peut détruire un homme, et son corps et son cerveau étaient faits de la même étoffe, vulnérable et périssable. Pour la première fois, il se prit à envier l'humeur placide de George Tomkins, ses habitudes saines. Il se leva, saisi de panique, et se mit à arpenter la pièce.

« Il faut que je dorme », murmura-t-il pour lui-même, les nerfs tendus à craquer, « sinon je vais devenir fou. »

Il se frotta les yeux et retourna à la table pour ranger ses affaires, mais ses doigts tremblaient si fort qu'il pouvait à peine saisir la planche. Le heurt d'une branche nue contre la fenêtre le fit sursauter et pousser un cri. Il s'assit sur le canapé et essaya de réfléchir.

« Arrête ! Arrête ! Arrête ! disait la pendule. Arrête ! Arrête ! Arrête !

— Je ne peux pas m'arrêter, répondit-il à haute voix. Je ne peux pas me permettre de m'arrêter. »

Écoute ! Oui... C'était bien le loup, à la porte maintenant ! Il entendait ses griffes acérées gratter la boiserie vernie. Il bondit sur ses pieds et courut ouvrir en grand la porte d'entrée, puis recula avec un cri d'horreur. Un loup énorme se tenait sur le perron et fixait sur lui, méchamment, deux pupilles de braise. Devant lui, les poils de l'animal se hérissèrent sur son cou ; il fit entendre un grognement sourd et disparut dans la nuit. C'est alors seulement que Roger comprit qu'il s'agissait du chien du poste de police d'en face ; il rit en silence, sans joie.

Traînant son corps épuisé jusqu'à la cuisine, il apporta le réveille-matin au salon et régla la sonnerie pour 7 heures. Il s'enveloppa dans son pardessus, s'étendit sur le canapé et sombra aussitôt dans un sommeil lourd, sans rêves.

Quand il se réveilla, la lumière brûlait encore faiblement, mais la pièce était grise comme un matin d'hiver. Il se leva, examina anxieusement ses mains et fut soulagé de constater qu'elles ne tremblaient plus. Il se sentait beaucoup mieux. Il se souvint alors du détail des événements de la veille, et son front se barra à nouveau de trois rides superficielles. Il avait encore du travail, vingt-quatre heures de travail ; et Gretchen, que cela lui plût ou non, devrait dormir un jour de plus.

Une illumination se fit alors dans le cerveau de Roger, comme s'il venait de trouver une nouvelle idée publicitaire. Quelques minutes plus tard, il se hâtait dans l'air vif du matin vers la pharmacie de Kingsley.

« Mr. Kingsley est-il déjà descendu ? »

La tête du pharmacien apparut au bout du comptoir de l'officine.

« J'aimerais vous parler seul à seul. »

À 7 heures et demie, de retour chez lui, Roger alla tout droit à la cuisine. La femme de ménage venait d'arriver, elle ôtait son chapeau.

« Bebé… (Nulle intimité entre eux, c'était son nom.)…

J'aimerais que vous prépariez tout de suite le petit déjeuner de Mrs. Halsey. Je le lui monterai moi-même. »

Bebé trouva étrange qu'un homme si occupé serve sa femme de la sorte, mais elle aurait été encore plus surprise en voyant comment il se comporta à partir du moment où il quitta la cuisine avec le plateau. Car il posa ledit plateau sur la table de la salle à manger et versa dans le café une demi-cuillerée d'un substance blanche qui n'était absolument pas du sucre en poudre. Puis il monta l'escalier et ouvrit la porte de la chambre.

Gretchen se réveilla en sursaut, regarda le lit jumeau qui n'avait pas été défait et lança à Roger un regard d'étonnement, qui se changea en mépris quand elle vit le petit déjeuner dans ses mains. Elle pensa qu'il l'apportait en signe de capitulation.

« Je ne veux pas de petit déjeuner, dit-elle fraîchement, à la consternation de son mari, seulement une tasse de café.

— Pas de petit déjeuner ? » La voix de Roger exprimait la déception.

« J'ai dit que je prendrai une tasse de café. »

Sans insister davantage, Roger posa le plateau sur une table à côté du lit et retourna en hâte à la cuisine.

« Nous nous absentons jusqu'à demain après-midi, dit-il à Bebé, et j'aimerais fermer la maison sans attendre. Vous pouvez remettre votre chapeau et rentrer chez vous. »

Il regarda sa montre. Il était 8 heures moins dix, et il voulait attraper le train de 8 h 10. Il attendit cinq minutes, puis monta très doucement à l'étage et entra dans la chambre de Gretchen sur la pointe des pieds. Elle était profondément endormie. La tasse était vide à l'exception d'un fond de café et d'un mince dépôt brunâtre. Il la contempla avec une certaine inquiétude, mais sa respiration était régulière et aisée.

De la penderie il tira une valise qu'il remplit rapidement des souliers de sa femme, chaussures de ville, escarpins de soirée, sandales à lacets ; il n'aurait jamais soupçonné qu'elle en possédait tant. Lorsqu'il ferma la valise, elle était pleine à craquer.

Il hésita un instant, prit une paire de ciseaux de couture dans une boîte, suivit le fil du téléphone jusqu'à l'endroit où il disparaissait derrière le buffet, et le sectionna d'un coup précis. Soudain, il fit un bond : on frappait doucement à la porte. C'était la nurse. Il avait oublié son existence.

« Nous partons à New York, Mrs. Halsey et moi, dit-il d'un ton désinvolte, et nous y resterons jusqu'à demain. Emmenez Maxy à la plage et déjeunez avec lui là-bas. Gardez-le toute la journée. »

De retour dans la chambre, une vague de pitié le submergea. Gretchen endormie sous ses yeux lui paraissait soudain si belle, sans défense. Il y avait quelque chose d'horrible à dérober un jour à sa jeunesse. Il effleura ses cheveux du bout des doigts et, comme elle murmurait dans son rêve, il se pencha et posa un baiser sur sa joue éclatante. Puis il prit la valise de chaussures, ferma la porte à clef et descendit l'escalier quatre à quatre.

III

À 5 heures de l'après-midi, ce même jour, la dernière série de maquettes pour les chaussures Garrod avait été envoyée par coursier à H. G. Garrod, à l'hôtel Biltmore. Il devait faire part de sa décision le lendemain matin. À 5 h 30, la sténodactylo de Roger lui donna une petite tape sur l'épaule.

« Mr. Golden, le gérant de l'immeuble, désire vous voir. »

Roger se retourna, l'air ahuri.

« Comment allez-vous ? »

Mr. Golden alla droit au but. Si Mr. Halsey souhaitait rester dans les lieux, il faudrait qu'il veille à remédier sur-le-champ à sa petite négligence concernant le loyer.

« Mr. Golden, dit Roger d'une voix lasse, tout sera réglé demain. Si vous m'ennuyez maintenant, vous risquez de ne jamais récupérer votre argent. À partir de demain, plus rien n'aura d'importance. »

Mr. Golden jeta sur son locataire un regard embarrassé. Il arrivait aux jeunes gens d'en finir avec la vie quand les affaires allaient mal. Puis, la malchance voulut que ses yeux tombent sur la valise posée à côté du bureau, qui portait ses initiales.

« Vous partez en voyage ? demanda-t-il sans ambages.

— Quoi ? Ah, non... Ce sont juste quelques vêtements.

— Des vêtements ? Vraiment ? Eh bien, dans ce cas, Mr. Halsey, pour me prouver que vous dites vrai, acceptez donc de me confier cette valise jusqu'à demain midi.

— Prenez-la, je vous en prie. »

Mr. Golden s'en saisit, l'air contrarié.

« C'est seulement pour la forme, fit-il observer.

— Je comprends », dit Roger, pivotant sur son fauteuil pour se retrouver devant son bureau. « Au revoir. »

Mr. Golden semblait considérer que la conversation devait se terminer sur une note plus affable.

« Et ne travaillez pas trop dur, Mr. Halsey. Vous n'allez quand même pas faire une dépression nerv…

— Non, hurla Roger, je n'ai pas cette intention. Mais je pourrais si vous ne me laissez pas tranquille. »

Une fois que la porte se fut refermée sur Mr. Golden, la sténodactylo de Roger se retourna vers lui, d'un air compatissant.

« Vous n'auriez pas dû le laisser partir avec ça, dit-elle. Qu'est-ce qu'il y a dedans ? Des vêtements ?

— Non, répondit Roger distraitement. Seulement toute la collection de chaussures de ma femme. »

Cette nuit-là, il dormit au bureau sur le canapé installé à côté de sa table de travail. Il se réveilla en sursaut à l'aube, se précipita dehors pour prendre un café, et revint dix minutes plus tard, saisi de panique à l'idée d'avoir pu manquer l'appel téléphonique de Mr. Garrod. Il était 6 heures et demie.

À 8 heures, il croyait sentir tout son corps en feu. Quand ses deux maquettistes arrivèrent, il était étendu sur le canapé, en proie à une souffrance quasi physique. Le téléphone sonna de manière impérieuse à 9 h 30, et il prit le récepteur d'une main tremblante.

« Allô !

— L'agence Halsey ?

— Oui, c'est Mr. Halsey lui-même.

— Mr. H. G. Garrod à l'appareil. »

Le cœur de Roger s'arrêta de battre.

« Mon jeune ami, je vous appelle pour vous dire que vous nous avez fait parvenir un travail magnifique. Nous prenons tout ce que vous avez fait, et tout ce que votre agence pourra faire en plus.

— Seigneur ! s'exclama Roger dans le combiné.

— Comment ? demanda Mr. H. G. Garrod, complètement affolé. Hé, attendez un instant ! »

Mais il n'y avait plus personne au bout du fil. Le téléphone était tombé à terre avec un grand fracas et Roger, allongé de tout son long sur le canapé, sanglotait à s'en briser le cœur.

IV

Trois heures plus tard, le visage un peu pâle mais les yeux calmes comme ceux d'un enfant, Roger ouvrit la porte de la chambre de sa femme, le journal du matin sous le bras. Le bruit de ses pas la réveilla.

« Quelle heure est-il ? » demanda-t-elle.

Il regarda sa montre.

« Midi. »

Brusquement, elle fondit en larmes.

« Roger, dit-elle d'une voix saccadée, je regrette d'avoir été odieuse hier soir. »

Il se contenta de hocher la tête.

« Tout va bien, maintenant », dit-il. Puis, après une pause : « J'ai décroché le contrat… le plus gros. »

Elle se tourna vivement vers lui.

« Vraiment ? (Un long silence.) Puis-je m'acheter une nouvelle robe ?

— Une robe ? fit-il en écho, avec un rire bref. Tu peux t'en acheter une douzaine. Ce seul contrat nous rapportera quarante mille dollars par an. C'est un des plus gros contrats jamais signés dans l'Ouest. »

Elle le regarda, sidérée.

« Quarante mille dollars par an !

— Oui.

— Bonté divine… (D'une voix plus faible.) Je n'imaginais pas un chiffre de cette importance. (Elle réfléchit encore pendant une minute.) Nous pourrons avoir une maison comme celle de George Tomkins.

— Je ne veux pas vivre dans une boutique de décorateur.

— Quarante mille dollars par an », répéta-t-elle encore une fois, et elle ajouta doucement : « Oh ! Roger…

— Oui ?

— Je ne sortirai pas avec George Tomkins.

— Je ne le permettrais pas, même si tu le voulais », dit-il sèchement.

Elle joua, avec emphase, les indignées.

« Mais j'ai rendez-vous avec lui depuis des mois pour ce jeudi.

— Nous ne sommes pas jeudi.

— Si !

— Nous sommes vendredi.

— Enfin, Roger, tu es complètement fou ! Tu crois que j'ignore quel jour nous sommes ?

— Nous ne sommes pas jeudi, s'obstina-t-il. Regarde ! » Il lui tendit le journal du matin.

« Vendredi ! s'exclama-t-elle. Impossible, c'est une erreur ! Ce doit être le journal de la semaine dernière. Aujourd'hui, c'est jeudi. »

Elle ferma les yeux et réfléchit un moment.

« Hier, nous étions mercredi, dit-elle avec conviction. Le blanchisseur est passé hier. Si quelqu'un est bien placé pour le savoir, c'est moi.

— Tout de même, dit-il benoîtement, regarde le journal. La chose est indiscutable. »

Décontenancée, elle sortit du lit et se mit en quête de ses vêtements. Roger alla se raser dans la salle de bains. Un instant plus tard, il entendit les ressorts du lit grincer à nouveau. Gretchen se recouchait.

« Qu'est-ce qu'il y a ? » demanda-t-il, avançant la tête en direction de la chambre.

« J'ai peur, dit-elle d'une voix tremblante. Je crois que mes nerfs me lâchent. Je ne retrouve aucune de mes paires de chaussures.

— Tes chaussures ? Mais la penderie en est remplie.

— Je sais, mais je ne les vois pas. (La terreur l'avait rendue blême.) Oh, Roger ! »

Roger vint à son chevet et l'entoura de ses bras.

« Oh, Roger ! dit-elle, qu'est-ce qui m'arrive ? D'abord ce journal, et maintenant mes chaussures. Protège-moi, Roger.

— Je vais appeler le médecin », dit-il.

Il alla jusqu'au téléphone, et sans le moindre remords décrocha le récepteur.

« Le téléphone a l'air d'être en dérangement, conclut-il au bout d'un moment. Je vais envoyer Bebé. »

Le médecin arriva dix minutes plus tard.

« Je crois que je suis au bord de la dépression nerveuse », lui dit Gretchen, d'une voix angoissée.

Le docteur Gregory s'assit au bord du lit et lui prit le poignet.

« On dirait que c'est dans l'air, ce matin.

— Je me suis levée, dit Gretchen la gorge nouée, et je me suis aperçue que j'avais manqué un jour entier. J'avais rendez-vous avec George Tomkins pour aller faire du cheval…

— Quoi ? » s'exclama le médecin, surpris. Puis il s'esclaffa.

« George Tomkins ne fera du cheval avec personne avant pas mal de temps.

— Il a quitté la ville ? demanda Gretchen avec curiosité.

— Il part dans l'Ouest.

— Pourquoi ? demanda Roger. Est-ce qu'il part avec la femme d'un ami ?

— Non, dit le docteur Gregory. Il a fait une dépression nerveuse.

— Quoi ? s'écrièrent-ils en chœur.

— Il s'est effondré sous sa douche froide comme un chapeau claque.

— Mais il parlait tout le temps de sa... de sa vie équilibrée, dit Gretchen, haletante. Ça l'obsédait.

— Je sais, dit le docteur. Il n'a parlé que de ça toute la matinée. Je crois que ça lui est un peu monté au cerveau. Il ne ménageait pas sa peine, vous savez.

— Pour quoi faire ? demanda Roger, stupéfait.

— Maintenir un équilibre dans sa vie. »

Il se tourna vers Gretchen. « Pour ce qui est de Madame, je ne lui prescrirai qu'un bon repos. Si elle voulait bien rester à la maison pendant quelques jours, et s'accorder un bon petit somme, elle sera plus en forme que jamais. Sa résistance a été mise à rude épreuve.

— Docteur, s'exclama Roger d'une voix âpre, vous ne pensez pas que j'aurais intérêt à me reposer... enfin, vous comprenez... J'ai travaillé dur ces derniers temps !

— Vous ! » Le docteur éclata de rire et lui tapa violemment sur l'épaule. « Mon garçon, je ne vous ai jamais vu meilleure mine de toute votre vie. »

Roger se détourna rapidement pour cacher son sourire, et adressa un clin d'œil à la photographie dédicacée de Mr. George Tomkins qui pendait au mur de la chambre à coucher, un peu de guingois.

DU MÊME AUTEUR

Aux Éditions Gallimard

LE DERNIER NABAB (Folio n° 2002)

LA FÊLURE (Folio n° 1305)

L'ENVERS DU PARADIS (L'Imaginaire n° 27)

LES ENFANTS DU JAZZ (Folio n° 1052)

LES HEUREUX ET LES DAMNÉS (Folio n° 1583)

GATSBY LE MAGNIFIQUE (Folio n° 5338)

LETTRES

LETTRES À ZELDA ET AUTRES CORRESPONDANCES